Underground

10

LA CORTE EDITORE

NOTTI
OSCURE

A CURA DI LEONARDO DI LASCIA

LA CORTE EDITORE

© 2016 La Corte Editoria e Comunicazione
Corso Galileo Ferraris 77, Torino
Tutti i diritti riservati
La Corte Editore è un marchio La Corte Editoria e Comunicazione

Progetto grafico: La Corte Editore

ISBN 9788896325933
Finito di stampare nel mese di Marzo 2017
Parte del ricavato verrà devoluta in beneficienza all'associazione "I LOVE NORCIA"
Gli autori hanno fatto destinare l'intero ammontare delle loro royalties all'associazione
"I love Norcia".

A chi ha sentito la terra tremare.
A chi lavora per ricostruire.

SOMMARIO

I LOVE NORCIA

Dopo l'incubo terremoto molti sono scappati, altri ci stanno pensando ed altri "testoni" come noi, sognano e credono che possiamo risorgere, magari più forti di prima.

Partiamo dalla Comunità e dal Sogno perché senza questi due elementi non si può pensare al futuro.

"I Love Norcia" non ha Scopo di lucro, Neppure indiretto. Intende sostenere, promuovere e valorizzare il territorio di Norcia, Colpito dal terremoto, al fine di favorirne la Ricostruzione e la Rinascita della Comunità Attraverso 5 direttrici:

Socialità
Sicurezza
Formazione
Lavoro
Arte e Territorio

GOVERNANCE

*Abbiamo costruito la Governance di I Love Norcia
seguendo 4 principi:*

Rappresentazione delle anime della nostra Comunità
Statuto che garantisca dinamismo ed operatività
Obbiettivi chiari
Procedure Trasparenti

IL PROGETTO ARCA
DAL "SOGNO" AL "PROGETTO"

*Il progetto ARCA nasce dalla volontà collettiva di "risanare la
ferita", e insieme di guardare al futuro di Norcia con rinnovata
fiducia, grazie ad uno spazio fisico e ad un aggregato culturale con-
cettuale che sia capace di diventare un reale punto di riferimento
per l'intera Civitas nursina.*

*L'idea alla base del Progetto è quella di realizzare una struttu-
ra ampia, costruita secondo le più avanzate norme antisismiche,
capace di offrire un primo rifugio ai cittadini di Norcia e del suo
territorio in caso di emergenza sismica, pensando soprattutto alle
fasce più deboli della popolazione (anziani, donne e bambini). La
struttura sarà dunque fornita delle dotazioni necessarie al primo
soccorso, all'accoglienza temporanea e alle altre esigenze tra le
quali spicca quella della socialità, dello stare insieme, del ritrovarsi per superare la paura. Il Progetto"Arca" coniuga i concetti*

di "sicurezza", di "rifugio", di "punto di riferimento", intendendo porsi da subito come una nuova presenza sul territorio, capace di intercettare i bisogni e limitare i disagi della popolazione nei suoi momenti più duri.

L'idea alla base del Progetto "Arca" tuttavia non è solo quella di realizzare un "rifugio anti-sismico": "Arca" vuole rispondere con l'utopia di un sogno alla distopia del terremoto, marcando una nuova e diversa modalità di affrontare l'ennesima ricostruzione della nostra Città. È volontà prioritaria dell'Associazione, nella sua veste di "rappresentante" della cittadinanza, creare un luogo fisico che sia anche un aggregato culturale ed un laboratorio per la "costruzione" sociale ed etica della comunità, attraverso le risorse che si stanno raccogliendo e che si raccoglieranno nei prossimi mesi grazie alla generosità delle donazioni e all'attenzione della solidarietà internazionale.

Se, infatti, nei momenti di crisi "Arca" si porrà quale risposta logistica immediata per far fronte all'emergenza, in tempi di normalità la sua identità di "punto di riferimento" sarà altrettanto viva e forte, grazie ad una spiccata vocazione polifunzionale dei suoi spazi e alla possibilità di ospitare contesti di fruizione eterogenei.

Per eventuali donazioni è sufficiente collegarsi a:
WWW.ILOVENORCIA.ORG

NELLA PIOGGIA

ANTONIO LANZETTA

La stanza era vuota, eccetto per il cadavere di suo fratello.

Le pareti dell'obitorio erano crepate dall'umidità e tinte di verde. Verde, come le uniformi del personale medico che si aggirava nel seminterrato. Verde, come il lenzuolo che copriva il corpo di Matteo.

Nicola rimase immobile, le mani affondate nelle tasche della mimetica e lo sguardo fisso sul pavimento. Era paralizzato. Non riusciva a muoversi, la lingua incollata al palato e lo stomaco attraversato da fitte che gli strappavano il respiro. Aveva la sensazione d'aver già vissuto quella scena, di essere già stato in un luogo simile, eppure non riusciva a ricordare dove e quando. Il pallore dei neon, il silenzio, l'odore di muffa, erano dettagli sepolti nella sua mente. Particolari che premevano per tornare alla luce.

Era arrivato da Livorno in sella alla sua Ducati senza fare soste. Una corsa folle, fregandosene della stanchezza e dei tutor, convinto che quella voce al telefono si fosse sbagliata. Pronto a dimostrare che era tutto un errore, che il corpo ritrovato nel canale non era quello di Matteo.

Sollevò il mento e colse due piedi nudi che sbucavano da sotto il lenzuolo. I talloni sporgevano dal bordo del tavolo metallico e un cartellino penzolava, legato con dello spago a un alluce. Inspirò e l'aria gli riempì il petto come cemento in una betoniera. Alle sue spalle, dietro la porta-vetro, sentiva gli occhi impazienti dei carabinieri bucargli la nuca. Lo stavano aspettando, avevano bisogno di lui per chiudere quella faccenda. Avere la certezza di un nome che in realtà già conoscevano.

Avvicinò una mano al telo, senza far rumore, quasi non volesse svegliare il cadavere che giaceva sotto di esso, e piegò il capo di lato. Colse frammenti di un corpo: un gomito, il torace livido, un pezzo di spalla e poi quel tatuaggio. Una rosa nera sul collo tumefatto.

Nico', perché sei andato?

Nicola si irrigidì, lasciò che il lenzuolo gli sfuggisse dalle dita. Una voce? Alzò lentamente lo sguardo. Nella camera mortuaria, le lampade al neon emettevano un ronzio, un lamento basso di cui solo adesso parve accorgersi.

Perché sei andato?

Uscì di corsa dalla stanza. Spinse i battenti con entrambe le mani e si districò a spallate in mezzo alle uniformi nere che si accalcarono intorno a lui. Volti dai tratti indistinti e confusi. Gli fecero domande e lui farfugliò una risposta. I suoni erano ovattati e nella testa continuava a sentire quella voce, il tono insistente di rimprovero. Era già successo. Quando? Nella provincia di Herat. I talebani aspettavano, lo sapevano tutti, eppure lui aveva dato l'ordine. Aveva detto ai compagni di muoversi, di spostare quel cazzo di convoglio sotto il sole rovente.

Nico'.

Altre voci. Altri lenzuoli.

14

Portò una mano alla bocca e strinse le labbra. Attraversò il corridoio, certo che da un momento all'altro avrebbe vomitato.

«Peluso, si fermi!»

Nicola andò a sbattere contro un distributore automatico di bevande. Lottò per non perdere l'equilibrio, le gambe erano diventate di burro, e colse il riflesso di un volto nel vetro. Un istante e occhi lividi si sovrapposero ai suoi. Era come specchiarsi nella morte.

«Le ho detto di fermarsi.»

Nicola si trascinò fuori, sentì la brezza serale sulla faccia. Deterse la fronte madida di sudore e riprese finalmente a respirare.

«Capita', così non ci aiuta.» La voce affannata era quella del Tenente Stanziola, il Comandante della Stazione dei Carabinieri di Agropoli. L'ufficiale era stato il primo a venirgli incontro quando era arrivato all'ospedale.

«È lui» sussurrò Nicola, lo sguardo indugiava sul volto butterato della Luna. «È davvero lui…»

«Ne è sicuro? Gli hanno sparato da una distanza ravvicinata, la sua faccia…»

«Il tatuaggio.» Si toccò il collo con un dito. «Se l'era fatto fare qualche mese dopo il suo trasferimento a Roma. Nostro padre non voleva… lui disse che… lui…»

«Da quanto tempo non vedeva suo fratello?»

Nicola si girò di scatto, il volto avvampò. Non era altro che una domanda, non c'era nulla di offensivo nelle parole o nel tono di Stanziola, ma ebbe la sensazione d'essere giudicato per qualcosa che avrebbe potuto fare e invece non aveva fatto.

«Ci eravamo persi di vista dopo la morte di nostra madre. Matteo e io, be'… noi eravamo diversi.»

Nico' perché sei andato?

La domanda gli riecheggiò nella testa come il fragore di uno

15

sparo. Cercò di riprendere il controllo di sé, di articolare i pensieri in modo sensato, ma, per quanto si sforzasse, non riusciva a smettere di pensare a una ragione, una ragione valida, per cui suo fratello minore si fosse allontanato da lui. Matteo, il bambino dai riccioli biondi che lo seguiva come un'ombra qualsiasi cosa facesse. Matteo e i suoi libri, i salotti della Roma bene e quel modo di gestire i sentimenti che lo rendeva speciale e complesso allo stesso tempo. Matteo, un corpo abbandonato in una stanza vuota, disteso su un tavolo di metallo e con la faccia ridotta in poltiglia da una fucilata.

Nicola si morse il labbro.

«Chi è stato?»

«Le indagini sono a una svolta.» Il Tenente Stanziola abbozzò un sorriso sul volto abbronzato. «I miei uomini hanno sentito alcune persone. Capitano, quello che devo dirle è brutto, lo so, forse non è il momento. Si guardi, lei è sconvolto. Vada a riposare e venga domani in caserma.»

«No.» Il carabiniere allungò una mano per sfiorargli un braccio e Nicola si ritrasse. «Sto bene. Vada avanti, la prego.»

«Abbiamo dei testimoni che dicono d'aver visto suo fratello discutere animatamente con un tizio sulla banchina del porto. Ho parlato con il medico legale, dai primi rilevamenti l'omicidio sembrerebbe essere avvenuto qualche ora dopo l'incontro tra i due, ma dobbiamo aspettare il referto dell'autopsia. Ciro Rizzo, le dice niente questo nome?»

«Ciro Rizzo» Nicola lo ripeté con un filo di voce. Avvertì un formicolio alla nuca ma lo ignorò. «Forse. Era un compagno di scuola di Matteo alle medie, un bulletto che si divertiva a prendersi gioco di lui.»

«Già.» Il carabiniere si lisciò i baffi con le dita. «Un personaggio già noto al nostro Comando. Un piccolo delinquente di

16

provincia, qualche precedente per rissa e per spaccio, e l'ambizione di crescere. Si diceva che da mesi avesse messo le mani su partite di droga che arrivavano da Napoli pronte per essere smerciate in Cilento.»

«Non capisco questo come si colleghi all'omicidio di mio fratello.»

«Mia moglie leggeva i suoi libri, lo sapeva? Come era il titolo dell'ultimo... *Primula*, giusto?»

Nicola annuì.

«Mi sa spiegare perché Matteo Peluso, famoso scrittore, decise all'improvviso di fare ritorno al paese? Era arrivato in Cilento da due settimane con un passaggio preso in rete. BlaBlaCar o qualcosa del genere, ha presente? Be', suo fratello è ritornato a casa dopo dieci anni d'assenza. I vicini riferiscono che non fu presente neanche al funerale di vostro padre.»

«Matteo e papà non andavano d'accordo.»

«E lei, Capita'? Lei ci andava d'accordo?»

«Con mio padre?»

Il carabiniere scosse il capo.

Nicola fece per replicare, ma le parole morirono in un respiro. Guardò verso la porta d'accesso all'obitorio. Aveva la sensazione che qualcosa nelle ombre si stesse muovendo, che qualcuno lo stesse osservando. Fece un passo indietro, cercò le chiavi della moto nella tasca. Voleva andare via da quel posto ma la voce del carabiniere lo trattenne.

«Peluso, mi ascolti. L'idea che ci siamo fatti è che molto probabilmente quella sera suo fratello e Rizzo si siano incontrati per risolvere una questione in sospeso. Alcuni pescatori affermano d'aver visto spintoni e mani in faccia. Rizzo ha minacciato Matteo, forse lui gli doveva dei soldi...»

«Soldi? Per quale motivo? Mio fratello non aveva bisogno di

soldi. Lui non era un delinquente.»

«Va bene, va bene, ragionavo ad alta voce, ma sono convinto che siamo sulla buona strada.»

«Non vedevo mio fratello da anni, questo è vero, ma lui non aveva motivi per trovarsi a contatto con quel tizio. I testimoni si sbagliano.» Nicola scosse il capo e fece un passo verso la moto parcheggiata poco distante l'uscita dell'obitorio. Stava mentendo nel peggiore dei modi. «Le vostre sono solo supposizioni.»

«Supposizioni?» Il Tenente Stanziola si poggiò il cappello d'ordinanza sul capo e fece una smorfia. «Mi dica allora perché Ciro Rizzo è scomparso.»

Nicola girò la chiave nel quadro e spense il motore. Lasciò la Ducati tra le damigiane vuote e impolverate di suo padre. Anche al buio, riusciva a vedere le vecchie, familiari chiazze di vino che nel tempo avevano corroso il pavimento del garage. Sorrise. L'aria impregnata dalla muffa gli riportava alla mente i dettagli di un'infanzia che aveva ormai dimenticato. Si caricò lo zaino in spalla, uscì sul cortile battuto dalla luce lunare e guardò verso la vigna. Gli alberi erano scheletri contorti che sbucavano dal terreno nero. Un tempo non era così. Durante la vendemmia arrivavano a Ogliastro gli zii di Salerno per dare una mano a suo padre, un ingegnere dell'Enel che non aveva perso il contatto con le tradizioni della famiglia. Abitudini tramandate di generazione in generazione, morte con lui e Matteo.

Una folata di vento scosse i rami dei pini che circondavano la tenuta. Nicola si girò di scatto, studiò le ombre che si agitavano intorno a lui. Gli era sembrato di sentire un suono, qualcosa di vagamente simile a una risata. Sollevò lo sguardo verso le imposte chiuse. La casa era vuota, abbandonata da anni, da quando erano morti i loro genitori. Ignorava che Matteo vi avesse fatto ritorno e la cosa lo sorprendeva. Il fratello odiava Ogliastro e tutto ciò che quel luogo aveva rappresentato per lui. La fine brusca della sua infanzia.

Scosse il capo e infilò una mano nella tasca. Le dita si strinsero intorno alla punta seghettata della chiave, poi li vide. I bambini venivano verso di lui. Il più grande dei due stringeva un pallone. Correva in mezzo ai resti della vigna, lanciando il Super Santos in aria, fermandosi volutamente per dare il tempo al più piccolo di raggiungerlo.

Matte', lo devi prendere se no vai in porta.

E Matteo fece più in fretta. Le ginocchia sporgenti sembravano strusciare tra loro e la frangia di capelli biondi gli rimbalzava sulla fronte. Allungò le mani verso la palla, ma il più grande riprese a correre, lanciandosi oltre la linea degli alberi, verso il cortile.

Fermati dai! Mi fa male la pancia!

I due bambini lo raggiunsero e presero a girargli intorno. Il pallone rimbalzò sul selciato e rotolò via. Ormai non era più oggetto della disputa. Lui allargò le braccia per farli passare sotto e rimase immobile a osservarli. Era intontito, come ubriaco, pervaso dalla sensazione d'aver già vissuto quella sensazione, d'esserne stato parte.

Nico'.

Ridevano e lui rise insieme a loro. Matteo sarebbe andato in porta comunque, funzionava così. Era il più piccolo e gli toccava.

Nico'.

Sbatté le palpebre e mise a fuoco.

«Che stai facendo?» Roberta era a pochi metri da lui e lo stava fissando. I capelli erano raccolti in una coda e indossava un giubbino di jeans sopra la tuta. «Perché te ne stai lì fermo?»

Nicola rimase con le braccia sollevate, un sorriso morto in faccia. I bambini erano scomparsi, svaniti in un soffio, come se non fossero mai esistiti.

«Io… niente…»

La donna fece un passo in avanti, poi un altro ancora, e si lanciò contro di lui. Affondò la faccia nel suo petto e Nicola le cinse le spalle in un abbraccio.

«Ho sentito il rumore della moto e sono venuta. Oh Dio, Matteo…»

«Shhh.» Le massaggiò la schiena quando lei iniziò a singhiozzare. «Grazie per avermi chiamato, sono venuto giù subito. I carabinieri mi stavano aspettando all'ospedale.»

«Non riesco ancora a credere che sia successo, avevamo trascorso insieme il pomeriggio. Avevo insistito che restasse da me per cena, ma lo sai come è fatto. Aveva detto d'avere un impegno e io pensavo fosse una scusa per non incontrare Vincenzo.»

Nicola asciugò una lacrima sul viso della donna con un dito e disse: «Vieni dentro un attimo, prendiamoci un caffè.»

Nicola osservava Roberta muoversi con familiarità nella cucina di casa Peluso. Sul tavolo c'erano i resti del pranzo di Matteo e lei si affrettò a sparecchiare. Gettò i rifiuti in una busta di plastica e mise i piatti sporchi a mollo nel lavandino.

«Perché è tornato?» domandò lui, guardandosi intorno come se non avesse mai visto quel posto. Prese una foto poggiata sulla credenza e soffiò via la polvere. Sua madre teneva Matteo in braccio e guardavano entrambi verso l'obiettivo. Avevano lo stesso sorriso.

«La stesura del romanzo non stava andando bene» la donna versò il caffè in due tazzine e gliene passò una. «Dopo il successo di *Primula* era andato in crisi. L'agente lo pressava perché consegnasse il seguito, ma lui continuava a ripetere di non sentirsi ispirato. Erano mesi che non riusciva più a scrivere.»

Nicola rimise la foto a posto e sorseggiò il caffè. Non parlava con Matteo da anni ma immaginava che per il fratello un blocco fosse un vero dramma, un dolore che lui non poteva comprendere. Fra tutte le passioni di Matteo, quella per la scrittura era viscerale. Il suo biglietto di sola andata per Roma. Nicola era un tipo da tascabili di Lee Child, ma aveva letto *Primula* durante il secondo turno in Afghanistan. Era rimasto a fissare la vetrina della Feltrinelli in Via Di Franco a Livorno per un tempo che gli era sembrato infinito, stregato da quella piramide di libri con un solo nome a caratteri cubitali in copertina: Matteo Peluso. Sorrise nel ricordare che gli erano tremate le gambe quando era entrato per prendere la sua copia. *Primula* ti toccava dentro e non si sorprese che a scriverlo fosse stato il fratello. Matteo era una di quelle persone totali, senza freni o compromessi. Un catalizzatore di sentimenti che travolgeva chi gli stava intorno. La sua anima trasudava dalle pagine del romanzo e impregnava il lettore.

«Era tornato da Roma» continuò Roberta «convinto che l'aria del paese lo avrebbe aiutato a schiarirsi le idee. Voleva rivedere il mare e sentirsi a casa.»

«Davvero? Mio fratello odiava Ogliastro.»

Incrociò lo sguardo della ragazza e lei abbassò gli occhi neri. Senza trucco era ancora più bella di quanto lui ricordasse. Roberta, la figlia dei vicini, la ragazza della casa accanto. Aveva la stessa età di Matteo e i due erano sempre stati inseparabili, uniti da quel filo invisibile che lega le persone speciali. Il fratello era stato più fortunato, aveva lasciato il Cilento dopo il liceo per iscriversi all'Università. Lei invece no, era rimasta incinta di Vincenzo, il portaborse di suo padre, e il matrimonio le aveva fatto mettere una pietra sopra ai sogni.

«Gli leggevi ancora le bozze?»

«Certo. Amo farlo, lo sai... anche se con i bambini non ho molto tempo. La sera crollo, sono sfinita, ma per Matteo no. La forza per leggere il suo lavoro c'è sempre.»

«I carabinieri pensano che sia stato Rizzo.»

«Ciro?» Roberta si portò una mano alla bocca e lui notò delle piccole cicatrici sbucare da sotto la manica della tuta. Segni di vecchi tagli che le martoriavano i polsi, increspavano la pelle. Lei colse la direzione dei suoi occhi e abbassò il braccio, imbarazzata.

«Si vedevano ancora, non è vero?»

«Era complesso, lo sai.» Roberta si alzò all'improvviso. Svuotò la tazzina di caffè nel lavandino senza averne bevuto una goccia. «Una cosa che tu non hai mai saputo accettare.»

Era vero, pensò Nicola, ma questo non lo giustificava.

«Gli hanno sparato in faccia e l'hanno buttato in un canale. Ho dovuto identificare il cadavere quasi decapitato di mio fratello. Aveva solo un lenzuolo addosso. Era la mia famiglia, l'unica famiglia che mi restava e me l'hanno ucciso.»

La fontana continuava a versare acqua nel lavandino ormai pieno e alcuni schizzi finirono sul pavimento. Roberta chiuse il rubinetto e tirò su con il naso.

«Devo andare adesso, o Vincenzo si preoccuperà.»

«Rispondi. Si vedevano ancora?»

«Matteo lo amava, Nicola. Lo avrebbe amato per sempre.»

Lo scroscio graffiava i vetri tenendolo sveglio. Un suono basso simile a un lamento. Gli sembrava d'essere ancora lì, di notte, sulle montagne di Farah. La pioggia faceva lo stesso rumore sopra la tettoia del Lince. Nicola si alzò dal letto e mise i piedi nudi sul pavimento. Si avvicinò alla finestra e scostò la tenda. Una cappa livida ricopriva la vigna. Strizzò gli occhi, attraversò il cortile con lo sguardo fino al cancello. Macchie scure si muovevano tra i cespugli, contorcendosi come bestie rabbiose. Trasalì. Il vento fece tremare le lastre e Nicola fece un passo indietro. Le raffiche scuotevano i rami, sembravano voler estirpare gli alberi, abbattere la casa, la collina, e trascinare tutto giù, verso il mare. Nicola si strofinò un occhio. Dall'altra parte della sua proprietà, oltre le cime storte degli alberi, scorgeva la sagoma nera della casa di Roberta.

Ripensò a quello che gli aveva detto l'amica, alle parole del tenente Stanziola. Ripensò a Matteo e a quanto in realtà non conoscesse della sua vita. C'era stato un tempo in cui avrebbe giurato il contrario. Avevano perso la madre troppo presto. Il padre ce l'aveva messa tutta, ma non era stata la stessa cosa. Nicola era stato sempre il più forte dei due, quello che soffriva di meno. Matteo invece no, lui si teneva le cose dentro, rimuginava e sognava una via di fuga. Un biglietto di sola andata lontano da quelle quattro mura, dalla vigna, da Ogliastro.

«Perché sei tornato?» chiese alla sua immagine riflessa nella finestra. C'era qualcosa che non gli quadrava. Roberta aveva parlato di una crisi, della necessità di riconciliarsi con il passato. Stronzate. Suo fratello era scappato dal passato pensando che costruire un muro tra sé e i ricordi servisse a qualcosa.

Nicola uscì dalla stanza e attraversò il corridoio buio. La camera di Matteo era in fondo, la porta aperta e il letto disfatto. Il cuscino sembrava avere ancora impressa la forma della sua faccia. Le tende erano scostate e i colori della notte cadevano sopra un piccolo scrittoio sommerso di carte, accostato alla parete.

Il laptop di Matteo era rimasto sotto carica.

Accese la luce e si avvicinò al tavolo. Guardò i fogli, alcuni sporchi di caffè. La calligrafia era fitta, pagine e pagine di frasi cerchiate, di appunti sparsi e all'apparenza sconnessi. Come era possibile che i carabinieri non avessero messo piede in quella stanza? Era come se tutto quello che Matteo aveva fatto dopo il suo arrivo a Ogliastro non avesse avuto alcuna importanza nell'indagine. Nicola era solo un soldato, un capitano del 9° Col Moschin, e non aveva esperienza in quel genere di cose, eppure il suo intuito gli diceva che c'era dell'altro. Perché gli inquirenti non avevano scavato nella vita del fratello? Si grattò il mento. Ciro Rizzo era la risposta. Un movente passionale, anche Roberta doveva esserne convinta. Matteo era tornato ad Agropoli forse per riaprire una porta già chiusa e i due avevano discusso. Tra loro doveva essere finita e il fratello non voleva rassegnarsi. Forse quella relazione clandestina comprometteva la figura di delinquente in ascesa che quel pezzo di merda di Rizzo si stava costruendo. L'aveva detto lo stesso Stanziola: Ciro era ambizioso.

Girò il capo e guardò verso la finestra come se dietro di essa ci fosse la risposta che cercava, un elemento che andava oltre i sentimenti. Chiunque avesse ucciso Matteo, gli aveva fatto saltare la faccia, il suo sorriso, la sua identità, quasi a cancellare quello che lui rappresentava per il mondo, a eliminare una prova della sua esistenza. Staccò il cavo dell'alimentazione del portatile e spinse il pulsante d'accensione. Si sentiva un bastardo a scavare nella vita del fratello, ma non avrebbe lasciato nulla in sospeso. Probabilmente Stanziola aveva ragione, ma Rizzo era sparito ed era, fino a prova contraria, solo un presunto colpevole.

Windows si avviò senza richiedere una password. Il desktop era un labirinto di documenti e cartelle in cui Nicola si tuffò perdendo la cognizione del tempo. Matteo era troppo impegnato a scrivere e allo stesso tempo troppo pigro per prendersi cura del suo lavoro e ordinare i file sull'hard disk. Si grattò la fronte. Roberta aveva parlato di una crisi d'ispirazione, e lui ritrovò l'intero manoscritto di *Primula 2*. L'ultima modifica al testo era stata apportata due settimane prima. La mattina precedente il suo arrivo a Ogliastro. Possibile che Matteo avesse mentito all'amica?

Nicola si lasciò andare contro lo schienale della sedia e congiunse le mani dietro la nuca. Chiuse le palpebre e riposò gli occhi.

«Che vuoi dirmi, Matte'?» chiese allo schermo del laptop sperando che potesse rispondergli.

Doveva controllare la posta elettronica del fratello, ma non conosceva la password. In quel computer c'era la risposta, ne era certo. Il suo Casio da polso segnava le 3:00 del mattino. Appena fatto giorno, avrebbe consegnato il portatile ai carabinieri. Con l'autorizzazione del giudice avrebbero ottenuto l'accesso al provider e passato al microscopio la corrispondenza. Era così che funzionava. Forse uno stalker, un ammiratore che aveva costretto il fratello a lasciare Roma per rifugiarsi in Cilento. Qualcuno talmente pazzo da seguirlo fino a lì e sparargli un colpo in faccia. Nicola ricordava la polemica nata su uno di quei blog letterari, due anni prima. Era abituato a seguire come un fantasma i passi di Matteo e non aveva potuto fare a meno di notare l'astio nel post di una lettrice sconvolta dalla morte della protagonista di *Primula*. Uccidere per un romanzo?

Era così preso dai suoi ragionamenti che non si accorse subito della fotografia.

Poggiò un braccio sulla scrivania e alcuni fogli, in bilico in un angolo del tavolo, caddero sul pavimento. Si chinò per raccoglierli, notando il bordo bianco di una polaroid. Fissò la stampa per un istante senza muoversi, il corpo curvato sul bracciolo della sedia, poi allungò una mano. Una data sbiadita scritta a penna, 1989, e i colori bruciati di uno scatto contro luce. Nicola riconobbe subito Matteo, indossava una maglia a righe bianca e rossa troppo grande e una cascata di ricci biondi gli cadeva sulle spalle. A nove anni i lineamenti di quel viso erano così delicati che si faticava a distinguerne il sesso.

Corrugò la fronte.

Il fratello era seduto sulle ginocchia di un uomo in completo scuro e con un paio di occhiali da sole che gli copriva metà della faccia. Alla destra dello sconosciuto, una bambina, con i capelli raccolti in una treccia, sorrideva. Un sorriso triste che spinse Nicola a gettare la foto sul tavolo. Riportò gli occhi sullo schermo del laptop. In alto a sinistra, l'icona del cestino era piena. Fece doppio click e vide un file di testo, un solo file cancellato. Il titolo era chiaro. *Agosto 1989*. Ripristinò il documento sul desktop e lo aprì. La luce bianca del monitor lo investì, abbagliandolo come un faro. Nicola sentì il respiro morirgli in gola, lo stomaco attorcigliarsi. Poche parole. Erano tutto ciò che aveva scritto suo fratello, tutto ciò che bastava per capire. Lesse con attenzione, arrivò fino al punto e poi ricominciò daccapo. Lasciò che le parole diventassero immagini, fantasmi di un'estate dimenticata. Poggiò la schiena contro la sedia e allungò le gambe sotto il tavolo. Tenne gli occhi incollati al monitor, prigionieri di un incipit che qualcuno aveva provato a cancellare perché altri non vedessero.

La casa sulla collina odorava d'estate e di paura. La paura di odiare sé stessi per un dolore che non poteva essere condiviso. La paura di essere sé stessi, perché gli altri non avrebbero capito.

La casa sapeva di un'infanzia strappata via dalla violenza.

Nicola lesse ancora. Non voleva che Matteo fosse dimenticato.

Il telefono di casa suonava con insistenza. Lo squillo gli bucò la testa come un trapano. Nicola si svegliò di colpo, un foglio incollato alla guancia dalla saliva. Si guardò intorno cercando di capire dove si trovasse e le pareti ondeggiarono come un tendone da campo gonfiato dal vento. Sbatté le palpebre. Si era addormentato sullo scrittoio di Matteo.

Driiin.

Il telefono non voleva saperne di aspettare e lui saltò in piedi, urtò con il mignolo contro una cassettiera e trattenne un gemito. Zoppicò fino al tavolino nel corridoio su cui era posato il vecchio ricevitore grigio. La cornetta puzzava di muffa.

«Pronto?»

«Capitano Peluso, è lei?» Nicola non rispose. «Sono il tenente Stanziola della stazione dei Carabinieri di Agropoli. Abbiamo ottime notizie.»

Ascoltò in silenzio quello che l'ufficiale aveva da dirgli. Quella mattina all'alba una volante della polizia aveva fermato a Eboli un'anonima Fiat Punto per un controllo di routine. Gli agenti avevano intimato al veicolo di fermarsi e questo in risposta aveva provato a investirli. I poliziotti avevano aperto il fuoco e un proiettile aveva sfondato il lunotto posteriore, attraversando il poggiatesta per piantarsi nel cranio del guidatore. L'arrivo del 118 era stato inutile.

Al volante c'era Ciro Rizzo.

«Un carico di droga, capisce?»

«Sì.»

«A nostro avviso, questo mischia un po' le carte sull'omicidio di suo fratello. Attendiamo però l'arrivo del Magistrato. Capita', pensa che potrebbe passare per la...»

Nicola posò la cornetta sul ricevitore.

Ciro Rizzo usciva di scena nel modo che si meritava. Un bastardo. A dodici anni, Matteo era stata la sua vittima preferita. Nicola sarebbe dovuto andare ad Agropoli e spaccargli la faccia, era questo che facevano i fratelli maggiori, ma lui non l'aveva fatto. E in ogni caso, Matteo lo avrebbe trattenuto. Rizzo era un bastardo, un delinquente, ma non l'assassino di suo fratello.

Il telefono riprese a squillare ma lui lo ignorò. Guardò l'orologio, 9:30 di domenica mattina. Indossò una felpa e calzò le scarpe da ginnastica. Da quello che ricordava, Vincenzo, il marito di Roberta, non perdeva nessun appuntamento settimanale con il Signore. La pioggia martellava la vigna, tendaggi grigi che formavano rivoli fangosi al suolo. Nicola tirò il cappuccio sopra la testa e uscì di casa senza pensarci due volte. Risalì di corsa il viale che lo portava fuori dalla tenuta Peluso e costeggiò la strada da poco asfaltata fino alla casa dei vicini. Si accostò al cancello in ferro battuto. Non c'erano auto parcheggiate nel cortile.

Abbassò la maniglia: era chiusa a chiave. Allora fece un passo indietro e si aggrappò alle sbarre, mise i piedi sulle teste dei leoni incise nel metallo e lo scavalcò. Le suole delle sue Nike emisero un sibilo viscido quando atterrò sul selciato. Si mosse radendo le mura sotto lo sguardo vuoto dei gargoyles che si sporgevano dal tetto. Percorse un sentiero lastricato che serpeggiava attraverso il cortile fino al retro della casa.

Nicola infilò le dita tra le foglie delle siepi, proprio come faceva da ragazzino quando suo padre lo mandava a recuperare Matteo. Il fratello diceva d'andare a giocare nel castello e a lui toccava la seccatura d'arrivare fino a lì, in quella casa antica che dominava Ogliastro con le sue guglie nere. Lui non vi aveva mai messo piede. Non lo sapeva perché, non gli piaceva e basta. La famiglia di Roberta si era trasferita da Napoli negli anni Ottanta. Il padre era un imprenditore edile che aveva fatto i soldi ricostruendo mezzo Cilento dopo il terremoto. Un uomo importante con amicizie importanti che gli avevano fatto guadagnare, all'epoca, una poltrona a Roma nella segreteria della Democrazia Cristiana. Nicola ricordava il modo con cui il suo di padre, l'ingegnere Peluso, si rivolgeva a quello di Roberta, ed era con una sua raccomandazione che lui era riuscito a entrare all'Accademia di Modena.

Nicola si voltò di scatto.

La pioggia gli sferzava la faccia impigliandosi alla barba. Guardò verso le finestre. Era convinto d'aver visto qualcosa, la sensazione che una tenda si fosse mossa. Scosse il capo e riprese a muoversi. Le lastre di marmo lo condussero fino all'autorimessa. La porta era aperta, il battente sollevato aveva formato una tettoia tenendo asciutto parte dell'ingresso. Nicola scivolò all'interno scrollandosi l'acqua di dosso. Era fradicio e l'umidità gli penetrava nelle ossa. Cercò l'interruttore, trovandolo alla sua sinistra. Vide le due biciclette dei figli di Roberta accostate contro il muro e una serie di scatole ammassate su un soppalco di legno. Una rampa di scale conduceva a una porta di ferro. Abbassò la maniglia, ma era chiusa, allora si guardò intorno trovando un cacciavite sul tavolo degli attrezzi e si mise a lavoro. Infilò la punta dell'utensile in uno spiraglio nel muro, trovando gli ingranaggi della serratura. Farla saltare gli richiese un attimo. Aprì con delicatezza l'imposta e affrontò una seconda rampa di scale che portava verso un corridoio.

Aveva appena commesso un reato, ma non gli importava. L'incipit di suo fratello continuava a rimbalzargli nella testa come un'ossessione.

La casa sulla collina odorava d'estate e di paura.

Inspirò, il cuore che gli martellava nel petto. La paura di Matteo gli riempì le narici. Era rimasta lì, impregnava le pareti di quella casa come uno spettro che si ostinava a non farsi da parte. Per quanto Nicola si sforzasse di fare piano, i suoi passi erano scanditi dallo squittio delle suole bagnate sul parquet. Si mosse al buio guidato dalle parole del fratello. Tutto questo era sbagliato, ne era consapevole, avrebbe dovuto avvisare il Tenente Stanziola quando ne aveva avuto l'occasione, ma ormai era troppo tardi e l'unico pensiero che lo assillava era quello di non avere una pistola con sé, l'acciaio di una Beretta stretto nel pugno.

«Roberta?» chiese, stanco di giocare a nascondino.

Silenzio.

Scivolò nel corridoio, radendo la parete con un gomito. Le persiane di un balcone non erano abbassate del tutto e aghi di luce rimbalzavano contro i mobili bucando le ombre. Notò il led rosso del televisore nel soggiorno, poi sbirciò all'interno di una camera da letto e vide i letti a castello dei bambini. Si voltò. Era certo di non essere solo, aveva la sensazione che qualcuno lo stesse osservando da quando aveva scavalcato il cancello dei Forte.

«Non voglio farti del male, Roberta. Voglio solo parlare.»

Sollevò le mani e mostrò i palmi. Un rumore.

«Non doveva farlo.» La donna emerse dal buio. Il volto pallido, gli occhi scavati. «Non doveva farlo a me. Era come un fratello...»

«Era stato tuo padre allora?» Nicola si fece avanti, tenne le braccia sollevate. I suoi occhi intercettarono il balenare della lama. L'amica stringeva un coltello da cucina in una mano.

«Mettilo via, andiamo.»

«No.»

«E cosa vuoi fare? Uccidermi? Vuoi uccidere me come hai fatto con Matteo?»

«Lui non capiva... non avrebbe mai potuto capire. Voleva avere successo infangando il buon nome di mio padre.»

«Tuo padre? Il Cavalier Egidio Forte? Che cosa gli ha fatto?»

«Non azzardarti a parlare di lui.» Roberta gli puntò la lama tremolante contro la faccia. «Non sei nessuno per farlo. Né tu, né Matteo.»

«È stato lui, non è così? Dovevo immaginarlo. Matteo continuava a bagnare il letto la notte. Pensavo che fosse per nostra madre, e invece... lo prendevo in giro per questo. Lo facevo come tutti gli altri.» Nicola si portò le mani alla testa, la casa prese a girare, le ombre a muoversi. «Ho trovato il file. Sei stata tu a cancellarlo?»

L'espressione sulla faccia della donna valeva più di ogni risposta.

«Hai dimenticato di svuotare il cestino. Tu avevi le chiavi... Ieri sera non avevi sentito il rumore della mia moto, tu eri già lì.»

«Quando Matteo mi confidò che cosa voleva scrivere, io non riuscivo a credergli. Voleva parlarne con il suo agente, era al settimo cielo. Disse che ne avrebbero fatto sicuramente un film, magari una fiction alla RAI. La mia famiglia in televisione, capisci? Cosa avrebbe detto la gente di mio padre? Lui era un grande uomo.»

«E così gli hai detto di tornare in paese.»

Roberta annuì.

«L'ho incoraggiato a farlo. Magari il contatto con il passato l'avrebbe aiutato a ricordare. Pensavo che una volta qui sarei riuscita a convincerlo. Mio padre era Egidio Forte! E mio marito? A giugno ci sono le elezioni comunali e Vincenzo è candidato a sindaco. Lui può vincere, ha lavorato molto per farlo. La gente lo tiene in grande considerazione, è il genero di Egidio Forte. No, Matteo non poteva farlo, non poteva raccontare tutto ora. Non pensava ai miei figli?»

«È per questo che l'hai fatto? Per vergogna?» Nicola rimase fermo. Fece un passo in avanti spostando lo sguardo dalla lama al volto della donna, le braccia aperte e rivolte verso l'arma. Era sconvolto, pensò al sorriso di Matteo cancellato da una fucilata. «Per le elezioni? L'hai ucciso per le elezioni?»

Gli occhi di Roberta si mossero. Un battito di ciglia, un leggero spostamento. Un attimo prima era su di lui, e quello dopo puntavano verso il corridoio.

Nicola si voltò di scatto. Era stato così concentrato sul coltello della donna che non si era accorto di Vincenzo. Uno sbaglio. Era come se le ombre si fossero staccate di colpo dalle pareti per piombargli addosso. Girò il bacino e la sua mano si strinse d'istinto sulla canna del fucile, spingendola di lato. L'arma ruggì, sputando piombo contro lo schermo nero del televisore.

Vincenzo parve sorpreso dalla reazione. Emise un grugnito, liberò il fucile dalla sua presa con uno strattone. Nicola sentì il sibilo dell'aria quando il calcio del fucile si abbatté sulla sua spalla. Digrignò i denti, perse l'equilibrio e venne sbattuto contro una credenza. Uno spigolo affondò nel fianco spezzandogli il respiro. Roberta stava urlando, la voce stridula gli lacerava i timpani. Il marito venne avanti, lo afferrò per il cappuccio della felpa spingendolo contro il pavimento, mentre con l'altra mano cercava di direzionare l'arma contro la sua faccia.

Nicola provò a divincolarsi ma era lento, la vista appannata. Il battito del cuore gli rimbombava nelle orecchie, assordante. Si ritrovò a strisciare sul parquet. Vincenzo gli assestò un calcio al fianco con tale violenza da farlo ribaltare sul dorso. Nicola tossì, sentiva qualcosa di umido e appiccicoso bagnargli il collo.

«Voleva fottermi, quel frocio del cazzo.» Un filo di bava era rimasto impigliato al pizzetto di Vincenzo. Una vena gli spaccava in due la fronte. «Gettare merda sulla mia famiglia, su mia moglie!»

«Vince', basta.» La voce di Roberta era smorzata dal pianto. Il coltello cadde in un tintinnio.

«Che c'è? Adesso dici basta?» L'uomo puntò il fucile verso la moglie. «La colpa è anche tua se siamo arrivati a questo, dovevi pensarci prima. Dovrei ammazzare anche te!»

Nicola deglutì sangue. Doveva essersi morso una guancia nella caduta. Fissò il soffitto e le ombre che strisciavano sull'intonaco. Si sentiva di merda, le forze gli stavano scivolando via dal corpo. Aveva schivato bombe e combattuto Talebani per poi tornare a casa ed essere ucciso da un pezzo di merda qualsiasi. Sorrise. Vincenzo e Roberta stavano gridando, inveivano l'uno contro l'altra, ma lui non prestava ascolto. Le loro urla erano distorte, solo un sottofondo fastidioso ai suoi pensieri. Forse era così che doveva finire.

«Matteo era mio amico!» Il marito colpì Roberta al volto con uno schiaffo e lei cadde, trascinando con sé una sedia. La donna si tenne la guancia e la sua voce divenne un lamento: «Lui era mio amico e tu l'hai ucciso… noi… Gesù, che abbiamo fatto…»

Nicola osservò il fucile stretto tra le mani di Vincenzo e rivide Matteo sul tavolo dell'obitorio. La faccia ridotta in poltiglia. Un occhio, l'unico che gli restava, era puntato al soffitto. Da qualche parte nella sua testa, il fratello stava ridendo. La risata di un bambino spezzato.

Era andata così, non c'era più nulla da sapere.

L'assassino di suo fratello si voltò verso di lui, la faccia distorta in una maschera di follia. I loro sguardi si incontrarono e Nicola comprese che arrendersi adesso avrebbe significato darla vinta a quella gente, lasciare che restassero impuniti. Permettere che Matteo venisse ucciso una seconda volta. Era cominciato tutto in quella casa e lì doveva finire.

«Resta a terra» Vincenzo sollevò il fucile ma Nicola si era già messo in piedi.

«Vuoi farlo qui?» Chiese allargando le braccia. Sentiva il fuoco dentro, una rabbia che gli faceva tremare le gambe. «Vuoi spararmi adesso? In casa tua?»

Vincenzo esitò, abbassò gli occhi sul calibro 20. Un istante poteva cambiare le cose, era una questione di attimi. Un istante poteva decidere chi viveva e chi invece diventava carne per vermi.

Nicola afferrò un posacenere di cristallo sul tavolo e lo scagliò in avanti. Un movimento fluido, acqua che scorre dal rubinetto. L'oggetto colpì Vincenzo al mento, sbattendogli la testa all'indietro. L'uomo era alto, il fisico temprato da vent'anni di lavoro nell'edilizia, e le sue gambe ressero il colpo, però lui non era un guerriero. Nicola invece sì.

Si gettò sul fucile con tutto il peso del corpo, spingendo la canna verso il pavimento. Assestò una testata al volto di Vincenzo e sentì il setto nasale frantumarsi. Lottarono e si spinsero, sputando e ringhiando, poi l'arma venne scagliata contro il vetro e i due finirono sul pavimento. Il marito di Roberta gli montò sul petto. Nicola protesse il volto da un pugno maldestro usando il gomito. Piantò la schiena contro il parquet e colpì l'avversario con un diretto alla mascella, rapido e potente. Vincenzo non ebbe il tempo per urlare perché lui gli afferrò entrambe le braccia e se le strinse al petto, poi mosse le gambe, avvolgendo le cosce intorno al collo taurino dell'avversario. Vincenzo provò ad alzarsi, il volto rosso e le vene del collo gonfie, ma più si dimenava e più Nicola stringeva.

Stringeva, perché era quello che voleva fare.

La cosa giusta da fare.

La luce dell'ambulanza era una macchia blu sotto la pioggia. Nicola guardò gli operatori dell'Humanitas caricare a bordo Vincenzo. Uno di loro gli teneva una mascherina per l'ossigeno sulla faccia. Erano seguiti a vista da due carabinieri, stretti nei cappotti d'ordinanza, che li aiutarono a trasportare la barella e poi chiusero il portellone.

«Prema questo sulla ferita.» Una donna in divisa arancione gli passò della garza da mettere dietro la testa.

Nicola fece quanto gli era stato consigliato. Osservò un secondo gruppo di persone uscire dalla casa. In mezzo alle sagome scure dei carabinieri c'era Roberta, piccola e vulnerabile. Aveva la testa incassata tra le spalle, all'improvviso sembrava più magra e pallida di quanto lui ricordasse. Continuava a chiedere dei suoi figli con una voce simile a un lamento. Un tono che ebbe su di lui l'effetto di un pugno allo stomaco. Un militare le aprì la portiera dell'auto e un altro le piegò la testa per farla sedere. Lo sportello venne sbattuto e in quel momento i loro sguardi si incontrarono. Dietro il finestrino, gli occhi della donna stavano cercando i suoi. L'acqua scorreva senza ostacoli, scivolava sul vetro come lacrime sul volto di Roberta. E allora Nicola si disse che forse era proprio questo quello che faceva la pioggia. Lavava le colpe.

«Andiamo, Capitano.» Il Tenente Stanziola lo prese delicatamente per un braccio. «La accompagno in ospedale.»

Nicola sbatté le palpebre, sentì appena il contatto. Osservava ancora. Fuori dal cancello i veicoli si erano dileguati, sgommavano via a sirene spiegate.

ANTONIO LANZETTA è nato a Salerno e il suo ultimo romanzo, il thriller *"Il buio dentro"* pubblicato da La Corte Editore ha riscosso un tale successo di pubblico e critica che sarà presto pubblicato anche in Francia da Bragelonne, una delle più importanti case editrici d'oltralpe. In passato, sempre per La Corte, ha pubblicato i fortunati romanzi di genere fantastico *"Warrior"* e *"Revolution"*.

IL CASO DELLA SCIMMIA CON TRE BRACCIA

GIANLUCA MOROZZI

Ecco il problema di quando muore un musicista famoso, o semifamoso, o ex famoso: non puoi accendere la radio o entrare in un locale senza sentire una canzone dell'illustre trapassato. Di cui magari nessuno comprava più un disco dai tempi delle cassette Stereo8.

Questo bar, il bar sotto casa mia, non fa eccezione.

Almeno, quando è morto David Bowie, bevevo il caffè con qualche banale e ovvia *Space Oddity* o *Life on Mars*. Quando è toccato a Leonard Cohen, siamo andati avanti due giorni a *Suzanne* e *Halleluja*.

Purtroppo è morto Lauro Bolchi. Che solo nominare quel cane dopo Bowie e Cohen, santo cielo, suona come una bestemmia in cattedrale.

E così, mentre mescolo lo zucchero nella tazzina, mi tocca sciropparmi gli abominevoli versi di *Lupo ferito*.

("Troppo vigliacco per poterti inseguire/lupo ferito che vuol solo morire" mamma mia…)

Il barista mi guarda sornione. «Lauro Bolchi» dice, facendo un cenno con la testa in direzione della radio.

«Pace all'anima sua» sospiro.

«Ma è vero quel che dicono i giornali…?»

«Completa la frase, e ti dico se è vero.»

«…che il caso lo ha risolto lei?»

«Sì. Il caso l'ho risolto io.»

Il barista è appassionato di gialli. Così, per amicizia, gli regalo un paio di dettagli gustosi sulla vicenda. «Vedi, la cosa che proprio non capivo, che non riuscivo a spiegarmi, era quel povero gatto a mezz'aria nel camerino, accanto al cadavere…»

Poi vado avanti a spiegargli il resto.

E alla fine il caffè me lo offre lui, ammirato.

*

L'osteria di Franco è in una stradina laterale di via Saragozza. Che è una delle vie più belle di Bologna, secondo me, sia la parte fuori porta, per dirla alla Guccini, che quella dentro le mura.

Ecco: Franco, secondo me, ha voluto caratterizzare il suo locale in modo che spiccasse molto bene in questa zona così affascinante. Lo ha reso brutto. Molto brutto. Più trash possibile, con quei tavolacci neri e quei poster di film con Gigi & Andrea e la finta scimmia con tre braccia sul bancone.

«Ma perché hai messo una scimmia con tre braccia sul bancone?» gli ho chiesto una volta, e lui: «Perché se guardi com'è messo il terzo braccio da una certa angolazione, sembra una roba più lurida. Sembra un'altra roba.» E mi aveva strizzato l'occhio.

«E questa cosa di avere una scimmia che vista da una certa

angolazione sembra superdotata ti sembra una cosa che attira la clientela?» avevo chiesto, ingenuo.

E lui, trionfante: «Alle studentesse piace, la scimmia con tre braccia. Anche alle turiste. E a me piacciono sia le studentesse che le turiste.»

Non avevo domandato più niente.

Allora mi infilo in questa via laterale, entro nell'osteria, saluto Franco e la scimmia con tre braccia, e vedo Soddimo che mi aspetta nel solito tavolo tra i cessi e il bersaglio per le freccette.

«Soddimo, io non dico niente sulla faccia che hai stasera» esordisco. «Ma ho visto dei tizi sdraiati in camera mortuaria che erano un po' più vivaci di te. Te la fai mai qualche ora di sonno?»

«Eh, Barnaba, beato te che non sei sposato. Mia moglie ultimamente non mi fa dormire tanto...»

«Accidenti, Soddimo, che mi dici mai!» ridacchio. «Complimenti vivissimi!»

«Ma no, che hai capito? Mi tiene sveglio per dirmi per la centesima volta che devo parlare con nostra figlia.»

«E che ha combinato vostra figlia?»

«Dorme fuori casa e non ci vuole dire né dove né con chi... insomma, dico io, ha vent'anni, mica dieci, però mia moglie si preoccupa, vorrebbe solo avere qualche recapito, qualche riferimento...»

«Li abbiamo avuto tutti, vent'anni.»

«Sì, ma io a vent'anni già stavo con mia moglie.»

«Sintomo di coerenza. Sei da bianco o sei da rosso?»

*

Quando la bottiglia di rosso è quasi vuota, dopo che, come ogni volta, abbiamo fantasticato sul romanzo giallo che dovremmo scrivere a quattro mani, quello intitolato *Il caso della scimmia con tre braccia*, di colpo cambio discorso. E parto col botto, a sorpresa, a raccontargli di Lauro Bolchi. «Insomma, la cosa che proprio non capivo, che non riuscivo a spiegarmi, era quel povero gatto a mezz'aria nel camerino, accanto al cadavere...»

«Aspetta: in questa storia muore un gatto? Perché se muore un gatto non la voglio sentire!»

«Vedi cadaveri tutti i giorni, e ti sconvolge un gatto?»

«I cadaveri li vedo per mestiere. Mi ci sono abituato. Ai gatti non voglio abituarmi mai e poi mai.»

«Io ho sempre preferito i cani… comunque no, non ti preoccupare, il gatto è vivo e vegeto. Ha solo passato un brutto quarto d'ora.»

«Allora ti posso ascoltare. Prendiamo un liquorino?»

«Certo che prendiamo un liquorino. Franco ne ha una riserva speciale che tiene nella sua cantina privata, solo per i clienti affezionati come noi. Glielo ordino, appena la smette di intortare le turiste al bancone.»

«Franco interpreta il suo ruolo di oste in maniera, come dire… sociale.»

«Allora, la vuoi sentire la storia del gatto, del cantante e del plettro di ferro?»

«Purché il gatto non abbia sofferto, la voglio sentire.»

«Si è spaventato e non si è divertito granché, ma non ha sofferto.»

«Allora inizia pure a raccontare.»

*

«Allora: io lo so che tu ascolti solo progressive anni '70 e al massimo jazz, ma te lo ricorderai quel pezzo famoso di Lauro Bolchi, no?»

«Avremmo dovuto staccarci tutti le orecchie o passare metà degli anni '90 fusi alle cuffie del walkman per non sentire quella canzone orribile. *Jenny sa*, giusto?»

«Giusto. Il motivo per cui tante bambine nate alle fine dello scorso millennio si sono chiamate Jenny, peraltro. Il primo e il più grande successo di Lauro Bolchi, contenuto in uno sdolcinato e mieloso disco fintorock. Vendutissimo, naturalmente.»

«Sì, be', guarda, l'abominevole gusto musicale dell'italiano medio non mi suona come una novità...»

«Insomma, dopo quell'esordio col botto, Lauro Bolchi fa un tour trionfale, seguito da un manipolo di agguerritissimi ammiratori. Uno in particolare, fondatore di un fan club, sempre in prima fila a ogni concerto, da Trieste a Siracusa. Un ragazzo di nome Aurelio Doni.»

«Uno che segue il tour di Lauro Bolchi da Trieste a Siracusa andrebbe privato del diritto di voto, secondo me. Ma continua pure.»

«Va bene. Oltre a *Jenny sa*, ti ricordi altre canzoni di successo di Lauro Bolchi?»

«Uhm... *Occhi di brace*, forse.»

«No, quello era un altro, credo. Ma ti rispondo io: non ti ricordi altri successi perché non ha avuto altri successi. La carriera di Lauro Bolchi è defunta quando ancora i suoi dischi si vendevano con il prezzo in lire.»

«Mai triste sorte fu più meritata.»

«Per cui, dopo il grande tour negli stadi e l'abbastanza grande tour nei palazzetti dello sport, siamo passati al medio tour nei club. E poi alle sagre di paese, praticamente. Ma, mentre il numero dei fan calava in maniera esponenziale, Aurelio Doni resisteva. Sempre in prima fila anche alla Festa della Patata di Busacchio sull'Adige, così come era stato in prima fila sotto l'immenso palco di San Siro.»

«Un uomo così andrebbe premiato. Oppure internato.»

«Be', indovina? È stato premiato. Lauro Bolchi ha licenziato il suo manager dopo l'ennesimo, tragico concerto, e ha deciso di affidarsi a qualcuno che fosse sinceramente affezionato alla sua musica. E quindi, Aurelio Doni è stato promosso a nuovo manager.»

«Buono comunque questo liquore.»

«Te l'ho detto che Franco è una garanzia. Comunque: Aurelio Doni accetta con entusiasmo il nuovo ruolo, e fa di tutto per rilanciare la carriera del suo idolo. Solo che il suo idolo sforna dischi sempre più brutti, sempre più tristi, sempre più inutili. E si porta addosso l'immagine indelebile dell'artista che ha avuto una sola hit, la meteora degli anni '90, quello che viene invitato ai programmi nostalgici per far vedere che è ancora vivo. E così, nonostante tutti gli sforzi di Aurelio Doni, la carriera di Lauro Bolchi non migliora.»

«E cosa succede?»

«Succede che Lauro Bolchi perde la testa. Si convince che il suo bassista storico sta complottando col batterista per boicottarlo, suonando male apposta. E li licenzia entrambi… una scusa per non dover pagare troppi membri della band, si suppone. Poi va in tour con delle orribili ritmiche elettroniche. E bassista e batterista gli giurano eterna e mortale vendetta.»

«Tu tutte queste cose le conosci perché hai seguito passo a passo la carriera di Lauro Bolchi, immagino.»

«Deficiente, le ho scoperte l'altro giorno indagando sul caso.

Allora, nella band di Lauro Bolchi restano in due: i fratelli, chitarra e tastiera. Che in pratica non parlano neppure più con il loro cantante: l'intermediario è Aurelio Doni, l'unico che riesce ad avere ancora rapporti umani con Lauro Bolchi.»

«Che sgradevole situazione.»

«Allora, mentre ordiniamo un altro bicchierino a Franco, ti racconto la storia dei due portafortuna.»

*

«Quand'era ancora un giovane cantante desideroso di sfondare, Lauro Bolchi aveva comprato, o si era fatto fare, non lo so, un ciondolo particolare: un plettro di ferro, dalla forma piuttosto aggressiva. Un triangolo appuntito, in pratica, che portava appeso al collo mentre registrava *Jenny sa*. Per cui ha deciso che quel ciondolo era il suo portafortuna, e non se ne separava mai.»

«E l'altro portafortuna?»

«Un vecchio stereo. Uno di quei modelli anni '90, quei grossi cubi neri con tanto di alloggiamento per le cassette sopra lo sportellino per il cd. Quello stereo viaggiava sempre con lui durante i tour, ed era protagonista di uno strano rituale...»

«Non vedo l'ora di scoprirlo.»

«Prima devo illustrarti le richieste di Lauro Bolchi agli organizzatori dei suoi concerti.»

«Cose stravaganti? Droghe, ragazze avvenenti, cinquemila rose?»

«No, almeno in quello era morigerato. Lui chiedeva solo di avere un divano in camerino, e di potersi portare dietro il gatto.»

«Il gatto aveva un nome?»

«A quanto ne so, si chiamava Gatto.»

«Grande. Un artista davvero fantasioso.»

«Dunque, prima dei concerti la cosa funzionava così: me lo hanno detto e ripetuto i fratelli Maiellaro. Quando loro o Aurelio Doni provavano a entrare nel camerino per fare delle normali richieste a Lauro Bolchi, tipo, *quali canzoni vuoi cantare questa sera?*, lui faceva segno di aspettare. E metteva in scena un bizzarro teatrino.»

«Sono tutto orecchi.»

«Sdraiato sul suo divano, con lo stereo dalla parte opposta del camerino, Lauro Bolchi ascoltava i propri brani cambiando traccia di continuo. Brano numero uno, brano numero due, brano numero tre… se gli sembrava che il gatto reagisse bene alla canzone, la inseriva nella scaletta della serata. Altrimenti, la scartava. Che poi il gatto reagisse bene o male, questo lo capiva solo lui.»

«Oh, santo cielo!»

«Va bene. Allora, capita che in questo demenziale giro di concerti, Aurelio Doni organizzi una tappa qui a Bologna. E l'unico posto che accetta di far esibire quel relitto umano di Lauro Bolchi è, rullo di tamburi, l'Orchidea Selvaggia. La conosci, tu, l'Orchidea Selvaggia?»

«Dovrei?»

«No che non dovresti. Pare che sia un localaccio di ultimissima categoria, un incrocio tra un vecchio night club, un dancing per disperati e una sala concerti per poveri dimenticati come Lauro Bolchi. Sarebbe stata l'ennesima esibizione triste di un cantante finito da almeno quindici anni.»

«Perché dici *sarebbe stata*?»

«Perché Lauro Bolchi non ha fatto in tempo a salire su quel palchettino cadente. È morto due ore prima.»

*

«Dunque. Siamo nel tardo pomeriggio, mancano due ore al concerto. L'Orchidea Selvaggia è ancora chiusa. I fratelli Maiellaro stanno montando i loro strumenti. Aurelio Doni è al piano di sopra, a finire di discutere di cose pratiche con il gestore del locale, un certo Denis Marra. Lauro Bolchi è nel suo camerino con il gatto, a seguire il solito rituale. Le canzoni dallo stereo si sentono appena, al di là della porta, ma di colpo un frastuono infernale riempie l'aria: Lauro Bolchi deve aver girato la manopola del volume al massimo, e le note di *Jenny sa* e di quegli altri brani di cui neppure conosco il titolo stanno assordando i fratelli Maiellaro, che sono a pochi metri dal corridoio in cui c'è il camerino, Aurelio Doni, che è appena uscito dall'ufficio di Denis Marra, e lo stesso Marra. Tutti e quattro convergono verso il camerino, infastiditi da quell'assurdo bombardamento di decibel.»

«*Jenny sa* è orribile anche a volume normale, chissà così...»

«Vabbè, a parte le considerazioni artistiche: Aurelio Doni bussa per chiedere a Lauro di abbassare il volume, ma quello non risponde. Allora prova ad aprire: la porta è chiusa dall'interno. A quel punto, preoccupati, decidono di sfondarla, quella porta.»

«Come nei migliori film.»

«Denis Marra protesta, urla che non gli possono danneggiare il locale e che dovranno pagare i danni, ma i tre si mettono insieme e riescono a buttarla giù, quella porta.»

«E dentro...»

«Dentro è buio, ma la luce che proviene dal corridoio disegna i contorni di un corpo steso sul pavimento. *Oddio, Lauro!*, esclama Aurelio Doni, mentre Pasquale Maiellaro, pur assordato dalla musica altissima, sente un miagolio disperato nell'oscurità. Accende la luce, e vede il gatto appeso a mezz'aria.»

«Ecco. Adesso soffro.»

«Lauro Bolchi lo portava spesso a spasso con un guinzaglietto… ecco: il guinzaglietto era legato stretto intorno alla pancia del gatto, fissato al soffitto, e la povera bestia agitava le sue zampette nel vuoto senza trovare un appiglio.»

«Basta, dai…sto male al solo pensiero.»

«Immagina la scena: i fratelli Maiellaro che cercavano di slegare il gatto senza farsi graffiare, la musica altissima, Aurelio Doni curvo sul corpo coperto di sangue di Lauro Bolchi che strillava *Chiamate un medico, chiamate un medico*, Denis Marra che si metteva le mani nei capelli per il danno al camerino e per la cattiva pubblicità al suo locale… be', te la faccio breve. Il gatto viene liberato, Aurelio Doni va finalmente verso lo stereo per spegnere la musica e poi si attacca al cellulare per cercare un medico, perché Lauro respira ancora, debolmente…»

«Dimmi solo che il gatto stava bene.»

«Santo cielo, sì, te l'ho detto all'inizio! Il gatto se l'è cavata con un gran spavento, ma a Lauro Bolchi è andata peggio. Quando il medico è arrivato, l'indimenticabile autore di *Jenny sa* era già morto.»

«E a quel punto hanno chiamato te.»

«A quel punto, hanno chiamato me. Allora, la prima cosa strana che vedo è questa: accanto al corpo c'è un flacone di sonniferi aperto e mezzo vuoto.»

«Frena: non hai detto che Lauro Bolchi era coperto di sangue?»

«Sì. Infatti la causa della morte è un oggetto appuntito che gli ha trafitto la carotide, come un piccolo pugnale… devo riassumerti tutto quello che ti ho raccontato fin qui, o intuisci da solo la natura di quel piccolo pugnale?»

«Il plettro di ferro?»

«Esatto. Quello che Lauro Bolchi portava come un ciondolo.»

«Quella che è stata sfondata era l'unica porta del camerino?»

«L'unica porta, chiusa dall'interno. Non c'erano finestre, né altri passaggi verso l'esterno. Un classico, buon vecchio enigma della camera chiusa.»

«Segni di lotta?»

«Nessuno. Solo dei graffi sulle braccia di Lauro Bolchi, del tutto compatibili con i segni procurati dagli artigli di un gatto.»

«Tracce di sangue in giro?»

«Una sola, sullo stereo, ma di natura evidente: Aurelio Doni ha toccato il corpo insanguinato di Lauro, e poi è andato a spegnere la musica. La mano è sua, il sangue di Lauro. Facilmente spiegabile.»

«La quantità di sonnifero ingerita da Bolchi era fatale?»

«No. Elevata, ma non fatale.»

«Quindi abbiamo quattro persone presenti sulla scena del delitto. Motivi per avercela con la vittima?»

«I fratelli Maiellaro erano molto preoccupati per il loro futuro: il tour stava andando malissimo, e, a quanto si sussurra, Lauro Bolchi avrebbe licenziato anche loro per continuare il tour cantando sulle basi.»

«Che barbarie. Il manager?»

«Il manager era la persona più innamorata in assoluto della musica di Lauro Bolchi, come quando era solo il suo fan numero uno. Questo lo dicono e lo giurano tutte le persone che ho interrogato.»

«Il gestore del locale?»

«Personaggio piuttosto sordido. Lui e Aurelio Doni avevano

appena litigato, perché erano stati venduti pochissimi biglietti, e Denis Marra voleva dimezzare il compenso pattuito.»

«Il batterista e il bassista licenziati?»

«Avrebbero avuto dei buoni motivi di rivalsa, ma nessuno li ha visti all'Orchidea Selvaggia. E comunque…»

«…Comunque, il camerino era chiuso dall'interno. Chiunque sia stato, ha attraversato magicamente le pareti.»

«Mi hai tolto le parole di bocca.»

«Uhm. Non mi spiego in alcun modo il ruolo del gatto, ma per il resto parrebbe un suicidio.»

«Vediamo qual è la tua ricostruzione dei fatti.»

«Ecco… vista l'assoluta impossibilità di entrare e uscire per un eventuale assassino, la dinamica dell'evento appare chiara. In una crisi di nervi autodistruttiva, dapprima Lauro Bolchi ha usato crudeltà sul povero gatto, che lo ha giustamente graffiato. Dopodiché ha pensato di uccidersi con le pillole… ma prima di cadere addormentato ha cambiato idea, e si è trafitto con il plettro di ferro.»

«Filerebbe tutto, in effetti. Ma…»

«Ma non è andata davvero così.»

«No. Non è andata davvero così. Insomma, ci pensavo e ci ripensavo, mi concentravo su quel gatto, e poi ho capito. Il particolare mancante. Una cosa che doveva essere in quel camerino, e che invece non c'era.»

«Sentiamo.»

«Hai ascoltato quel che ho detto prima? I rituali di Lauro Bolchi prima del concerto…»

«Sì che ti ho ascoltato. Lui che faceva decidere la scaletta al suo gatto.»

«Va bene, ma ti è sfuggito un punto preciso su questa questione. Allora, torna indietro con la mente, risali a un mondo precedente gli iPhone e gli iPod e gli mp3 e tutto il resto, risali a un mondo in cui inserivi un cd nello stereo del tuo salotto...»

«Io ascolto principalmente dischi in vinile.»

«Sì, sì, va bene, diciamo che eccezionalmente eri sul divano ad ascoltare non un disco in vinile ma un cd dei Genesis, d'un tratto ti stancavi di ascoltare un pezzo di venti minuti e cambiavi traccia. Come facevi?»

«Io non mi stanco mai di ascoltare i Genesis... va bene, va bene, non mi guardare in quel modo. Be', come facevo... è semplice, usavo il telecomando e... aaaah, ho capito.»

«Bravo, che sei lento ma ci arrivi. Lauro Bolchi, lo dicono tutti, se ne stava sul divano con lo stereo dall'altra parte del camerino a cambiare canzone di continuo. Per cui, doveva avere un telecomando... che non è stato trovato. Aurelio Doni ha spento lo stereo manualmente, come testimonia l'impronta insanguinata. Certo, potrebbe averlo fatto nella fretta, d'istinto... ma, ti ripeto, non c'era nessun telecomando in quel camerino.»

«Potrebbe averlo portato via qualcuno durante il ritrovamento del cadavere, nella confusione generale.»

«Sì, ma perché? Per avere una reliquia? No, qualcuno deve averlo portato via prima che Lauro Bolchi si chiudesse dentro. Ed è questo che mi ha fatto capire che non si trattava di un suicidio.»

«Aspetta, ci sto arrivando anch'io... è il liquore che mi inceppa un pochino i neuroni.»

«A un certo punto, dicono i testimoni, il volume dello stereo è stato alzato fino a un volume fastidioso. Lì per lì ho pensato: lo ha fatto Lauro Bolchi per coprire il miagolio del gatto mentre lo appendeva al soffitto. Ma poi mi sono detto: no, qualcuno ha sottratto di nascosto quel telecomando, e poi ha alzato il volume da fuori. In modo da attirare l'attenzione generale verso il camerino.»

«Sì. Ha senso. L'assassino doveva avere dei testimoni, disposti a giurare che la porta era chiusa dall'interno.»

«Naturalmente questo non spiegava ancora la dinamica del delitto, ma intanto escludeva il suicidio. Chi poteva essere stato a usare quel telecomando? I fratelli Maiellaro? Aurelio Doni? Denis Marra? Qualcun altro?»

«Dimmi che c'entra il gatto, in questa storia.»

«Oh, mio caro, ma certo. Ovvio che, in una certa maniera, c'entra il gatto.»

*

«Mi chiedevo e mi chiedevo ripetutamente: cosa c'entrava quella povera bestia appesa a mezz'aria? E quel flacone di sonniferi?»

«No, scusa, qui non ci sto arrivando.»

«Dai, che è facile. Pensa ai sonniferi. Immagina il mondo contemporaneo, fatto di Facebook e di social network.»

«Odio quelle cose. Lo sai.»

«Sei un maledetto vecchio rudere. Cos'è che funziona sempre, su Facebook?»

«Le belle ragazze, spero.»

«Le belle ragazze, sì, funzionano. Ma soprattutto, amico mio, funzionano i gattini. Metti qualunque cosa, qualunque immagine, qualunque atrocità su Facebook, aggiungici un gattino spaventato, e otterrai il quadruplo di attenzione. Ho una figlia, lo so come funzionano queste cose.»

«Mi stai dicendo che il gatto appeso al soffitto doveva quadruplicare l'attenzione su... su cosa?»

«Non è logico? Sul finto suicidio di Lauro Bolchi.»

«Finto? Lauro Bolchi è morto!»

«Sì. E lo ha ucciso, naturalmente, Aurelio Doni.»

*

«Ascolta. Aurelio Doni era realmente, sinceramente innamorato della musica di Lauro Bolchi... così tanto, da volere che sopravvivesse e prosperasse, anche a discapito del suo creatore. Perché Bolchi, ormai ingestibile, stava boicottando la propria stessa arte.»

«Continua.»

«Aurelio Doni e Lauro Bolchi, in segreto, avevano ordito un piano per rilanciare l'interesse intorno al fallimentare tour: un tentato suicidio prima di un concerto, un classico suicidio con i sonniferi, usando una quantità di pillole considerevole ma non letale. Il gatto appeso nel vuoto era un bel tocco decorativo a tutto questo... nel mondo dei social, i gatti attirano l'attenzione collettiva più di ogni altra cosa. Tutti avrebbero parlato di quell'evento, tutti.»

«Il mondo moderno è molto strano, sai?»

«Lo so. Dunque, d'accordo con il manager, Lauro aveva ingerito le pillole e legato il micio, che miagolava disperato più per la paura che per il dolore. Aurelio Doni, di nascosto, aveva portato via il telecomando. Lauro era troppo occupato ad attuare il piano nei dettagli, immagino, per accorgersi di quella sparizione. Ha chiuso la porta dall'interno e spento la luce, come stabilito. Poi, mentre il gatto si agitava nell'aria, si è addormentato.»

«E Aurelio Doni ha alzato il volume da fuori.»

«Sì, nei tempi giusti, aspettando l'effetto dei sonniferi. Così aveva attirato l'attenzione dei fratelli Maiellaro e di Denis Marra. Dentro il camerino, lo sapeva, avrebbe trovato la luce spenta: e si sarebbe precipitato subito su Lauro, mentre i due musicisti, una volta accesa la luce, sarebbero stati distratti dal gatto a mezz'aria.»

«Anch'io sarei stato distratto dal gatto a mezz'aria.»

«Vedi? I gattini attirano l'attenzione di tutti, sempre. Così Aurelio Doni ha finto di verificare le condizioni di Bolchi, coprendo la visuale ai presenti con il proprio corpo, e invece ha piantato il plettro di ferro nella carotide del suo assistito. Un eventuale rantolo di morte sarebbe stato coperto dalla musica altissima, che Aurelio Doni ha spento solo dopo quel gesto omicida.»

«Non ho capito come sei arrivato ad Aurelio Doni.»

«Perché lui era l'unico che non voleva soltanto la morte di Lauro Bolchi, ma, soprattutto, la sopravvivenza imperitura del suo nome e delle sue canzoni. Il suicidio di un artista dimenticato lo rende subito famoso. Il suicidio di un artista dimenticato con tanto di gattino, lo rende famosissimo. Quel gesto avrebbe rilanciato il nome di Lauro Bolchi, fatto vendere i suoi dischi, mantenuto viva la sua musica. Che era l'unica cosa che Aurelio Doni, alla fine, voleva. L'ho messo alle strette, e dopo un po' è crollato.»

«Ecco. L'idea che una persona possa finire in prigione per rendere immortale *Jenny sa* e tutte quelle altre schifezze, mi obbliga a ordinare un altro liquorino.»

«Ti appoggio nella scelta. *Prosit*!»

*

Più tardi giro la chiave nella toppa di casa, pianissimo, per non svegliare la ragazza che dorme nel mio letto. Niente da fare: la sento che si gira frusciando sotto il lenzuolo.

«Dormi, dormi pure che è tardi» sussurro.

Diana Soddimo spalanca i suoi grandi occhioni nocciola. «Che ore sono?»

«Le tre di notte. Domattina hai lezione, no?»

Diana si stira pigramente. «Domattina è lontana. Puzzi di liquore... eri a bere con mio padre?»

«Sì. I tuoi si preoccupano perché non sanno dove trascorri le notti.»

«Vabbè, loro si preoccupano per tutto. Avete visto dei morti, degli omicidi efferati, qualcosa che ti ha turbato particolarmente...?»

«No. Gli ho raccontato di un caso che ho risolto.»

«Allora festeggiamo il caso che hai risolto.»

Scosta il lenzuolo. Sotto è nuda, con tutto lo splendore della sua pelle liscia e dei suoi seni sodi da ventenne.

Sospiro.

Dormirò ancora una volta molto poco.

GIANLUCA MOROZZI è nato a Bologna nel 1971. Ha esordito nel 2001 con il romanzo *"Despero"* (Fernandel) e ha raggiunto il successo nel 2004 con *"Blackout"* pubblicato da Guanda, da cui è stato tratto il film omonimo con Aidan Gillen. Ha pubblicato finora 24 romanzi e 212 racconti. Oltre che scrittore, è musicista e conduttore radiofonico.

NOTTI OSCURE

GIANNI LA CORTE

Adesso

Ci sono notti più oscure delle altre.

Di quelle che sembrano non finire mai, dalle quali pensi che non ti sveglierai più.

Questa è una di quelle.

Ancora prima di riacquistare tutti i sensi, sento la bocca piena di polvere, la spalla che urla di dolore, un peso che blocca la mia gamba.

Quando apro gli occhi, mi sembra di non averlo fatto. Il buio è profondo e avverto appena il profilo delle macerie che mi sovrastano.

L'ultima scossa del terremoto ha completato la sua opera, facendo crollare anche questo lato del cascinale.

Mentre il mio sguardo comincia ad abituarsi al buio, provo a muovermi, ma non ci riesco. Devo liberare la gamba e devo fare in fretta.

Attorno a me, infatti, l'aria è pregna di morte. Ci saranno

decine di vittime, decine di cadaveri.

Ma non è stato il terremoto a ucciderli.

No, qui il mostro è un altro.

È un uomo.

E in questo momento, è qui, nel buio, che dà la caccia a me.

24 ore prima

Il terremoto ci aveva sorpresi con le pantofole ai piedi e i pigiami addosso. Era arrivato di notte, come un bandito, prendendoci alla sprovvista.

In dodici secondi aveva distrutto metà del nostro paese.

Dodici secondi.

Anche se, a ripensarci, sembrava impossibile fosse durato così poco.

Eppure aveva spaccato fondamenta, divelto pilastri, frantumato certezze. E io avevo avuto giusto il riflesso di recuperare la pistola e la divisa e mi ero lanciato fuori, per tornare alla caserma e capire come dare una mano.

Sapevo che c'era solo Attilio a fare il turno serale. La nostra era una centrale piccola: eravamo appena tre agenti. Io, Attilio e il tenente Fossi, arrivato da qualche settimana a gestire l'unità, spedito in quest'angolo dimenticato del mondo per scontare chissà quale colpa. Noi tre controllavamo e gestivamo un raggio di 30 km, comprendente tutte le borgate vicine. Il grosso del nostro lavoro consisteva nell'occuparci della viabilità, far sì che venissero rispettate le regole della montagna e, ogni tanto, placare qualche rissa davanti al Bar della Piazza.

Le nostre tre scrivanie raccontavano esattamente chi eravamo. La mia era caotica: piena di libri, di fogli sparsi, di appunti su chissà cosa; quella di Attilio perfettamente in ordine: ogni cosa al suo posto, le etichette sui faldoni, le biro divise per colore, la foto dei suoi genitori attaccata al monitor come unico vezzo di creatività. Quella del tenente, invece, era vuota, asettica, come quelle di chi non si sente a casa, di chi pensa e spera di essere solo di passaggio.

Avevo trovato Attilio già al telefono a chiamare i Vigili del Fuoco e ad allertare l'ospedale più vicino. Ma sia l'ambulanza che l'autocisterna dei pompieri ci avrebbero messo almeno trenta, trentacinque minuti ad arrivare.

Così, uscimmo per strada.

La scossa aveva fatto saltare la corrente in gran parte delle case e l'atmosfera era spettrale: le persone che accalcavano le vie sembravano tanti piccoli fantasmi, con gli accappatoi addosso e il terrore di rientrare in casa dipinto sul viso.

«State tutti bene?» Urlava Attilio.

Fortunatamente non c'erano segnali di allarme, ma quando arrivammo in Piazza della Repubblica rimanemmo senza parole. Il campanile era crollato, non c'era più. Di quell'edificio che aveva vegliato sulla nostra gente per quattro secoli, scandendo i rintocchi di tutte le ore, non rimaneva altro che un cumulo di macerie a terra.

«Aiutatemi!» Gridava Don Bruno. «Aiutatemi!»

Ci lanciammo verso il parroco, pensando fosse in pericolo. Invece lui ci stava indicando una famiglia che non aveva fatto in tempo ad uscire dalla chiesa ed era intrappolata nella sacrestìa. Le macerie chiudevano entrambe le vie di uscita e il soffitto del santuario minacciava di crollare da un momento all'altro.

Dentro c'era una famiglia di migranti che il parroco aveva accolto da un paio di mesi. Un uomo, una donna e un bambino di poche settimane che erano sbarcati miracolosamente insieme, sulle coste di Lampedusa e che dopo un periodo al centro di accoglienza erano stati inviati qui, sui monti abruzzesi.

In quel momento arrivò il tenente Fossi. «Non possiamo fare niente» ci disse. «È troppo pericoloso. Dobbiamo attendere i soccorsi.»

Volevo ribattere che c'erano in gioco delle vite, che non potevamo aspettare. Eppure, me ne vergogno, ma devo ammetterlo, una parte di me era sollevata. Quel che rimaneva del tetto dell'edificio sembrava davvero poter cedere da un momento all'altro e avevo paura. Avevo una fottuta paura di rimanerci sotto.

«Non dica cazzate, tenente.» Gli rispose invece Attilio, che non era mai riuscito a farsi piacere quell'uomo e si avviò verso la porta interna, dietro all'altare. Era la strada più pericolosa da cui far uscire la famiglia intrappolata, vista la possibilità di crollo; ma era anche la più veloce: la gran parte dei detriti, infatti, era caduta all'esterno e da quella via le tre persone potevano essere raggiunte più facilmente.

Con la speranza di creare un passaggio, vidi Attilio cominciare a spostare a mani nude le pietre accatastate, così misi a tacere il panico che mi rimbombava nel petto e mi lanciai ad aiutarlo.

Mentre con la coda dell'occhio notavo il tenente rimanere ancorato alla sua terraferma, pensai che un terremoto, come qualsiasi altra situazione d'emergenza, metteva a nudo le persone che eravamo. Codardi, eroi, generosi, sciacalli. Ognuno si manifestava per quello che era veramente.

Attilio liberò uno spazio abbastanza grande, perché il padre gli passasse il bambino. Me lo sporse e io potei portarlo in salvo verso l'esterno. Al mio posto erano arrivati altri due uomini del paese, che erano entrati per aiutarci, anche loro incuranti del pericolo. Facendo attenzione a non far franare tutto il resto, Attilio issò la donna e la passò loro in modo che la portassero fuori.

Io stavo per rientrare, quando sentimmo tutti un suono sinistro venire dal tetto.

I due uomini si affrettarono a portare via la donna, mentre io rimasi immobile a guardare il mio collega che provava ancora a liberare un po' di spazio per far uscire anche Ahmed, il padre del bambino.

«Attilio, sbrigati!» Gli urlai.

Fu in quel momento che vidi un pilastro della chiesa cominciare ad accartocciarsi su se stesso.

«Attilio!»

Ma lui, prima di mettersi in salvo, tirò fuori l'uomo e si accertò che lo precedesse in quella fuga rocambolesca.

Successe tutto in un attimo.

L'edificio esalò il suo ultimo respiro con un violento schianto.

Poi, quando tornò il silenzio, tra la nube di polvere che si era alzata, ci accorgemmo che Ahmed era riuscito a uscire fuori, mentre del mio collega non sembravano esserci più tracce.

Provai a chiamarlo, ma non udii risposte.

Lo chiamai ancora, ma niente.

Per qualche lunghissimo istante, pensai di averlo perso, poi sentii un flebile suono arrivare da sotto le macerie.

Scoprimmo che si era salvato andandosi a nascondere all'ultimo secondo sotto l'altare. Quando aveva capito di non potercela fare, invece di puntare ancora verso l'uscita, era tornato indietro.

Attendemmo i vigili del fuoco e con i loro mezzi liberammo Attilio. Aveva subito qualche contusione, qualche pezzo di pietra che lo aveva colpito cadendo giù, ma non sembrava niente di grave.

Mentre lo caricavano sull'ambulanza mi avvicinai per salutarlo e fargli i complimenti.

«Vuoi che avverta i tuoi genitori?» Gli chiesi.

Lui mi guardò con l'aria assente.

«I tuoi genitori.» Ripetei.

Finalmente sembrò riprendersi un attimo.

«No, grazie, li avverto io, così non si preoccupano. Riesci a passarmi il telefono che ho in tasca?»

Mentre componeva il numero, mi allontanai per lasciargli il suo spazio. Sapevo che sul fronte familiare non stava passando un gran periodo: i suoi, con i quali ancora viveva, erano ormai molto anziani e negli ultimi mesi le loro condizioni erano peggiorate tanto che non riuscivano più a uscire di casa. Così lui si allontanava solo per venire a lavoro, lasciando il posto a una badante.

Mi guardai attorno.

L'unica consolazione era che non ci fossero state vittime.

Ma il nostro paese sembrava essere stato bombardato.

Vidi il tenente gonfiare il petto sotto i riflettori delle telecamere e pensai che il vero eroe stava scivolando via nella notte, dentro un'ambulanza.

2 ore prima

Pensavamo fosse finita.

Invece non era così.

Il terremoto ci aveva dato tregua per tutto il giorno, illudendoci di aver finito e di poter cominciare a leccarci le ferite. Ma non appena era giunta sera, la terra era tornata a tremare. Con meno forza, con meno irruenza della notte prima. Come uno schiaffo dopo un pugno. Il guaio è che ormai hai il livido e il male lo senti ancora di più.

Attilio era ancora in ospedale e nonostante ci avessero rassicurato sulle sue condizioni, avevano infatti voluto tenerlo sotto osservazione una giornata. Per fortuna la squadra su cui potevamo contare per l'emergenza era salita di numero: il comando ci aveva prontamente mandato altri cinque agenti ed erano arrivati almeno una decina di volontari della protezione civile.

Avevamo passato l'intera giornata a contare i danni, a rassicurare amici, a porgere la spalla a chi voleva piangere dopo aver perso gli averi di una vita.

E anche se eravamo preparati all'evenienza, non ci voleva quest'ulteriore prova di resistenza.

Durante il pomeriggio, avevamo provato a fare i primi piani per capire dove mettere gli sfollati, ma le tendopoli non sarebbero state pronte prima di qualche giorno, così per il momento stavamo radunando tutti all'interno della scuola elementare, dove un paio di volontari avevano improvvisato una cucina da campo e cominciato a distribuire coperte.

Quando era arrivata la scossa di assestamento, io stavo per tornare a casa, esausto, dopo quasi quarantotto ore passate praticamente sempre in piedi, grato che la mia fosse una di quelle più in periferia, una di quelle che era rimasta miracolosamente illesa.

Mi squillò il telefono e risposi a mia madre.

«Ti ho appena visto in televisione!» Annunciò come se fosse

la notizia più importante del giorno.

«Sì, va beh», minimizzai io: «Qua è tutto distrutto.»

«Abbiamo visto, che disastro. Pensa che l'abbiamo sentito anche qui a Roma, il terremoto. Come sta il tuo collega?»

Nonostante i tentativi del tenente, Attilio era finito sui telegiornali ed era diventato l'uomo del giorno.

La rassicurai, facendole un veloce resoconto, e ripetei le stesse cose a mio padre quando me lo passò.

«È bello sapere che ci sono eroi come voi.» Mi congedò lui, proprio mentre parcheggiavo sotto casa. Stavo per spegnere l'auto, quando mi balenò il pensiero dei genitori di Attilio.

Erano rimasti tutto il giorno da soli.

Come avevano fatto con la badante? Attilio era riuscito ad avvisarla? Aveva bisogno di un cambio? E l'ultima scossa aveva causato loro problemi?

Vinsi la forza di gravità che mi attirava verso un letto caldo e una doccia rigenerante, inserii la retromarcia e mi diressi verso casa del mio collega. Non ci ero mai stato, ma sapevo che era a sud, vicino alla borgata antica. Una vecchia fattoria che i genitori avevano mandato avanti fino a quando non erano diventati troppo vecchi per farlo.

Guidai per pochi minuti e trovai la casa.

Il totale buio e il crollo di una parte dell'edificio non facevano presagire niente di buono.

Percorsi la strada sterrata con l'auto, provando a chiamare dei soccorsi, ma il telefono non aveva campo.

«Signor Serra?» dissi, non appena misi il piede a terra. Ma non ottenni risposta. Presi la torcia dal cruscotto dell'auto e mi avvicinai alla porta della casa. Cercai di scassinare la maniglia, ma sembrò avere una serratura più difficile da forzare di quanto avessi previsto. Così, visto che le finestre avevano le grate metalliche, girai sul lato dell'edificio e, scavalcando i detriti, entrai dallo squarcio che si era formato nel muro.

Chiamai di nuovo, ma la mia voce si perse nella notte.

Entrai nella casa, da quella che mi sembrava essere la camera degli ospiti. Il letto infatti era sigillato, coperto con un nylon per coprirlo dalla polvere e non c'era nessun effetto personale visibile sui mobili. Provai ad accendere le luci, ma mancava la corrente. Aprii la porta e mi ritrovai nel corridoio. Un pungente odore di chiuso colpì le mie narici. La polvere era spessa sui mobili e la torcia fece scintillare una ragnatela sul lampadario.

«Signor Serra!» Urlai ancora. «State bene?»

E come risposta sentii un tonfo strano.

Non capivo. C'era qualcosa che non quadrava. I genitori di Attilio erano scappati dal terremoto? Erano stati abbandonati dalla badante nei loro letti? Non riuscivano a rispondere neanche ai miei richiami?

E poi, all'improvviso, li trovai.

In cucina.

Seduti a tavola.

Al buio.

«Che spavento che mi avete fatto prendere, signor...»

Ma la frase mi morì in gola, quando puntai più chiaramente la luce su di loro.

Quelli erano sì, il padre e la madre di Attilio, ma erano morti da tempo.

Seduti a quella tavola, infatti, c'erano due cadaveri imbalsamati e vestiti a festa. Erano piazzati lì come eterni burattini. La loro pelle appariva in perfetto stato, ma la loro espressione era contrariata, immortalata in una nota di infinito disappunto.

Mi soffermai sul dettaglio di una mosca appoggiata sulle labbra rafferme della madre e sentii un conato di vomito salirmi in gola.

Com'era possibile?

Chi era in realtà il mio collega? Cosa aveva fatto?

Ma non ebbi il tempo di darmi le ovvie risposte che sentii nuovamente il tonfo sordo di prima.

Dietro a una porta, trovai delle scale che portavano a un piano inferiore, ma sbarrate da un'inferriata. Scassinai la serratura e cominciai a scendere i gradini.

Dietro alla puzza che aggrediva il mio naso, sentivo che c'era il respiro affannato di qualcuno, un urlo strozzato da un bavaglio. Ma m'imponevo di procedere con cautela. Non sapevo se ci fosse qualcun altro lì, qualche vero mostro che magari teneva sotto scacco il mio collega.

Invece quando illuminai con la torcia lo scantinato, capii definitivamente che il mostro era proprio Attilio.

Non c'era nessun altro.

Dentro a una gabbia molto stretta in cui c'era giusto lo spazio di una brandina, vidi una donna imbavagliata, mentre, su delle sedie disposte tutte intorno, erano accomodate almeno una decina di altre donne, uccise e imbalsamate come i genitori in sala da pranzo.

«Sono della polizia» le dissi. «È tutto finito.»

Vidi delle lacrime scendere sulla sua guancia e mentre spaccavo anche quella serratura, facendola uscire, mi accorsi che era anche incinta di qualche mese.

«Vieni.» Le dissi prendendola per mano.

Salimmo le scale e svelti puntammo alla camera degli ospiti per uscire dallo squarcio nel muro. Ma appena fummo fuori il mio cuore perse qualche anno di vita: il cellulare infatti riprese improvvisamente campo e si mise a suonare. Era il tenente Fossi.

Quando risposi, non gli diedi il tempo di dire nulla.

«Tenente, mandi immediatamente degli agenti all'ospedale da Attilio Serra e lo metta sotto stretta sorveglianza.»

«Ma che sta dicendo, Spagnolo? Serra è stato già dimesso da qualche ora, la chiamavo appunto per rassicurarla...»

«Come dimesso?»

Fu in quel momento che sentii qualcosa di freddo appoggiarsi sulla mia nuca.

«Spegni quel telefono!» M'intimò Attilio con un sibilo. «Spegnilo e alza le mani.»

Schiacciai un pulsante e lo misi in tasca. Poi, lentamente, completai l'ordine.

«Non volevo che finisse così, Saverio. Perché sei venuto qui? Avevo chiesto il tuo aiuto?» Poi si rivolse alla donna che dal momento in cui l'aveva visto si era completamente paralizzata, con un'espressione di assoluto terrore dipinta sul volto. «E tu non azzardarti a fare un passo o a emettere una singola nota, che altrimenti sai cosa ti succede.»

«Perché, Attilio?» Chiesi io, senza trovare al momento altre parole.

«In che senso? Perché devo ucciderti? Perché non posso farmi scoprire. Non ho nessuna intenzione di finire in carcere.»

«No, perché tutto questo? Com'è possibile che l'uomo che ieri ha rischiato la vita per salvare degli innocenti, sia capace di tutto questo?»

«E cosa c'entra? Mica sono un mostro. Sto solo cercando di portare avanti la mia famiglia.»

«Che vuoi dire?»

«Lo vedi, quel pancione?» Mi disse indicando la donna. «Quello sarà mio figlio. Mio. Figlio. Non poteva non conoscere i suoi nonni.»

«E per questo che li hai imbalsamati?»

«Certo, Saverio. A modo nostro saremo sempre una famiglia felice.»

L'immagine mi provocò un brivido di orrore.

«Ora rientrate in casa. Tutti e due.» Ci intimò.

«Da quanto sono morti?»

«Un anno e otto mesi.»

«E le altre donne in cantina? Chi sono?»

«Esperimenti. Avevo bisogno di fare delle prove. Non potevo rischiare di fallire con i miei genitori.»

«E le hai uccise tutte per fare delle prove?»

«Erano donne già perse, Saverio. Non le ha reclamate nessuno. Io le ho rese immortali.»

Mentre lo facevo parlare, cercavo un attimo, un'occasione per sfuggire alla sua morsa.

«E lei?»

«Lei, invece, sarà la mia bellissima mogliettina. È stata dura trovarne una all'altezza, ma alla fine ce l'ho fatta. Non è bellissima?»

«Non la vedo così entusiasta.»

«E cosa importa. Non è una sua scelta. È mia.»

Fu in quel momento che una nuova scossa di assestamento fece tremare la casa. Colsi al volo l'opportunità e con un gesto secco, gli feci saltare la pistola dalle mani.

«Scappa!» urlai alla ragazza.

Caricai un pugno, ma un attimo dopo i muri ci crollarono addosso e tutto divenne buio.

Adesso

È stato difficile liberarsi dalle macerie, ma l'adrenalina in questi momenti eleva all'ennesima potenza le nostre forze.

Quanto sarò stato senza sensi?

La ragazza si sarà messa in salvo?

E Attilio?

La gamba mi pulsa da impazzire e ho uno squarcio sulla coscia da cui continua a uscire sangue. Ma almeno sono in piedi.

Tiro fuori la pistola e mi faccio strada tra i calcinacci in modo cauto.

Il telefono si è spento, ma, visto che prima l'avevo lasciato acceso, spero che il tenente abbia fatto in tempo ad ascoltare la confessione di Attilio e stia venendo qui con la cavalleria.

Sento un rumore arrivare da destra e punto subito l'arma nell'oscurità, qualcosa di viscido mi passa su un piede, mi accorgo che è solo un topo.

Mi fanno schifo i topi.

Ma ora è l'ultimo dei miei problemi.

Sto cercando di capire dove si sia nascosto Attilio, poi lo vedo. Scorgo un'ombra, una sagoma che si agita e ansima con foga.

Non si sta nascondendo.

Forse, al momento attuale, non si ricorda nemmeno che ci sia anch'io.

I muri sono crollati anche nella sala da pranzo e hanno seppellito i suoi genitori. Lui sta provando a tirarli fuori e gli vedo addosso lo stesso impeto che aveva il giorno prima al Santuario.

«Mamma, papà!» urla verso di loro.

Ma, piano piano, la sua foga va esaurendosi. Crolla in ginocchio, mettendosi a piangere. Sta capendo che adesso sono veramente morti.

Io, cercando di fare il meno rumore possibile, mi avvicino a lui. Estraggo le manette, continuando a tenerlo sotto tiro.

Sono ormai a pochi passi, quando prende la pistola e si spara all'improvviso.

«Attilio!» urlo mentre il rimbombo del colpo echeggia ancora.

Ma di lui non è rimasto più niente.

***

Qualche minuto dopo arriva il tenente, insieme agli altri cinque agenti giunti in giornata, e un'ambulanza.

Racconto loro i dettagli, anche Fossi sembra rimanere senza parole, finché non esordisce con un preoccupato: «E come faccio adesso?»

«A fare cosa?» chiedo.

«Come faccio a spiegare all'opinione pubblica che il grande eroe del giorno, era in realtà un serial killer?»

Allargo le braccia e mi allontano, lasciando a lui i problemi di comunicazione.

Mi avvicino all'ambulanza e alla donna che, mentre le infermiere si prendono cura di lei, sta provando a mettere a fuoco che è davvero fuori da questo incubo.

Lei incrocia il mio sguardo.

«Grazie» mi sussurra solamente.

E penso che anche lei dovrà ricostruire la sua vita dalle macerie in cui è stata ridotta, come tutti noi. Mattone dopo mattone. Sarà difficile e le cicatrici non riusciranno a essere cancellate, la strada sarà lunga e tortuosa, ma alla fine, quando si ricostruisce, non è mai per tornare ad essere come prima.

Ma per essere più forti che mai.

GIANNI LA CORTE è di Torino e ha già pubblicato i romanzi *"Mi sono innamorato di te"* e *"Finalmente sei qui"*, oltre a lavorare come editor per tantissimi autori. Lavora anche nel mondo della comunicazione, tiene corsi di scrittura creativa e nel 2008 fonda La Corte Editore facendola diventare in breve una delle realtà editoriali emergenti più dinamiche e riconosciute.

SALUTAMI ELVIS

PIERLUIGI PORAZZI

«Si accomodi.»

Mi siedo di fronte al titolare del Doom Club. Un uomo dall'aspetto ordinario, capelli rasati, un velo di barba su guance e mento e un tatuaggio che si intravede sotto il colletto della camicia bianca.

«Ho saputo che voleva conoscere il nostro club» dice l'uomo dietro la scrivania, sorridendo.

«Sì. Sono interessato alle vostre... proposte.»

«Molto bene.»

L'uomo congiunge le mani di fronte al viso, dondolandosi sulla poltrona. «Lei quanto sarebbe disposto a investire per questa operazione?»

Prendo fiato, cercando di non abbassare lo sguardo. «Dieci milioni» gli dico.

«Euro o dollari?»

«Euro.» Meglio qualcosa in più, penso.

«Be', la cifra è adeguata a uno dei nostri migliori programmi.»

L'uomo prende una scatola di sigari dal cassetto della scrivania e la apre, porgendola verso di me.

«Grazie, non fumo» rispondo, con un gesto della mano.

«Le dispiace se...» fa un cenno con la testa verso la scatola di legno.

«No, prego, faccia pure.»

«Le stavo dicendo che la cifra sarebbe adeguata, per uno dei nostri migliori programmi» continua l'uomo dietro la scrivania, mentre si accende un sigaro.

«Perché il condizionale? C'è forse qualche problema?» chiedo.

L'uomo tira due boccate dal sigaro, sorride e lo appoggia sul portacenere. «Come ha saputo del Doom Club?»

«Linda... una ragazza che ho conosciuto alcuni mesi fa. Me ne ha parlato lei.»

Era l'unica cosa vera che gli avevo detto. Era successo quasi sei mesi fa. Linda aveva passato la notte nel mio appartamento. «L'ho visto due settimane fa» mi aveva detto, sdraiata accanto a me.

«Chi?» avevo chiesto, mentre le note di *Love me tender* iniziavano a diffondersi nell'aria.

«Elvis» aveva detto lei, un cenno della testa verso il lettore di cd.

«La sua tomba? O un sosia a Las Vegas?»

Lei aveva sorriso. «No, proprio lui. Il vero Elvis.»

Mi ero raddrizzato sul letto con il busto, chiedendomi se mi fossi portato in casa una pazza. «Elvis è morto.»

«Questo lo credi tu, come tutti. Ma non è così. Io l'ho visto. Me l'ha presentato uno con cui stavo tempo fa.»

«Ti avrà preso in giro» le dico, con il tono che userei con una bambina.

Linda si era alzata, offesa dalle mie parole. Mi aveva insultato, poi aveva detto: «Ero fidanzata con Frank Manzoni, mi ci aveva portato lui, a quel party. C'era anche Marilyn, se vuoi saperlo. E anche Frank ha aderito a quel programma, quello del Doom Club.» Subito dopo si era chiusa in bagno.

Le avevo chiesto spiegazioni, da buon giornalista investigativo. Mi aveva parlato di questo club esclusivo, il Doom, che aveva filiali in tutto il mondo, e dove si poteva comprare l'immortalità.

«Mi stai dicendo che adesso i ricchi possono corrompere perfino la morte?» le avevo chiesto, incredulo.

Lei aveva annuito. «Non adesso, da parecchio tempo. Tante morti strane, di divi o ricchi magnati, sono state simulate. In realtà hanno cambiato identità, e si godono l'immortalità in qualche posto misterioso.»

«E hanno rinunciato a tutto? Alla celebrità, alla vita sociale...»

Linda aveva alzato una spalla. «Però in cambio hanno la vita eterna. Non male come patto, vero?»

Le avevo chiesto chi provvedesse ad assicurare loro la vita eterna e in che modo. Immaginavo che modificassero la struttura del DNA, o intervenissero in altro modo rigenerando le cellule. Ma Linda mi aveva detto che non sapeva nulla di questioni tecniche. Solo che la sede principale del Doom Club si trovava negli Stati Uniti, e che gli aderenti al programma che assicurava la vita eterna dovevano andare in America, per poterlo completare.

Non l'avevo più rivista, da quel giorno. L'avevo cercata, ma lei non aveva mai risposto alle mie telefonate. Allora le avevo mandato un sms, "Salutami Elvis", con una faccina che sorrideva.

Adesso capisco che è stato questo, il mio errore. Il Doom monitora la rete internet e telefonica, un po' come fa la NSA negli Stati Uniti. Immagino che ci siano alcune parole chiave, e i nomi dei "rigenerati" sono tra questi. Un messaggio con il nome di Elvis o di Marilyn fa scattare un allarme, lo esaminano, e se è innocuo, la cosa finisce lì.

«Ah, Linda…» L'uomo tira una boccata dal sigaro. «Linda Rovelli?»

Annuisco, mentre sento una goccia di sudore che mi sta percorrendo la schiena.

L'uomo dietro la scrivania si appoggia allo schienale della poltrona. «Come può immaginare, nel nostro mestiere, la discrezione è tutto.»

«Be', lo so, non ne ho parlato con nessuno…»

«Questo lo sappiamo. Infatti non mi riferivo a lei.»

Tiro un sospiro di sollievo. Forse riesco a cavarmela.

«E credo possa immaginare anche il motivo per cui dobbiamo essere così riservati» continua l'uomo. «Vede, se la cosa si venisse a sapere… be', provi a pensare alle conseguenze… La democrazia di facciata della nostra società si sgretolerebbe all'istante. La morte è l'unica cosa che accomuna tutti, ricchi e poveri. Se dall'oggi al domani non fosse più così, saremmo tutti nei guai.»

«Certo, lo capisco perfettamente… anche Linda è stata molto riservata, non ha fatto nomi, mi ha solo detto di rivolgermi a voi…»

«Linda» mi interrompe l'uomo con tono deciso: «non è più un pericolo. Vede, i nostri clienti devono anche avere il buon senso di non stringere amicizia con persone di un certo tipo. Anche il signor Manzoni è stato… estromesso dal programma. Non possiamo tollerare fughe di notizie, per quanto innocue possano sembrare. Sono certo che capirà la nostra posizione.»

«Sì, capisco, per questo le posso garantire la massima discrezione…»

Mentre gli sto parlando, l'uomo mi sorride. Un sorriso strano, indecifrabile.

«Vede» dice, prendendo un cellulare dalla tasca della giacca. Scorre le dita sul display, poi lo gira verso di me.

Sento il sangue scendermi dalla testa verso il basso, mentre leggo, sullo smartphone di Linda, il messaggio che le ho inviato. "Salutami Elvis".

Guardo l'uomo negli occhi. E non mi piace quello che vedo. Uno sguardo inespressivo, gelido. «Lasci che le spieghi…» inizio, protendendo le mani verso di lui.

«Non serve, glielo assicuro. Sappiamo già tutto di lei. Lei è un giornalista freelance, e ha sperato di aver trovato una storia da Pulitzer» dice l'uomo. Poi preme un tasto sulla scrivania.

Sento la porta alle mie spalle che si apre. Giro la testa. Due uomini vestiti con completi scuri mi si avvicinano. Guardo di nuovo l'uomo davanti a me. «La prego, non dirò nulla…»

Ma lui non mi sta ascoltando. Si è alzato dalla poltrona, e ha aperto una porta sulla destra, lasciandomi solo nella stanza, con i due uomini.

Capisco subito che per me è finita, che non uscirò da questa stanza. Mi alzo cercando di scappare, ma uno dei due energumeni esplode un colpo di pistola. Sento il proiettile penetrare nel mio petto, mi spinge indietro, perdo l'equilibrio.

Sono disteso a terra, il respiro affannato, gli occhi su cui inizia a scendere una tenda velata. L'altro uomo, quello che non ha sparato, mi si avvicina, estrae la pistola dalla tasca della giacca e la punta alla mia tempia.

Penso a cosa succederà adesso. Ripuliranno tutto come questa stanza: la coscienza di chi sa, di chi ha visto. Loro sono i nuovi dei: dall'alto del loro Olimpo manovrano e decidono le sorti del mondo. E noi, tutti noi, glielo lasciamo fare. *In God We Trust*, c'è scritto sui dollari, ma l'unico dio è rimasto il denaro. Possono comprare perfino l'immortalità, la vita eterna. Sono riusciti a sconfiggere l'unica cosa che li rendeva simili a noi: la morte. Unica divinità democratica, che accoglieva tutti, prima o poi, tra le sue braccia. Un tempo. Ora non più.

Sento il rumore dello sparo, la violenza del proiettile che mi attraversa il cervello, bruciando tutto ciò che sono, tutto ciò che ho vissuto. Intravedo un'immagine, come una fotografia. Io e mia figlia, su una spiaggia, che giochiamo con Miki, il nostro cagnolino. Miki rincorre un bastoncino che le ha lanciato mia figlia, arriva fino all'acqua, si bagna le zampe, prende in bocca il bastoncino e torna verso di noi scodinzolando. Appoggio un braccio sulle spalle di mia figlia, sento il contatto con la sua pelle delicata, ancora priva di tutti i segni che ci lascerà la vita. E sento la felicità che ho provato, come se si condensasse tutta in quel momento. Mi rendo conto che nessuna cifra potrà comprare le mie lacrime, le emozioni, i ricordi.

Che un'immortalità senza cuore è come una vita da zombie.

Per un attimo provo pena per tutti loro. E mi sembra che si disegni un sorriso, sul mio volto, in quell'istante.

E tutto diventa nero.

PIERLUIGI PORAZZI laureato in giurisprudenza, ha conseguito il titolo di avvocato e lavora presso la Regione Friuli Venezia Giulia. Suoi racconti sono apparsi su riviste letterarie e in diverse antologie. Per Marsilio ha pubblicato i romanzi *"L'ombra del falco"*, *"Nemmeno il tempo di sognare"*, in seguito usciti anche nelle collane "Noir Italia" (Il Sole 24 Ore) e "Il Giallo Italiano" (Il Corriere della Sera) e *"Azrael"* premiato (ex aequo) come miglior romanzo dell'anno nell'ambito dei Corpi Freddi Awards.

LA MANINA

DIEGO LAMA

La bambina, attenta a non mettere i piedi nelle pozzanghere, camminava sul margine fangoso del sentiero che costeggiava il grande campo.

Guardò il cielo grigio coperto dalle nuvole che lentamente si muovevano verso la montagna.

Poi abbassò lo sguardo sul campo e le sembrò di sentire un coro di bambini che cantava: *dammi la manina, facciamo giro tondo... Giro giro tondo, casca la terra, casca il mondo, tutti giù per terra!*

Si fermò a guardare tra l'erba alta ma non vide nessuno.

Incuriosita lasciò il sentiero e s'inoltrò nel campo.

Mentre avanzava tra la vegetazione ancora bagnata di pioggia si fermò di colpo: aveva calpestato qualcosa.

Si chinò a guardare tra i cespugli e per terra.

Poi la vide.

Dal fango usciva una piccola mano. La mano non era adagiata al suolo ma era eretta, puntata verso il cielo, come se lo stesse indicando.

La bambina fece un salto all'indietro: stava per urlare, però non riuscì a farlo.

La piccola mano si era mossa.

Mosse le dita, poi il palmo, come se stesse salutando qualcuno.

Poi si fermò. Poi riprese a muoversi.

Cominciò a fare strani segni: calma, vieni, aiutami, avvicinati, stringi, prendimi, tira...

La bambina si avvicinò, afferrò le dita e cercò di tirarla su.

«Avanti, vieni!» urlò.

Ma la mano era più forte: le strinse il palmo e cominciò tirarla giù.

La bambina sentì sprofondare la sua mano nel terreno che divenne improvvisamente cedevole.

Altre mani l'afferrarono da sotto.

Affondarono le gambe fino al ginocchio, poi il busto, poi la testa.

Tentò di fermare la lenta discesa aggrappandosi con il braccio e con la mano libera al terreno, ai ciuffi d'erba, ai fiori bagnati.

La testa scomparve sotto il fango, anche il braccio.

L'unica cosa che rimase fuori fu la sua piccola mano.

Immobile.

Il bambino, attento a non mettere i piedi nelle pozzanghere, camminava sul margine fangoso del sentiero che costeggiava il grande campo.

A un tratto gli sembrò di sentire un coro di bambini che cantava: *dammi la manina, facciamo giro tondo... Giro giro tondo, casca la terra, casca il mondo, tutti giù per terra!*

DIEGO LAMA è nato a Napoli e fa l'architetto. Ha vinto il Premio "Tedeschi" 2015 con il romanzo *"La collera di Napoli"*, pubblicato nella collana "Il Giallo Mondadori", con protagonista il commissario Veneruso. Ha vinto il "Premio Gran Giallo Città di Cattolica" 2015 con il racconto *"Tre cose"*, pubblicato nel Giallo Mondadori. Ha pubblicato molti racconti in diverse antologie e riviste. I suoi romanzi sono pubblicati negli "Oscar Mondadori".

SOCIAL KILLER

STEFANO TURA

Paura!

Si insinua tra le mie ossa, fredda, tagliente, mi toglie il respiro.

È arrivata all'improvviso, quando ormai era troppo tardi per combatterla. Mi ha paralizzato, congelando ogni vibrazione delle mie corde vocali. Un rantolo mi sale dal petto e mi spalanca la bocca. Sto urlando a squarciagola ma dalle mie fauci sbarrate non esce nemmeno un sibilo. Mi viene da vomitare, gli spasmi però non partono, bloccati nello stomaco serrato.

Le vene del mio collo sono torrenti in piena. Il cuore mi pulsa nelle tempie. La vista mi si offusca. Sento spaccarsi a uno a uno i capillari degli occhi. I piedi hanno perso sensibilità. Li sento estranei al mio corpo, anestetizzati.

Ho le mani congelate, immobili sulla tastiera del mio portatile.

La freccia sul monitor indica la mia faccia pietrificata mentre guardo l'ultima immagine comparsa sulla pagina.

Mi vedo, seduta alla scrivania, davanti al computer. Lo stesso che ho di fronte in questo momento, appoggiato sul medesimo tavolo, sotto la stessa lampada.

Mi guardo come se fossi allo specchio ma non è così. L'indicatore temporale del messaggio mi avverte che si tratta di una foto, inviatami 20 secondi fa, quando è iniziato questo incubo.

Chi l'ha scattata era alla mia sinistra, in piedi, nel buio, a una distanza di solo qualche metro. E adesso è dentro casa.

Abbiamo iniziato a dialogare su questa chat dieci minuti fa. Si è presentato come un mio lettore. Gentile, rispettoso, timoroso di disturbare. Ha detto di chiamarsi Kairos, anche se il nome del suo profilo è quello di un film di Wes Craven, *Hills Have Eyes*, le colline hanno gli occhi. Mi ha riempito di complimenti per il mio libro, mi ha spiegato di averlo divorato e poi di averlo riletto almeno altre due volte. Ho accettato di conversare con lui (o con lei) sulla chat dopo avere guardato velocemente il suo profilo. Nessuna foto personale, solo titoli e copertine di libri thriller e horror, videoclip tratti da film famosi dello stesso genere, citazioni di frasi di romanzi e pellicole, e una serie di articoli comparsi su siti online riguardanti fatti di cronaca nera particolarmente violenti. C'erano anche dei post dedicati al mio romanzo e un numero di recensioni, tutte positive. È per questo che, probabilmente, ho abbassato le difese e ho autorizzato "Hills" a dialogare con me. Anche se nel momento stesso in cui ho cliccato su "accept", ho sentito un brivido attraversarmi la schiena.

Ha iniziato con domande sulla trama. Poi mi ha chiesto a quali fatti mi fossi ispirata, se si fosse trattato di storie che avevo vissuto e se prendessi spunto dalla realtà.

Le sue domande sono diventate man mano più insinuanti, penetranti, personali.

Ti eccita provocare terrore? Pensi ai lettori come tue vittime? Cosa provi quando descrivi un omicidio? Sei sola quando scrivi?

Ho cercato di rispondere, mantenendo un tono anonimo e professionale ma "Hills" ha continuato a sparare domande a raffica, fino a quando le sue si sono trasformate in affermazioni cariche di angoscia e furore.

Le ferite che descrivi nei tuoi romanzi le sento sulla pelle...

Tu mi insegni come infliggere dolore.

Annuso il profumo del sangue tra le pagine dei tuoi libri.

La morte mi guida, il male mi sazia, il terrore è la mia fede.

Ho smesso immediatamente di rispondere, cercando un modo per disattivare la chat ma non conosco a sufficienza le opzioni di Messenger e mentre cercavo di fuggire da quel dialogo folle, la furia di parole di "Hills" continuava ad imbrattare la pagina del mio computer.

Poi è arrivata quell'ultima frase.

Ti sto guardando.

E dopo pochi secondi in quello stesso spazio ha preso forma la foto di me al computer.

Se vivessi in Giappone potrei essere considerata una *hikikomori*. Ma qui a Londra mi vedono semplicemente come una giovane donna eccentrica, fuori dal comune. Una specie di artista della solitudine.

Non esco di casa da quasi tre anni. Mi sono autoesclusa dalla vita sociale ma non so nemmeno io perché e quando ho deciso di farlo.

Ho una casa grande, in stile vittoriano, sulle colline di Hamsptead, a nord di Londra. Ultimo piano, tre stanze da letto, due bagni, una sala enorme, una cucina super tecnologica, uno studio pieno di libri e soprattutto un corridoio stretto e lungo quasi ottanta metri che collega l'ingresso alla mia camera all'estremità opposta. Quella dove trascorro la maggior parte delle ore della giornata, guardando dalla finestra un giardino sempre deserto con il prato curato, una panchina di legno e una serie di alberi tra cui un grosso larice la cui chioma cambia colore con regolarità disarmante, attraversando tutte le tonalità del verde e del rosso. Conosco nei dettagli tutte le diverse cromature delle sue foglie. Sento il loro stormire nel vento e l'urlo silenzioso di quando, in autunno, cadono a terra. C'è sempre vento in questa strada. Di notte si trasforma in una serie di voci acute, insistenti.

Non mi disturbano e non mi spaventano. Le aspetto, seduta sul letto, nel buio della mia camera, come un amante segreto che entra dalla finestra.

Non ho mai avuto problemi di soldi. Sono figlia unica, anzi orfana e unica erede di una fortuna immobiliare. I miei genitori sono morti in un incidente aereo mentre erano in vacanza in Venezuela. Il Cessna privato sul quale viaggiavano, diretto all'isola di Los Roques, nel mare dei Caraibi, è scomparso improvvisamente dal radar mentre era in volo e non è mai stato ritrovato. In quelle acque nere e cupe sono sprofondati tutti i miei affetti, i miei ricordi e la mia voglia di vivere.

A 19 anni sono diventata titolare di un impero: 15 appartamenti nel centro di Londra tra Mayfair e Knightsbridge, un loft di 400 metri quadrati a Shoreditch, nell'est della capitale britannica, e una residenza di campagna a Slaughters, nel Cotswold, con 12 stanze e un parco di 147 ettari. Non ho mai visto personalmente queste proprietà, né mi interessa farlo. Le gestisce lo studio legale che lavorava per mio padre, e che ora si occupa anche dei miei affari. Credo di avere una decina di conti cifrati offshore in varie parti del mondo, soprattutto in centroamerica. È per questo che mio padre viaggiava spesso da quelle parti.

Secondo quello che mi scrive il mio avvocato, il mio business va bene. Dovrei essere ricca anche se non so esattamente a quanto ammonti il mio patrimonio. Vivo con lo stretto necessario nella casa nella quale sono nata. Mi chiamo Laurie Saffron Doyle, ho 21 anni, sono bionda, alta un metro e 74, magra fino alle ossa, gli occhi di un verde sbiadito, quasi grigio. Ho il fisico di una modella ma non per vanità, solo perché non mangio quasi nulla. Non ho mai fame, sono vegetariana per pigrizia. Non cucino e faccio la spesa online. Mi faccio lasciare i sacchetti con i prodotti fuori dalla porta e prima di recuperarli mi accerto che non vi sia nessuno in strada. Compro quantità industriali di yogurt bianco, fichi, uvetta, albicocche secche, datteri, mandorle, pistacchi, arachidi, semi di girasole, semi di zucca, riso soffiato, mais, palline di soia, fiocchi d'avena e di grano saraceno, cereali e bastoncini alla crusca.

Bevo solo acqua minerale con residuo fisso massimo di 14 milligrammi per litro. La dispensa delle mia cucina sembra il reparto di prodotti biologici di un supermercato.

Ogni mattina faccio un'ora di *Sahaja Yoga* e di seguito tre serie da 50 addominali.

Non ho la televisione, non ascolto musica, non faccio sesso e non mi masturbo.

Oltre a dormire, mangiare, ascoltare il silenzio e guardare il mondo dalla mia finestra, trascorro le ore leggendo e scrivendo.

I miei libri preferiti sono scritti da donne: Jane Austen, Virginia Woolf, Amy Tan, Gillian Flynn, Zadie Smith, Doris Lessing, PD James, Rosa Liksom e Jenny Offill. Non ho un genere che prediligo. Rispetto la dignità dell'opera, sempre e comunque. Credo che un libro, per il solo fatto che esista e che qualcuno abbia utilizzato parte della sua vita per scriverlo, vada onorato con lo stesso impegno. Leggere è un esercizio di amore, di considerazione e di inclusione. È il mio impegno per fare parte della società.

Il libro che ha cambiato la mia percezione della vita in questi ultimi anni è *Real World* di Natsumo Kirino. È la storia di un adolescente di Tokyo che uccide i genitori e poi contempla affascinato il proprio volto riprodotto in innumerevoli fotografie e servizi televisivi, assapora il racconto della sua vita attraverso la visibilità mediatica. Il suo pigro distacco dalla realtà si trasforma in una consapevolezza crudele. E il giovane assassino coinvolge in questo gioco mortale quattro ragazze che vivono nell'appartamento a fianco al suo e che sanno quello che ha fatto. Chiede alle ragazze di scrivere per lui un manifesto filosofico, che giustifichi ed esalti la lucida follia della sue azioni. Immerse in una vita virtuale, fatta di chat e contatti sui social, le giovani scoprono un mondo oscuro e pericoloso, popolato di ragazzi in attesa di un eroe e di un salvatore che li riscatti da un sistema che li vuole perfetti, incapace di comprendere la loro diversità e la radicale distanza che li separa dai genitori e dalle generazioni che li precedono. E il loro profeta è un assassino, capace di ribellarsi in nome di tutti loro, di escludersi dal mondo e guardarlo da un'altra dimensione. Perché anche se non l'hanno fatto davvero, questi ragazzi, nei loro sogni e pensieri, i genitori li hanno già uccisi.

Ho cominciato a scrivere quattro anni fa. Ne ho impiegati tre per finire un romanzo di 400 pagine. È una storia di solitudine, di violenza, di luoghi e personalità violati, di ricerca del dolore estremo. Fisico e psicologico. Della mancanza di ossigeno e di sangue. Da quello versato nel parto, a quello che fuoriesce dai corpi feriti a morte. Esplora la vita di una giovane donna, rimasta sola al mondo, combattuta tra l'istinto di uccidere e quello di uccidersi. Imprigionata dalla paura di vivere e dall'irresistibile desiderio di indagare la morte. Il titolo è *Blooded*. L'ho imposto io alla casa editrice, senza accettare alcuna forma di compromesso. Il mio editore è senza dubbio il più ricco e famoso nel panorama inglese. Ma io non l'ho mai conosciuto e non rientra nei miei piani farlo nemmeno in futuro. Quando ho deciso di pubblicare il romanzo ho scritto una mail a una editor di nome Rebecca. Non sapevo chi fosse prima di scriverle. L'ho scelta a caso. L'ho contattata attraverso Facebook e le ho parlato della mia opera. Si è mostrata subito interessata. Le ho mandato il romanzo. Dopo una settimana mi ha scritto proponendomi di pubblicarlo. Ho accettato, mettendo però subito in chiaro che non lo avrei modificato, non avrei fatto promozione, interviste, foto, passaggi televisivi o apparizioni di alcun genere. Che sul libro non sarebbe dovuta comparire né una mia foto né una mia, seppur breve, biografia. Ho anche preteso che la mia storia personale non venisse mai resa pubblica o utilizzata per promuovere il romanzo. Il contratto è stato gestito dallo studio legale che si occupa delle mie proprietà. So che mi hanno versato un anticipo generoso ma non mi è mai interessato conoscere le cifra. *Blooded* è stato pubblicato sei mesi fa ed è divenuto il caso letterario dell'anno. I diritti sono già stati venduti negli Stati uniti e in altri sette paesi europei. Il mio legale mi ha scritto che vi sarebbero almeno due registi, uno americano e uno inglese, che vorrebbero poterne fare un film e una serie televisiva. Sarebbero pronti a pagare un sacco di soldi. Ho rifiutato. Quello che ho scritto è già un insieme di volti, immagini e frammenti che non possono essere cambiati, interpretati o mistificati.

Da sei mesi ho aperto un profilo su Facebook con le mie iniziali "LSD". La foto di copertina è un piccolo ragno che scende all'esterno di una finestra su un giardino. Il "mio" giardino. L'immagine del profilo è il mio volto coperto da una maschera bianca, inespressiva. Per alcuni popoli orientali, è il bianco e non il nero, come accade nei paesi occidentali, a rappresentare il lutto.

Si tratta di un colore associato agli spiriti e ai fantasmi. Il bianco implica l'idea che quel manto puro si sporchi, facendo contrastare qualunque colore che gli si accosti. Il bianco evoca paura e morte. Il mio profilo è pubblico ma non vi è alcuna informazione che riguardi la mia vita privata, nessuna foto né tantomeno dei video. Non ho nemmeno indicato la data di nascita per evitare che mi giungessero inutili e fastidiosi messaggi di auguri il giorno del mio compleanno. Ho il numero massimo di amici (5000) autorizzati da Facebook e 75984 followers. Credo anche di avere almeno quattro pagine di fans e un club social di lettori che si scambiano opinioni sul mio romanzo. Ogni giorno, alle sette del mattino, posto una frase di massimo nove o dieci parole. È divenuto un appuntamento fisso per i miei seguaci anche se non è questo il motivo per cui la scrivo. Cinque minuti dopo il post ho mediamente già 30 commenti e 76 likes. A fine giornata supero spesso i 4000 "mi piace" e i 500 commenti ai quali non rispondo mai.

La frase che ho postato questa mattina recita: "Il dolore è muto e si nutre del silenzio". Una condizione che conosco nel profondo. A volte mi capita di stare anche una settimana senza parlare, emettere suoni di alcun tipo, ascoltare voci o note musicali.

E più questo silenzio avvolge la mia esistenza, maggiori diventano la mia solitudine e il mio distacco dal mondo reale.

Perdo anche la cognizione del tempo. Non credo nei numeri. Chi li ha inventati lo ha fatto per necessità di controllo, per dare un ordine e una scadenza alla propria vita. Sono strumenti di consumo. Io non ho orologi in casa, non mangio a orari stabiliti, non chiudo le tende quando si fa buio, i miei tempi di sonno e di veglia sono dettati solo da esigenze fisiche e non coincidono con giorno e notte. Mi rendo conto dell'orario solo quando utilizzo il computer.

È l'unico strumento che mi lega al mondo esterno. Con esso comunico con il mio editore, il mio avvocato, il mio medico, ordino le provviste, compro i libri, i vestiti, le medicine, pago le bollette e, molto raramente, mi intrattengo con i lettori le cui argomentazioni mi sembrano degne di considerazione, rispondendo via Messenger alle loro domande. Accetto di dialogare solo sul mio romanzo e sulla letteratura. Blocco sul nascere ogni curiosità sulla mia vita, sul mio aspetto fisico, sui miei interessi, sui miei gusti alimentari e sessuali, sulla mia visione del mondo. Non do e non accetto consigli, rifiuto ogni genere di inviti, non faccio mai domande. Le mie conversazioni non superano quasi mai i due minuti e hanno una media di 15 frasi. Trovo che la maggior parte dei miei lettori sia curiosa, affascinata dalla mia assenza e colpita dal mio stile di scrittura, poeticamente essenziale. L'emozione che traspare dalle loro parole, quando finalmente accetto il contatto, mi fa capire che vivono questa possibilità come una sorta di esperienza estrema, un viaggio nell'ignoto. Sono meravigliati che io esista, talvolta perfino scettici nell'accettare di stare conversando con la vera autrice di *Blooded*. Per alcuni di loro sono solo un nome, una maschera, uno stratagemma editoriale.

Ma forse sono io che non credo che loro esistano ed è solo mio il bisogno di credere di avere dei lettori. A volte non sono nemmeno sicura di averlo scritto e pubblicato questo libro. Mi viene da pensare che si tratti solo di un'illusione, di un capitolo esistenziale costruito da quella parte di me che vuole evitare che quel sottile filo che mi lega al mondo reale si spezzi del tutto. Una dimensione virtuale e parallela in cui la mia vita procede creando spazi e ricordi e dalla quale entro ed esco sempre più frequentemente senza accorgermene, fino a perdere l'ordine degli eventi.

Sono Laurie, sono LSD, sono una scrittrice di successo, sono viva. Forse, o forse no.

Ti sto guardando.

La frase è ancora lì, nella colonna a sinistra della chat di Messenger, racchiusa in un'ovale di colore azzurro chiaro con a fianco una piccola icona squadrata che incornicia il volto di Michael Berryman, lo spaventoso protagonista di *Hills Have Eyes*.

La foto che mi ritrae è l'immagine della mia vita. Sola nella stanza, in penombra, io e il mio computer. Lo sguardo che indaga il monitor alla ricerca di una vita alternativa. Sento lentamente il sangue raggiungere di nuovo la punta delle dita della mano. Ma non ho la forza di alzarmi, di scappare, di difendermi. Non riesco nemmeno a girare la testa. Rimango fissa con gli occhi sulla pagina della chat. È l'unica reazione che la mia mente ha elaborato a quella frase e a quella foto comparse sul computer.

"Anche io ti sto guardando" mi suggerisce una voce da dentro. E d'improvviso le mie mani si muovono, le dita accarezzano la tastiera, i polpastrelli indugiano sui rilievi rassicuranti dei tasti e poi cominciano a danzare, premendo a ritmo regolare sulle lettere bianche. La frase solo pensata diventa scritta: "Anche io ti sto guardando" prende posto in un ovale di colore azzurro intenso, a destra della colonna della chat, leggermente più in basso, con a fianco l'icona con il mio volto mascherato.

È un gioco di specchi, di volti celati, di sguardi reciproci.

Attendo, senza muovermi. Il respiro torna regolare. Sono abituata al silenzio, al buio e ai tempi dilatati. Giocano a mio vantaggio. Mi domando se sia lo spirito di sopravvivenza a comandare i miei gesti o l'autodistruzione. Chi mi sta guardando non è un personaggio virtuale collegato alla rete ma una persona fatta di carne, ossa e sangue che in quel preciso momento si trova in quella stessa stanza, nascosta nelle tenebre, a pochi metri da me. Mi ha scattato una foto, si è collegata con me e me l'ha inviata. Ha certamente con sé uno smartphone o un tablet. Non so quali siano le sue intenzioni. Non l'ho sentita arrivare, non ho colto alcun movimento, respiro o bagliore all'interno della camera. Nessuno varca la soglia della mia casa da tre anni ed è singolare che il mio primo ospite dopo mesi di solitudine sia invisibile e immobile. Almeno fino a ora. Ciò che mi atterrisce più di ogni altra cosa è il fatto che mi abbia visto. Che ora conosca il mio volto e il mio aspetto fisico. Mi sento violata, oltraggiata, contaminata. Si è creata una crepa nel castello di vetro dentro al quale mi sono rifugiata in questi anni. E attraverso le fessure sento insinuarsi l'impetuosità del mondo reale.

La chat riprende vita. Sulla colonna di sinistra compare un piccolo spazio e tre puntini che lampeggiano a intermittenza.

Hills sta nuovamente scrivendo. Non tengo mai acceso il volume del computer ma immagino ugualmente il ticchettio sonoro della frase in via di costruzione. Mi concentro su ciò che vedo nel monitor per non cadere nella tentazione di girarmi e controllare chi è che sta realmente scrivendo.

Ecco la faccia del mostro delle colline e una nuova parola: "Perché?"

Resto spiazzata. Mi aspettavo una minaccia, una frase insinuante, un ultimatum. Mi sforzo di interpretare quella domanda, così generica e tuttavia forte, precisa, concreta. La mia mente vaga freneticamente nei suoi angoli più remoti senza trovare una soluzione.

Il quesito primordiale a cui non so rispondere mi fa precipitare nuovamente in uno stato di angoscia che mi soffoca e mi sgomenta. Devo assolutamente replicare e devo farlo subito. La polvere nella clessidra sta velocemente scivolando da una parte all'altra del cono di vetro e non so se avrò il tempo di girarla.

"Perché questo è quello che sono" scrivo con poca convinzione, solo per evitare di rispondere a una domanda con un'altra domanda. Non so se il suo interrogativo si riferisca al romanzo o alle mie scelte di vita. Ma ho ben presente che questa volta non basterà un clic per spegnere quella conversazione. E riuscirò a uscirne solo se sarò in grado di mantenerla "virtuale".

È tornato il silenzio. Talmente denso che fatico anche a cogliere il mio respiro. Sto guardando il film della mia vita senza sonoro, indossando delle cuffie avvolgenti. Volti e immagini sbocciano nella mia mente e cambiano connotati in continuazione. Riconosco il viso gentile di mia madre, lo sguardo protettivo di mio padre, la perfezione insostenibile delle colazioni in cucina la domenica mattina, l'intollerabile bellezza dei nostri viaggi, il vuoto sublime della nostra contemporanea presenza, l'amore scontato che ci ha legato per sempre: io, mia madre, mio padre. Stesso sangue, un corpo unico divorato dai vermi.

Sta per comparire un nuovo messaggio nella chat di Messenger e la mia adrenalina risale. Ora sono ansiosa di scoprire la mossa successiva di Hills. Mi sento quasi rinfrancata. Ha accettato di proseguire questo dialogo irreale, seppure a distanza ravvicinata.

Non è una frase. È un'altra foto. Sono io seduta al tavolo mentre osservo il computer nei 30 secondi precedenti della mia vita. Ma c'è un nuovo particolare che mi gela i polmoni e mi fa uscire un rantolo di aria ghiacciata dalla bocca. La foto è stata scattata da una posizione diversa rispetto alla prima. Sono inquadrata di fronte con la testa piegata verso il basso. Hills si è spostato anche se io non ho avvertito alcun rumore o movimento nella stanza. Ora si trova esattamente davanti a me a circa tre metri di distanza. Non alzo lo sguardo, non lo voglio vedere. Mi costringo a continuare a considerarlo come un interlocutore dell'etere. Ma il mio cuore sta pulsando a ritmi forsennati. I suoi battiti poderosi rimbalzano sulle pareti dei miei timpani. Per una frazione di secondo mi attraversa la mente l'idea di alzarmi e scappare, correndo più veloce che posso in quel lungo corridoio senza fine. La totale immobilità della parte inferiore del mio corpo cancella però ogni istinto di fuga.

La frase di Hills giunge quasi inaspettata. Pensavo fosse il mio turno di scrivere.

"È tutta un'illusione" recita la parte sinistra della chat con il solito viso mostruoso di Berryman.

Ho capito il suo gioco. Hills vuole che sia io a superare la dimensione astratta di questo dialogo. Tenta di costringermi a uscire dal mio guscio virtuale, a guardarlo. A quel punto sarò indifesa, corpo contro corpo, senza più la barriera dello spazio universale a separarci. Sono confusa, combattuta. Quel residuo di vita reale che ancora dimora dentro di me mi suggerisce di abbassare la guardia e concedermi a quell'uomo (o quella donna) venuto dal nulla per accompagnarmi verso la morte. Una fine che ho aspettato e immaginato tante volte nelle mie ore interminabili a fissare il giardino. Ma LSD resiste nella sua galassia di bolle di vetro, alimentate dall'ossigeno fatuo del ventilatore del computer. Non è ancora giunto il momento di cancellare il file di Laurie Saffron Doyle.

"Dimostrami che è così" scrivo di getto, schiacciando sul tasto "return" con una veemenza che ha il sapore di una sfida.

La reazione, temuta, non si fa attendere.

D'improvviso un vento freddo mi coglie alle spalle. Negli ottanta metri di corridoio buio dietro di me si è alzata una corrente che mi penetra nelle ossa e mi gela il sangue. Mi aggrappo alla speranza di vedere comparire il nuovo messaggio di Hills nella chat ma passano i minuti e non succede nulla. Sto fissando con tale insistenza il monitor del computer che l'immagine comincia a sfuocarsi. Devo resistere, devo rispettare le regole. Non posso essere io a scrivere la prossima frase. Se romperò questo macabro incantesimo, sarò costretta a fare i conti con la realtà.

Ma ormai è troppo tardi.

Un trillo acuto, lontano, ma che mi trafigge le orecchie, risuona dall'altra parte della casa. Il telefono sembra urlare tutta la sua ferocia con quello squillo ripetuto, invadente, interminabile. È una suoneria anonima e agghiacciante. Non c'è musica in quelle note, solo un suono assordante che penetra i gangli del mio cervello. Non smette e aumenta di volume. Si propaga nelle altre stanze. Mi porto le mani alle orecchie e chiudo gli occhi. Rispondere non è un'opzione. Non perché non lo voglia ma perché, in realtà, non ho telefoni in casa, né a rete fissa, né mobile.

L'incubo è solo iniziato.

Parte una musica. È la sigla di un notiziario televisivo. Si sovrappone al trillo del telefono che prosegue imperterrito il suo stillicidio. La musica finisce e comincia a diffondersi una voce. Il tono è grave, volutamente drammatico. Le parole sono scandite con efficacia e alternate a piccole pause ad effetto: *Questa mattina un piccolo aereo da turismo con a bordo 13 passeggeri e due membri dell'equipaggio è scomparso dai radar venticinque minuti dopo il decollo dall'aeroporto internazionale Simon Bolivar di Caracas. (pausa) Il velivolo, un bimotore turboelica Cessna, era diretto all'isola di Los Roques, centro turistico molto conosciuto nell'Oceano Atlantico. (pausa) Le autorità venezuelane ritengono che l'aereo sia precipitato mentre si trovava a 16 miglia dalla costa delle isole. Inutili sino ad ora le ricerche dei sommozzatori. (pausa). A bordo dell'aereo vi erano otto cittadini americani, tre venezuelani e due inglesi. Nessuno sarebbe sopravvissuto. (pausa) Il ministero degli esteri britannico è in contatto con le autorità del paese sudamericano per identificare i nostri connazionali che si trovavano sull'aereo. (fine)*

Riparte la sigla del telegiornale mentre il telefono non smette di suonare.

Ma in casa non ho mai avuto un televisore.

Sono sopraffatta dal panico. Il mio rifugio antisociale si sta trasformando in un mostro dalle mille teste tecno-mediatiche. Da qualche secondo è partita anche una melodia a tutto volume da un impianto hi-fi di ultima generazione che naturalmente non ho mai posseduto. Diffonde musica classica. Il concerto per pianoforte e orchestra Numero 5 Opera 37 di Beethoven della Zimerman Wiener Philharmon, il preferito da mio padre. Le sue note poderose si fondono allo squillo incessante del telefono e alle parole che fuoriescono dal televisore come un torrente che ha rotto gli argini.

Vedo la furia di Hills nella sua assenza di frasi e movimenti. La "nostra" chat, ormai priva di vita, ha emesso la sua condanna. È la fine del mio mondo virtuale. Mentre mi sembra di camminare sull'orlo di un vortice, realizzo solo ora il significato del nome con il quale si è presentato: Kairos, il dio del tempo nel mezzo. Colui che definisce il momento supremo durante il quale accade qualcosa di speciale.

Ho deciso. Spezzerò l'incanto. Alzerò la testa e lo guarderò negli occhi. Non tenterò di fuggire, sono pronta a concedermi al destino, se ne ho mai avuto veramente uno.

Una luce improvvisa mi abbaglia. Poi il buio totale e il silenzio. Niente più musica, voci o suoni. Anche il computer si è spento di colpo. Mi ritrovo immersa nelle tenebre. Perdo di colpo anche l'orientamento. Per la prima volta sento dei passi, lenti e pesanti. Si fanno sempre più vicini. Avverto anche lo spostamento dell'aria nella stanza. Sono impietrita sulla sedia, non riesco a muovere nemmeno un muscolo. Con le mani stringo la tastiera del computer, ormai il solo punto di riferimento che mi rimane in questo abisso di oscurità. Lo sento vicino, se riuscissi ad allungare una mano potrei toccarlo. Ora si è fermato. L'attesa rende la mia angoscia intollerabile. Ho un groppo di saliva in gola che rischia di soffocarmi. Lo spingo giù con fatica mentre le mie gambe cominciano a tremare senza controllo. Percepisco ancora la presenza di Hills o Kairos davanti a me. Ma ora non è più solo, o forse non lo è mai stato. Sento degli altri passi, più leggeri, alla mia sinistra. Si avvicinano e mi raggiungono. Sono accerchiata da presenze mute e ostili. Chi è l'altro intruso? È appena arrivato o è sempre stato qui? Con quante persone ho dialogato al computer? È per questo che mi sono arrivate due foto, scattate da due angoli diversi? Cerco inutilmente di trovare risposte razionali alle mie domande ma l'unica certezza che ho in questo momento è la mia incapacità di reagire.

La finestra della camera si spalanca con un frastuono assordante. Le persiane interne sbattono violentemente contro il muro. Il vetro a baionetta si solleva con forza, frantumandosi. Una tempesta di vento irrompe nella camera, travolgendo fogli, libri, vestiti. Un fascio di luce accecante penetra dall'esterno, colorando di bianco tutto ciò che è intorno a me.

Ora li vedo: Hills e Kairos, in piedi a pochi metri da me. Indossano entrambi una maschera bianca, inespressiva, come quella che ho usato per la foto del mio profilo su Facebook.

Mi fissano con i loro occhi neri. Non posso fare a meno di guardarli mentre, lentamente, le loro maschere scivolano in basso e scoprono i loro volti putrefatti e colonizzati dai vermi.

Ciò che i miei occhi vedono e riconoscono non è sopportabile da ciò che rimane della mia debole anima. Le facce scarnificate di mio padre e mia madre non smettono di guardarmi mentre, raccogliendo le poche forze che mi restano, mi alzo di scatto dalla sedia e mi scaravento verso la luce che proviene dalla finestra spalancata.

Volteggio nell'aria mentre il mio corpo si capovolge e precipita per 20 metri. La sensazione di vuoto mi da i brividi e mi eccita. Mentre vedo il prato del giardino avvicinarsi rapidamente, provo per la prima volta in tre anni l'emozione di essere uscita di casa, di avere rotto il guscio. Sto nuovamente lasciando il grembo materno e, come la prima volta, non so cosa mi aspetta.

Il contatto del mio cranio con il suolo è fortissimo. L'osso del collo si spezza all'istante e il resto del corpo cade pesantemente sulla terra, sollevando una nuvola di polvere e sangue. Da un taglio profondo all'altezza della mia tempia, fuoriesce parte del cervello e un ruscello di sangue nero e denso che si infiltra nella terra alla base del larice. Percorre qualche decina di centimetri, irrorando il sottosuolo e ramificandosi negli alvei terrosi. Fino a quando si fonde con il sangue dei miei genitori, che ho sepolto sotto quel grande albero dalle foglie rosse dopo averli uccisi. Ora siamo un unico grande corpo, fatto solo di sangue. Blooded.

Ho finito il romanzo. Un fremito mi percorre la schiena mentre schiaccio la piccola icona con il dischetto nero e lo salvo sul desktop. Ho freddo e fame ma sono esausta e non ho le forze per alzarmi. Il lungo corridoio alle mie spalle che porta alla cucina del mio appartamento, mi appare come un sentiero di montagna, lungo e pieno di insidie. La notte ha lasciato il palcoscenico al giorno, ricordandomi che, ancora una volta, non ho dormito. La luce dell'alba, con i suoi colori tenui e rassicuranti, filtra dalla finestra della mia camera. Alzo con fatica il mio metro e settantaquattro di carne, ossa e sangue dalla sedia e rimango in piedi, davanti alla finestra, a fissare il giardino. Un raggio di luce arancione lo taglia in due, terminando su un grosso larice. Il vento accarezza la sua chioma e due foglie, di un colore rosso vivo, si staccano dai rami e galleggiano lentamente nell'aria, prima di toccare il suolo, ai piedi dell'albero, in un punto in cui la terra è leggermente smossa.

C'è qualcosa che attira la mia attenzione nella stanza. Giro la testa verso il computer, rimasto acceso. Sul monitor c'è la pagina del mio profilo di Facebook: LSD. Nella barra degli strumenti, in alto, un piccolo numero uno rosso, sigilla il simbolo del messaggi.

Mi risiedo, incerta se cliccare su quel numero o uscire dalla pagina e spegnere il computer. Ho le dita gelate mentre la piccola mano guidata dal mouse raggiunge le due nuvolette di Messenger.

Sto per schiacciare il pulsante di sinistra quando sento una voce acuta provenire dal corridoio.

«Laurie sei già sveglia?» mi chiede mia madre, mentre, uscendo dalla sua stanza, mi scorge seduta alla scrivania: «Non mi dire che non hai dormito nemmeno questa notte! Tesoro, non puoi stare sempre davanti a quel computer, devi uscire, distrarti, farti degli amici. Almeno oggi che tuo padre torna da Caracas, cerca di tenerlo spento.»

STEFANO TURA Giornalista e scrittore, Stefano Tura, è nato a Bologna e vive a Londra dove lavora come corrispondente per la Rai.

Ha iniziato la carriera come cronista di nera nel quotidiano "Il Resto del Carlino". È stato poi inviato di guerra per la Rai in ex-Jugoslavia, Afghanistan, Iraq e Sudan. Ha scritto diversi gialli e noir tra cui *"Tu sei il prossimo"* (Fazi Editore), con il quale ha vinto i premi "Romiti" e "Serantini" e *"Il Principio del Male"* (Piemme).

IL MARITO PERFETTO

PIERGIORGIO PULIXI

Nessuno conosce nessuno. Ora lo so. Dopo la violenta incredulità, dopo la marmorea volontà di non arrendermi alla realtà, ho maturato la consapevolezza di essere stata ingannata. Per anni. È stato doloroso cedere a questa verità. Il mio mondo perfetto è crollato. Quando meno me l'aspettavo, una crepa l'ha attraversato da parte a parte. Nel bel mezzo del solito silenzio tutto ha scricchiolato. Come in un terremoto. Poi, dalla crepa più grande si sono diramate spaccature più piccole, finché il mio autocontrollo non ha retto più ed è caduto tutto a pezzi.

Un poliziotto mi prende per un braccio. Mi porta fuori casa.

È gentile. Ma di una gentilezza fastidiosa, perché so che la sua cortesia nasce dalla pietà verso di me, questa donna che non ha mai avuto la minima percezione dell'inferno che si nascondeva dentro casa. Nella sua stanza. Nel suo letto.

Non riesco a parlare. Non riesco a piangere. I vicini mi guardano dalle finestre. I loro occhi sono come fari puntati su di me. Dovrei trovare il coraggio di guardarli in faccia, di camminare a testa alta, perché io non ho fatto niente. Ma la vergogna è come un veleno che stordisce. E più passano i secondi, più questo siero tossico mi ottunde i muscoli. Ora so come si sente una bambola. È una brutta sensazione essere totalmente alla mercé di qualcuno.

L'agente mi fa entrare in un'autopattuglia. Mi aiuta a sedermi sul sedile posteriore. Chiede se sento le sue parole. Lo guardo senza vederlo realmente. La sua immagine è deformata dalle lacrime. Dice che non devo avere paura, che andrà tutto bene. Mi domanda se ho bisogno di un medico. Vorrei dirgli che l'unica cosa di cui ho bisogno è un gigantesco barattolo di colla per prendere i cocci della mia vita e attaccarli di nuovo insieme, che sono sempre stata bravissima ad aggiustare tutto. Non è troppo tardi. Posso ancora farcela. Ma non ho voce per quella richiesta. Pretesa stupida, tra l'altro. Infantile. Me ne rendo conto nell'istante stesso in cui i pensieri si formulano in testa. Ma è la mente che continua a non voler accettare la cosa. Istinto di auto protezione, credo. Perché, arrendersi alla verità, significherebbe ammettere che ho sbagliato tutto. Che sono stata complice di tutto. Che ho appena vinto un biglietto di sola andata per la pazzia.

Mi porto le ginocchia al petto. Le circondo con le braccia. Poi incasso la testa come se volessi rannicchiarmi in una scatola. Come se volessi rimpicciolire. Sempre più piccola. Per tornare nel ventre materno. Mese dopo mese, all'indietro nel tempo. Un feto. Una scintilla di vita. Poi ancora più addietro. Fino a essere niente.

Commissariato di Polizia. Un ufficio che mette soggezione. Arredamento istituzionale. Atmosfera fredda, impersonale. Io: seduta su una sedia scomoda, stretta nel giubbotto prestatomi da un ispettore in borghese. Lei: appoggiata contro la scrivania, braccia incrociate, impacciata nella sua armatura d'imbarazzo. Ringrazio che almeno sia una donna. Con un uomo sarebbe stato decisamente peggio.

«Immagino che sia molto difficile per lei...»

Alzo lo sguardo sulla poliziotta. Darei qualsiasi cosa per farle dire che è uno scherzo. Un sogno. Che ho bevuto troppo ed è tutto frutto della mia fantasia.

«Noi siamo certi della sua buona fede, e devo dire che lui si è preoccupato fin dal primo istante di mettere in chiaro che lei non era a conoscenza di nulla, che era totalmente estranea ai fatti.»

Chissà dietro la solida facciata professionale, dietro le frasi di rito, all'ombra della procedura poliziesca, cosa pensa veramente di me. Sicuramente che sono una stupida. Che non ho voluto vedere. Che sono stata una donna e una moglie debole, creta tra le sue mani.

«E, so che può apparirle, come dire... non so, strano e crudele da parte sua, ma lui continua a dire che l'ha sempre amata, e che l'ama ancora adesso.»

Scoppio a ridere. Una risata isterica. Una risata così stridula e venata di ombre che fa venire la pelle d'oca. Le mie risa non sono per la sua dichiarazione d'amore. Ma per la mia. Per il fatto che io, maledetta scema, sono ancora innamorata di lui. O meglio, dell'idea di marito e uomo che avevo di lui. Mi chiedo dove sia finito quell'uomo. Dove sia finito mio marito. Realizzo di essere innamorata della maschera che portava. E questa bastarda e i suoi uomini gli hanno strappato quella maschera di dosso, rivelandomi uno sconosciuto. Un mostro. Li odio per questo. Vorrei ucciderli per averlo fatto. Maledirli per l'eternità.

«Io posso soltanto immaginare come lei si senta in questo

momento, ma…»

«No. Lei non può immaginare.»

«Capisco.»

«No. Non può nemmeno capire.»

Per un attimo i suoi occhi brillano di cattiveria. Poi prende atto che la mia insolenza è dettata dalla disperazione, da questa situazione scabrosa in cui sono stata risucchiata. Allora la compassione spazza via qualsiasi traccia di offesa dal suo volto. Mi poggia una mano sulla spalla. Sento un piacevole calore avvolgermi i muscoli. Non so perché, ma quella sensazione tattile mi riporta alla mente mia madre. Rivivo quei lontanissimi ricordi di me, bambina, che mi rifugiavo tra le sue mani sempre così magicamente calde. Quanto vorrei tornare bambina, ora. Quanto vorrei che fosse qui. Lei, che era carne della mia carne, avrebbe potuto capire. *Lei*, sì.

Per qualche secondo rimaniamo in silenzio. Non c'è più nessun ruolo. Né poliziotta né vittima. Siamo soltanto due donne esterrefatte davanti alla cattedrale di perversione eretta dagli uomini. Una cattedrale perfettamente mimetizzata nella vita di ogni giorno come uno di quei vecchi rifugi tedeschi nei boschi ai tempi della guerra. Invisibile ma letale.

«Le mie figlie?»

«Sono con il nonno. Potrà vederle tra poco, appena…»

«Non voglio vederle.»

Mi fissa incredula.

«Signora, penso che ora abbiano davvero bisogno di lei.»

«Ho detto che non voglio vederle. So già che non potrei sostenere tutto questo, non reggerei… Né alle loro domande né ai loro… occhi.»

«Va bene, come vuole. Mi scuso ancora, ma dovrei davvero farle qualche domanda.»

La guardo. Annuisco. Va bene. Fammi tutte le domande che vuoi. Scarnifica la mia ingenuità. Dilata le mie ferite fino a portare alla luce i nervi tesi, tremolanti e stremati, che cercano di ancorare la mia anima al corpo. Osserva in che modo inconsulto il mio cuore ora batte. Divertiti a guardarmi pattinare sul ghiacciaio della pazzia, agitando le braccia, cercando di non perdere l'equilibrio e crollare a terra. Ma fallo in fretta. Facciamola finita perché poi voglio sparire. Voglio scappare. Voglio dimenticare.

«Se vuole, possiamo iniziare tra qualche minuto, forse ha bisogno di riprendersi.»

«No, dottoressa. Iniziamo subito. Voglio finire il prima possibile.»

Annuisce.

Poi inizia.

E le sue domande mi attraversano come pugnalate.

***

Era impossibile non amare mio marito. Aveva tutto quello che una donna può desiderare in un uomo. In uno sposo. In un amante. In un padre. Aveva mani grandi e forti. Unghie perfette dai riflessi perlacei. Spalle ampie. Un viso regolare, dai tratti decisi. Ciglia lunghe. Occhi azzurri che mi ricordavano il mare. Non tanto per il colore. Quanto per quella particolarità che ha il mare di passare da uno stato di totale calma e tranquillità a una repentina irrequietezza e cupezza. Il suo sguardo era così. Bastava un niente per accendere o spegnere quell'azzurro intorno alle pupille. E questo aveva un qualcosa di misterioso che mi affascinava. Perché, nonostante fosse un uomo forte, sicuro di sé, consapevole della propria bellezza e di quella fierezza naturale che emanava come un profumo, era allo stesso tempo sfuggente e complesso. A volte, nonostante fosse circondato da tante persone, avevo la sensazione che fosse comunque solo. E questo lo rendeva ai miei occhi in qualche modo ancora più attraente. Sentivo come di avere una missione: quella di capirlo. Quella di arrivare dove lui non permetteva a nessuno di accedere. Nemmeno a me. Più lui si celava, e più quel nascondino psicologico intrigava la bambina che era in me, che voleva vincere quel gioco, volendo trovare l'ultimo bambino nascosto per aggiudicarsi la vittoria. Forse perché sono stata sempre attratta dalla complessità, dalle superfici irregolari invece che da quelle lisce, dove ogni regola geometrica è scontata. Con lui, al contrario, nulla era ovvio.

Mio marito aveva una dolcezza virile. La manifestava con abbracci, baci e sguardi improvvisi che avevano il potere di immobilizzarmi e farmi implorare che il tempo si fermasse. E, rispetto a tutte le tristi confessioni, le lamentele e le rivelazioni dolorose delle mie più care amiche, la cosa che mi faceva sentire quasi in colpa, per quant'ero fortunata, era che mio marito, a dispetto dei loro, quella dolcezza non l'aveva mai perduta. I suoi sguardi, le sue dita che cercavano le mie, i suoi polpastrelli che risalivano il mio collo per perdersi tra i capelli e danzare sulla mia nuca, quel suo bisogno di stringermi senza motivo a volte così forte da farmi male, quel suo mordermi dolcemente le labbra come assaporando un frutto proibito, tutto questo, in lui, non era mai stato appannato dalle ingiurie del tempo. In quasi vent'anni che stavamo insieme era riuscito a non cambiare. Aveva sigillato il nostro amore impedendo che si deteriorasse sotto gli assalti laidi dei giorni. E questo, a volte, mi commuoveva. Mi faceva chiedere la notte, quando dormivo al suo fianco, la testa appoggiata sul suo petto avvolta da quelle grandi braccia e immersa in quel calore rassicurante, cosa mai avessi fatto nella mia vita per meritarmi un uomo del genere.

Ai miei occhi, era un uomo così speciale che, seppur mi vergogno ad ammetterlo, ero gelosa delle mie stesse figlie. In certi momenti, mi sorprendevo a desiderarlo soltanto per me. Come preda di un appetito compulsivo, non volevo che nessuno mi rubasse anche solo una briciola di lui. Se era capace di amarmi così tanto, allora volevo prendermi quell'amore fino all'ultima stilla. Così, quando lo vedevo giocare con le bambine che avevano preso i suoi occhi e quelle sue labbra carnose, quando li vedevo ridere felici, spesso mi sentivo trafitta da emozioni contrastanti: amore verso la mia famiglia, invidia verso le mie piccole, e un'imbarazzante gelosia verso tutto il mondo al di fuori di noi che non avevo il coraggio di confessare nemmeno a me stessa.

Questo era mio marito. Un amante generoso e attento che mi toccava come se fossi fatta di cristallo, che mi portava al limite fino a lasciarmi senza fiato per poi stringermi quasi con disperazione come se temesse che potessi dissolvermi. Un padre dolce e sempre disposto a giocare. Un uomo intelligente e ben voluto da tutti.

Questo era mio marito, prima che arrivassi a scoprire che ciò che conoscevo di lui era soltanto la parte esposta alla luce, quella che metteva volutamente in risalto.

Ma esisteva un'altra *sua* parte, completamente all'ombra.

E io non me n'ero mai accorta.

***

Due mesi scivolati via nel tunnel dell'inconsistenza. Due mesi a cercare di districare, invano, i fili che formavano l'ordito di ciò che provavo per lui. Nulla ha fermato la mia ritirata. Nessuna responsabilità ha fatto attrito, frenando la mia fuga. Nemmeno l'amore per le mie figlie. Nemmeno le loro voci al telefono soffocate dai singhiozzi.

Sono seduta al tavolino di un bar in mezzo a una piazza affollata. Aspetto, osservando le persone intorno a me. Aspetto mio padre.

Dopo la notte in commissariato, tutto nella mia vita è diventato scivoloso. Viscido. Non riuscivo più ad avere presa su niente. Provavo a toccare ciò che mi circondava, ma le dita scivolavano sulle superfici delle anime altrui. Non c'era più un sentimento che mi legava alle persone a cui volevo bene. Tantomeno alle bambine. Per esempio, quando la mattina dopo l'interrogatorio le avevo riviste, avevo sussultato, assalita dalla consapevolezza che erano le figlie di un mostro. Cosa avevano ereditato da lui oltre gli occhi e la bocca? Il buio stava sedimentando nei loro cuori in attesa di diventare abbastanza denso da riversarsi all'esterno? Non potevo saperlo, e questo dubbio era un ferro rovente che mi rovistava le viscere. Quando mi si erano gettate addosso, scagliandomi contro una marea di domande sul padre, avevo sentito un senso di disgusto al contatto con la loro pelle. Era come se non le sentissi più mie, quasi che fossero come contaminate. Il cuore mi diceva di non pensare nemmeno quelle cose, di abbracciarle e star loro vicino perché mai come prima avevano bisogno della mamma. Ma qualcosa era cambiato. Provavo a toccarle. Ma loro erano scivolose. Lui, col suo viscidume, era riuscito a portarmele via.

Le ho abbandonate. Sono scappata. Fuggita dalla mia vita precedente. Da tutto quello che potesse ricordarmi l'incubo che si era manifestato in un tranquillo pomeriggio domenicale. Ho preso un po' di soldi, ho spiegato a mio padre che non potevo più stare lì. Non ho nemmeno ascoltato le sue rimostranze. Me ne sono andata. L'impulso che mi muoveva era quello di sparire. Un impulso indomabile, impossibile da non assecondare. Ho cambiato città. Ho mutato colore e taglio dei capelli. Ho scelto un nome nuovo con cui presentarmi agli estranei. Mi sono creata un passato diverso per sfuggire alle tenebre del mio vero trascorso. Sono diventata un'altra donna. E quello che più tormenta le mie notti dal giorno in cui l'ho fatto, è che non ho provato il minimo rimorso. Mi sono resa conto che, dopo l'incendio scaturito dallo scoprire chi davvero avevo sposato, nella mia anima si era fatto un freddo assoluto che ghiacciava i pensieri, cristallizzava i sentimenti e le emozioni. Era come se fossi giustificata ad aver abbandonato tutto. Era il minimo che potessi fare dopo che la vita mi aveva messo in ginocchio e, umiliata davanti a tutti, aveva preso a sputarmi addosso con cattiveria. Se non fossi scappata, sentivo che l'unica alternativa sarebbe stata uccidermi.

Mio padre è un uomo all'antica. Un gentiluomo come non ne esistono più. Ha gli occhi che sorridono. Emana una gentilezza naturale e dal suo sguardo scaturisce un senso di pace e tranquillità che è contagioso. O meglio, questo era lui prima. Ora, mentre lo osservo cercare il mio volto tra i clienti assiepati nei tavolini, mi accorgo di come siano bastati due mesi a succhiare via la pace dai suoi occhi. Basta un'occhiata per capire che è un uomo tormentato. Ha lo sguardo di un naufrago che si è appena reso contro di trovarsi in una situazione più grande di lui senza poter contare sull'aiuto di nessuno. Povero papà.

Mi fa pena. Mi dispiace avergli scaricato addosso tutta la mia debolezza, tutta la mia incapacità di fronteggiare il buio che si è manifestato nella mia vita.

Sta guardando l'orologio. Rialza lo sguardo e continua a cercarmi con gli occhi.

«Ciao, papà.»

A stento mi riconosce. Colpa del nuovo taglio e del colore di capelli, del viso smagrito, e della generosa passata di matita nera che sto usando per nascondere le occhiaie. Dormire, da quella domenica, è quasi impossibile.

«Amore mio» dice stringendomi forte, con disperazione, quasi che non avesse nutrito alcuna speranza di rivedermi.

Rimaniamo stretti per diversi secondi poi ci sediamo, ognuno impegnato a studiare i segni che l'oscurità ha lasciato sul viso dell'altro.

«Come stanno le bambine?» trovo finalmente il coraggio di chiedere.

«Stanno bene, per quanto è possibile. Ma mi chiedono continuamente di te, si tormentano pensando di avere qualche colpa. Hanno paura che tu non le voglia più vedere, che non tornerai.»

Abbasso gli occhi. Scrollo le spalle in un gesto che esprime impotenza e rassegnazione.

«Cosa ti sta succedendo, figlia mia? Perché non vuoi tornare a casa?»

Vorrei avere una risposta. Una di quelle verità semplici, che non hanno bisogno di troppe parole, di non essere scandite da silenzi e pause. Ma non ne ho. Spiegargli la verità, la mia verità, sarebbe troppo difficile. Come posso dirgli che è tutto fuori fuoco? Che non sono ancora pronta ad accettare la realtà che mi si è parata innanzi, che questa deriva irrefrenabile degli eventi è stata troppo veloce perché mi potessi ancorare a qualcosa? Che vedere e nutrire le bambine significherebbe alimentare le ombre dei miei sensi di colpa nei loro confronti per non essermi accorta in tempo chi era loro padre? Semplicemente non posso, perché non capirebbe.

«Io... non sono ancora pronta, papà» mi limito a dire. La cinetica della colpa non si può spiegare; la si deve vivere per comprenderla.

«I giornalisti hanno smesso di tormentarvi?» chiedo. I periodici e le televisioni hanno imbastito un polverone sul caso di mio marito che è diventato "il delitto" per eccellenza, quello che sta gonfiando le tasche di quotidiani e giornalai in quest'estate. Tutti sono affamati di sordidi dettagli, affascinati dalla figura della moglie ingenua e cieca, che non si è accorta di avere un mostro al proprio fianco.

Basta il turbamento che traspare dalla sua espressione a rispondere per lui.

«Prima o poi si stancheranno, e la smetteranno» cerco di consolarlo.

«È per loro che te ne sei andata? Per via dei giornalisti?»

Solo in parte. Rimanere sarebbe equivalso ad arrendersi, a lasciarsi sbranare da quelle iene, col solo risultato di diventare una bestia da salotti televisivi, preda delle accuse e dello sdegno dell'opinione pubblica.

«Anche per loro» dico. «Ma non solo. In questo momento non mi sento all'altezza di essere una madre, a stento riesco a prendermi cura di me stessa, figurati se ho testa per stare dietro alle bimbe.»

«Ma loro hanno bisogno di te...»

«Hanno bisogno di quella che ero, papà. Ma quella che ero non c'è più, ho bisogno di tempo per ritrovarla... è difficile da spiegare.»

«La polizia ti sta cercando.»

«Cosa vogliono?»

«Credo interrogarti. Cercare di capire attraverso la tua testimonianza come sono andate certe cose, collegare date a luoghi, cose di questo genere... stanno imbastendo il caso per andare al processo il prima possibile.»

«Non mi sento ancora pronta per parlarne... Tu cosa gli hai detto?»

«La verità: che non sapevo dov'eri.»

Gli accarezzo una mano. «Grazie.»

Prendiamo qualcosa al bar e poi passeggiamo per una via ombreggiata dai platani. Scambiamo poche parole, quasi avvertissimo che si è creato un abisso tra noi che solo il tempo potrà colmare. Sicuramente non le parole.

«È tardi. Devo tornare in stazione o perderò il treno» dice mio padre dopo quasi un'ora.

«Grazie per tutto quello che stai facendo, papà.»

Ci abbracciamo di nuovo. Quando ci stacchiamo, scorgo delle lacrime che gli inumidiscono gli occhi.

«Cerca di tornare al più presto» mi raccomando.

Annuisco e l'osservo incamminarsi verso la stazione dei treni.

Mi volto e a testa bassa mi avvio anch'io verso il palazzo dove ho preso una stanza in affitto, in nero, pagamento in contanti, per evitare documenti, nomi, e l'eventualità di essere rintracciata.

Immersa nei miei pensieri sinistri, come preda di una febbre interiore che assorbe tutta la mia concentrazione, non mi accorgo di andare a sbattere contro una persona, una donna.

«Oh, mi scusi!» dico alzando la testa. «Non volevo...»

Sulle prime non la riconosco. Come se questi mesi avessero

annebbiato il suo ricordo, come se la memoria di proposito avesse sfumato i suoi contorni.

«Non si ricorda di me?» dice.

La sua voce, quella sì che me la ricordo subito. Riporta a galla tutte le memorie che avevo cercato di affogare nell'oblio.

Istintivamente arretro di qualche passo, come se fossi in pericolo. Noto che non è sola. Due uomini si avvicinano: uno alle mie spalle, e uno al suo fianco.

Sbatto le palpebre mentre il cuore prende a battere più forte.

«Sono il commissario Carla Rame, ma dubito che se lo sia dimenticato» dice mostrandomi un tesserino che la identifica come dirigente di Pubblica Sicurezza. Ora riconosco anche uno degli uomini: era l'ispettore che mi aveva prestato il proprio cappotto, quella sera.

«È stato difficile trovarla. Abbiamo dovuto pedinare suo padre fino a qui» dice con una traccia di evidente disappunto nella voce. «Da cosa si sta nascondendo?»

«Io... non mi sento bene... non me la sento di parlare con voi...»

La donna si guarda intorno come se non mi avesse sentito. Indica il tavolino di un bar a un centinaio di metri da noi.

«Le chiedo soltanto dieci minuti del suo tempo. Potrei farla prelevare e portare nel commissariato più vicino, ne avrei il diritto e il potere, ma preferisco non arrivare a questo, non crede?»

Studio i tre poliziotti per qualche secondo, poi annuisco. Li seguo e ci sediamo. La donna si siede di fronte a me, i suoi uomini stanno in disparte.

«Non le ruberò molto tempo. Voglio solo raccontarle la *mia* versione della storia» dice la poliziotta.

«Perché?»

«Perché nella storia che lei mi ha raccontato ci sono troppi buchi e troppe zone d'ombra. E a noi, le zone d'ombra non piacciono.»

Scrollo le spalle.

La donna si accende una sigaretta e inizia a parlare.

«Suo marito per tutta la vostra relazione le ha nascosto la sua doppia vita: quest'uomo, che per anni le ha celato la sua vera identità, aveva patologicamente bisogno di vivere altre vite, altre relazioni con donne molto più giovani di lui, ragazze. Prometteva loro che avrebbe lasciato moglie e figlie, le illudeva, e poi, quando queste giungevano al punto di non ritorno ed erano decise ad abbandonarlo o a confessare tutto a lei, sua moglie, le uccideva e le ragazze sparivano nel nulla... Questo l'ha fatto quattro volte in vent'anni.»

Due lacrime solcano il mio viso. Me ne accorgo dal sapore salato che mi impregna le labbra. La poliziotta ha parlato con tono asettico, come se fosse un medico che sta illustrando a degli specializzandi il decorso di un tumore. Soltanto che il mio è un tumore all'anima.

«È stato bravo. Non lasciava tracce. Prendeva tutte le precauzioni del caso. Ammetto che è stato troppo bravo anche per noi, perché siamo riusciti a scoprirlo purtroppo soltanto nell'ultimo omicidio, quello di Laura Parenti. Aveva ventisette anni.»

«Abbiamo già parlato di questo, quella notte. E le ho già detto che non so niente. Lui, in casa, era una persona del tutto normale. Non ho mai sospettato nulla.»

Carla Rame annuisce, soffiando il fumo di lato.

«È vero. Questo è quanto ha sostenuto a verbale. Il problema è un altro, signora.»

Come se quella fosse una parola in codice tra loro, mi accorgo che i due uomini si avvicinano e mi si siedono a fianco, con naturalezza. Li fisso, ma loro non dicono una parola.

«Vede, il problema è che dai rilievi della Scientifica è emerso, senz'ombra di dubbio, che la notte dell'omicidio dell'ultima ragazza suo marito non era solo.»

La guardo confusa. «Non capisco…» sussurro.

Carla Rame scambia uno sguardo con uno degli ispettori che annuisce. La donna alza una mano come per dirgli di attendere ancora qualche secondo.

«Suo marito è uno degli assassini più previdenti, cauti e precisi, e in qualche modo "puliti", se parliamo di candore della scena del crimine, su cui mi è capitato di indagare in tutta la mia carriera. Però, quella notte, diversamente rispetto al solito, è successo qualcosa. È come se avesse agito in modo diverso, travolto dalla paura di essere scoperto.»

«Senta, non voglio sapere queste cose. Non m'interessa, e non voglio…»

«Stia seduta. Non ho finito.»

Qualcosa nel suo tono mi spaventa, e mi risiedo.

«La scena del crimine, ripeto, contrariamente dal solito, era caotica, confusa. Questo mi ha portato a credere che non fosse stato suo marito a uccidere Laura, o che comunque non fosse solo quella notte.»

Tira una boccata di fumo per poi sospingerla fuori, molto lentamente. La sua è come se fosse una pausa teatrale che utilizza per studiare la mia reazione. Ma la mia replica è un muto silenzio, uno spaesamento infinito perché non capisco dove vuole andare a parare.

«Non capisce?» chiede.

Scuoto la testa.

«La mia intuizione si è rivelata esatta. Da ulteriori esami, i tecnici hanno scoperto che quella notte suo marito non era solo. C'era qualcuno con lui, una donna, e non si trattava della vittima, ma di lei, signora.»

«Di me?»

«Abbiamo trovato il suo DNA. Messo alle strette da queste prove, suo marito ha confessato. Lei era con lui quella notte.»

Scoppio a ridere. «Cos'è, uno scherzo?»

I tre poliziotti si scambiano un altro sguardo ancora più lungo e carico di tensione del precedente.

«Vede, signora, è tanti anni che io faccio questo mestiere, e credo di aver imparato col tempo a capire se una persona sta mentendo o meno. I miei colleghi credono che la sua sia una recita, e che la sua "fuga", se così si può chiamare, sia indice di un suo coinvolgimento nell'omicidio.»

«Che cosa?! Siete pazzi?»

«Ma io non credo che lei stia mentendo. Io credo che per un oscuro meccanismo del suo subconscio, lei abbia rimosso inconsapevolmente dalla memoria quello che è successo, quasi per un istinto di protezione. Non sarebbe la prima volta che accade. C'è un termine psichiatrico per questa rimozione. Viene definita: *amnesia dissociativa di natura traumatica.*»

«Ma rimosso cosa?»

«Suo marito ha confessato non soltanto che nell'ultimo omicidio non era solo, ma che non è stato nemmeno lui a uccidere materialmente la ragazza: è stata lei, signora. Aveva scoperto la relazione segreta di suo marito con Laura, e l'aveva messo con le spalle al muro. Lui, a quel punto, le aveva confidato tutto: che cioè Laura era incinta di lui, e lo stava ricattando, minacciandolo di distruggere la sua famiglia con quella verità, se non le fosse stato a fianco. A quel punto qualcosa dentro di lei, signora, chiamiamolo istinto primordiale, istinto di donna innamorata o di madre che ha visto la sua famiglia in pericolo, pur di non perderlo e di non vedere la vostra vita andare in pezzi, ha deciso di aiutarlo a uccidere la rivale, e così avete fatto. Poi, però, il dolore e il senso di colpa è stato così forte che la sua mente per proteggerla dai suoi stessi sensi di colpa l'ha portata a rimuovere totalmente quell'episodio. Le prove fisiche non mentono, signora: lei è un'assassina che ha ucciso per gelosia, sebbene lei stessa non riesca a crederci, perché la sua mente ha cancellato ogni memoria al riguardo.»

«Io... io non ho parole... questa è la cosa più assurda che potessi sentire. Sicuramente quel bastardo non sa più a cosa appigliarsi, e ha cercato di scaricare la colpa su di me.»

«No, signora, è il contrario, invece. Lui ha cercato di difenderla, assumendosi tutte le colpe dell'omicidio, dicendo che era totalmente estranea alle dinamiche dell'omicidio, ma ha mentito. Ha mentito finché si è dovuto arrendere all'evidenza.»

«Ma quale evidenza?» quasi grido.

Con gelida calma la poliziotta estrae qualcosa dalla borsa e lo posa innanzi a me, sopra il tavolino. Sono delle immagini: ritraggono me e mio marito, in macchina, mentre ci fermiamo a fare benzina.

«Siete stati ripresi dalle telecamere a circuito chiuso mentre vi fermavate al distributore al ritorno dal bosco dove avete sepolto il corpo.»

«Impossibile.»

«Signora, non ha più senso mentire» dice uno dei poliziotti. «Ammetta questa cosa, è meglio per tutti.»

«Ma ammettere cosa? E scusate, perché siamo qui e non in questura? Se aveste avuto davvero delle prove, ora non saremmo qui, ma in un commissariato, no?»

«L'ho fatto per le sue figlie. Volevo risparmiarle i reporter e le telecamere. Volevo prima parlare con lei, per rendere più semplice e meno distruttivo per le sue bambine, quello che verrà.»

«Lei è pazza... io non ho fatto niente!» grido.

«Allora perché è scappata?» dice l'altro poliziotto.

«Io... non...»

«Guardi quella foto, signora. La guardi e poi chiuda gli occhi, si fidi di me» dice la donna con voce gentile e pacata. «Chiuda gli occhi...»

Qualcosa dentro di me mi dice che devo fidarmi. Fisso la foto e poi serro le palpebre.

Vengo travolta da una sequela infinita di immagini, sensazioni, profumi, e brividi. Scivolo in una spirale voluttuosa di ricordi, e la mia caduta è inarrestabile...

...Sento l'umidità della notte, i miei passi malfermi sul terreno umido, il fango che mi schizza sui vestiti, tutto il peso della ragazza che stiamo trascinando. Ho il fiatone. Provo paura, sgomento, terrore, ma soprattutto rabbia, perché quella ragazzina voleva portarmelo via. Sento che lo amo, nonostante il suo tradimento, nonostante tutto. Lui è mio, è parte di me, lei non deve averlo... Avverto la violenza che emana dai miei pori, sento la bocca che si apre e con voce terrea dico: uccidiamola. Rivivo il tragitto in auto, i brividi che mi azzannano le mani, quella sensazione di pericolo costante... Mi giunge il suono della sua voce, le sue suppliche, implora di perdonarla, di farlo per la vita che ha in grembo, che non ha colpa... Ma la mia ira è sorda, e le mie mani si muovono da sole... Sento quelle forti di mio marito che mi afferrano, tirandomi via... Guardo la ragazza, fisso il suo viso rosato di sangue nel chiarore argenteo della luna... Il frinire delle cicale è quasi assordante... lo stomaco sembra squarciarsi e mi piego in due per *vomitare... Sudo freddo... Mio marito dice che abbiamo fatto un casino, che dobbiamo sistemare tutto prima dell'alba... Io penso alle bambine a casa, che stanno dormendo ignare del sangue che abbiamo versato... Dobbiamo metterle in salvo, dobbiamo seppellire questo corpo bastardo insieme ai ricordi di questa notte... Gli faccio giurare che non parleremo mai di questa cosa, che qualsiasi cosa accada le bambine non dovranno mai sapere... Lui lo giura... Ci baciamo, i corpi brucianti della febbre interiore scaturita dalla paura e dai sensi di colpa... Sento la sua voce che dice che dobbiamo fermarci a fare benzina perché siamo a secco... Percepisco l'acqua calda della doccia che mi brucia la pelle e lava via il sangue di quella ragazzina... Sento che sta lavando via anche i ricordi... Li vedo vorticare nello scarico della doccia, insieme ai mulinelli di acqua, sangue, e fango... Dimentica, mi dico... Dimentica.*

Avverto la presa di una mano che stringe la mia, e riapro gli occhi di botto. Sto piangendo. Ho la pelle d'oca. La poliziotta mi stringe la mano fissandomi con occhi pregni di pietà e compassione.

«L'ho uccisa...» sussurro.

La donna annuisce.

Vengo trascinata al largo dalla corrente della disperazione, in un oceano buio, denso di sensi di colpa e vergogna. I poliziotti mi parlano, ma io non li sento più. Le onde sono in tumulto e mi sommergono.

Non ha senso opporsi.

Mi lascio trascinare a fondo negli abissi della colpa.

PIERGIORGIO PULIXI Autore e sceneggiatore, è nato a Cagliari nel 1982 e vive a Milano. Ha pubblicato diversi romanzi con E/O tra cui *"Una brutta storia"*, *"La notte delle pantere"*, *"L'appuntamento"* e *"Il canto degli innocenti"*. Per Rizzoli invece ha pubblicato il romanzo *"Padre nostro"*.

Tra i tantissimi premi letterari vinti, nel 2016 gli viene assegnato il Premio Vanity Fair per il miglior personaggio letterario femminile per il suo commissario Carla Rame. I suoi romanzi sono in corso di pubblicazione negli Stati Uniti, Canada, e Regno Unito.

DIETRO LA TONACA

ALESSANDRA PEPINO

«Ma che è *succieso?*»

«*Che d'è 'sta ammuina?*»

«Chiudi quella finestra, fa freddo!»

«E che deve essere? Qualche altro morto ammazzato, torna a dormire.»

«Pronto? Sì, per piacere, dovete mandare una volante… sotto casa mia ci sta una suora che urla e che corre manco tenesse il diavolo dietro!»

«… no, ma quale sparo! Io *nun aggio* sentito *nisciuno* sparo!»

«Però gli *allucchi* li hai sentiti, no?»

«… eh, una suora, avete capito bene!»

«La vedi? Sta ancora là? Mo' non si sente più niente.»

«… fate presto, madonna santissima!»

Il velo frusta l'aria del primo mattino, le urla si schiantano come petardi lungo il vicolo umido per poi sparire nella strada che vira a destra, a gomito.

Nessuno sembra accorgersi del randagio che sventra un sacchetto ricolmo lungo il marciapiede, né della maglietta gocciolante che pende dimenticata da un filo storto. Gli occhi sporgono oltre le tende, gli sbadigli si mescolano al caffè e latte. Qualcuno si segna la fronte, distratto.

Nemmeno un'ombra di pace nel riverbero di sole che si affaccia molle su salita Tarsia. Un inizio giornata come tanti, per certi versi. Anche se quelle grida, e quella tonaca rigonfia di spavento, seminano un'inquietudine diversa dal solito, che costringe a sbirciare.

In un angolo della sua stanza, gli occhi rivolti al soffitto e le mani intrecciate dietro la nuca, Matteo è l'unico a sorridere nella semioscurità.

***

Matteo non usciva mai di casa, se non per andare a sostenere esami all'università. Sei, sette volte in un anno, soltanto quando si sentiva preparato. In quel caso, sprofondava in una tuta che annullava la sua figura, si copriva la testa e parte del volto con un cappuccio e un paio d'occhiali scuri, e camminava rasente ai negozi, avendo cura di non alzare lo sguardo. Mai al centro delle strade, mai su un mezzo pubblico, le mani incatenate nelle tasche, lo zaino che gli pendeva dalla spalla sinistra.

Lì fuori si sentiva scoperto. Lontano dalla sua stanza, dal baccello ovattato dentro il quale aveva trovato rifugio, gli sembrava di non esistere, di essere privo di consistenza. Sua sorella Ida, con cui condivideva gli spazi e la quotidianità, aveva smesso da tempo di combattere: gli specialisti, gli psichiatri, le preghiere. Nulla di tutto questo era riuscito a raschiare via le paranoie annidate dentro la sua testa.

«Signorina, suo fratello sta bene. Dall'iperacusia si guarisce, le orecchie di Matteo sono tornate a posto, è la mente, purtroppo, che si rifiuta di ricominciare.» Quante volte Ida aveva sentito quelle parole uscire dalla bocca del medico di turno. E quante porte in faccia si era vista sbattere da quel fratello che aveva tirato su come un figlio, e che sembrava aver rinunciato all'idea di una vita normale, al di fuori delle pareti silenziose della sua stanza. «Tu non capisci» le diceva ogni volta, portandosi le mani alle orecchie, come a volersi proteggere da un bombardamento. Invece lei capiva, eccome. Vedeva il malessere strisciare sulle sue spalle e si rendeva conto di non avere mezzi, né forza per sollevarlo da quel peso. Se solo ci fosse stata ancora la mamma con loro, se il cancro non se la fosse portata via così presto. Se l'uomo che avrebbe dovuto fargli da padre non avesse fatto quello che aveva fatto, se non fosse stata costretta, ogni mese, ad andarlo a trovare a Poggioreale, a fingere di non detestarlo e a giustificare l'assenza di *Matteuccio*, come lo chiamavano tutti da bambino. Non bastava spiegarglielo ogni volta, come mai Matteo si rifiutasse di fargli visita; anche suo padre sembrava non voler ascoltare, il rifiuto della realtà aveva finito per diventare una costante in quella loro famiglia ridotta in cocci.

Con il tempo, aveva imparato a vivere in punta di piedi, a camminare scalza, per non fare rumore; a non strusciare le sedie sul pavimento e a vedere i film in prima serata con le cuffie a mo' di corona. Le orecchie di Matteo avrebbero sanguinato, altrimenti. Il suo cuore avrebbe ripreso a contorcersi e la sua bocca a partorire bestemmie. Le mani avrebbero frullato l'aria come impazzite, e chissà che non avrebbero trovato il modo per colpirla. Punire la sua mancanza di delicatezza.

Matteo trascorreva il giorno dormendo e la notte su internet. I social, le serie tv. E le sue tante vite virtuali: quelle che non facevano rumore, che gli consentivano di essere tutti e nessuno, di raggiungere qualsiasi parte del mondo senza dover muovere un passo. Le vite che lo connettevano con le donne che, è vero, non poteva toccare, ma che gli si concedevano in qualsiasi momento, complici un click e un bonifico dall'esito immediato.

Matteo inghiottiva le vite degli altri e poi ne sputava le ossa.

Dalla finestra della sua stanza si dominava tutto il vicolo, ciò che si vedeva e ciò che era nascosto. La suorina, però, non aveva avuto bisogno di vederla per capire quanto importante sarebbe diventata per lui. Lo aveva intuito da subito che le cose sarebbero finite in quel modo: il cortocircuito che si era innescato fin dal loro primo scambio di battute non lasciava adito a dubbi.

***

Lorella aveva fatto richiesta per il prenoviziato in una fredda mattina di undici mesi prima. «Avrò bisogno di una copia dei tuoi documenti, poi scriverò una relazione che ti farò leggere e che indirizzerò al priore provinciale» le aveva spiegato la promotrice delle vocazioni. «Sicura di voler procedere?» La domanda le era scivolata addosso come olio sull'acqua. Da tempo, ormai, non c'erano più dubbi dentro di lei. Da quando aveva lasciato Luca a pochi mesi dal matrimonio, con la consapevolezza di aver risparmiato a entrambi una vita di bugie e di compromessi. All'inizio non era stato semplice, nessuno tra familiari e amici sembrava averla capita. E poi c'era il senso di colpa, la difficoltà di autoassolversi. Si era trovata sola e disorientata ad affrontare quel mondo che le si offriva del tutto nuovo, magmatico.

L'idea di affacciarsi alla finestra offerta dalla rete le balenò per la mente in uno dei tanti pomeriggi di solitudine. Si disse che, tanto, sarebbe stata un'innocente perdita di tempo.

In pochi minuti, e con qualche click, venne invece catapultata in un universo inimmaginabile, grondante discussioni intavolate da altre ragazze come lei, con le sue stesse insicurezze. Nel giro di qualche ora, si ritrovò a scambiare email con la Madre Superiora del convento di cui avrebbe desiderato far parte, e a chattare con alcune delle sue suore che si rivelarono fin da subito preziose fonti di consigli.

In uno dei tanti forum che le tenne compagnia in quelle prime settimane di prenoviziato, Lorella fece la conoscenza di Beatrice, una sua coetanea del centro storico di Napoli, alle prese con una crisi di vocazione. Fu lei l'unica con cui ritenne opportuno continuare a mantenere un legame al di là delle prime battute della conoscenza; un'amicizia che bruciò le tappe, al punto che presto smise di contare le notti trascorse a scriversi, raccontarsi, sviscerare i sentimenti che l'incontro con Cristo stava lasciando entrare nelle vite di entrambe.

***

Matteo pensò che Beatrice fosse un bel nome, perfetto per una ragazza che volesse prendere i voti.

In quel ginepraio di domande e risposte da catechismo dell'ultima ora ci era finito per caso, smanettando in rete, come tutte le notti. Ne era rimasto dapprima sorpreso, infine affascinato: tra tutte le stranezze che si trovano in giro, non credeva potesse esistere un sottobosco di novizie in cerca di confronto. In una notte come quella, ammorbata dalla noia e dalla benché minima voglia di studiare, fingersi una di loro sarebbe stato un ottimo diversivo. Con pochi passaggi creò un account e, in un soffio, si ritrovò in mezzo a quel vociare virtuale e discreto, a discutere di problematiche che non lo avevano mai sfiorato prima, nemmeno per sbaglio. Inventare era quello che più lo divertiva, del resto. Calarsi nei panni di chi non era, certo di non poter essere in alcun modo smascherato.

Lorella arrivò quasi subito. Era una principiante, lo si vedeva dalla insicurezza con cui porgeva le sue domande, dal tempo che ci impiegava a digitare sulla tastiera, dalla poca confidenza con la scrittura elettronica. Una *voce* flebile e soave, quello di cui le sue povere orecchie avevano più bisogno. Salutò le partecipanti al forum con titubanza, ricevendo una calda accoglienza dalle poche in linea a quell'ora. Si presentò, esponendo la necessità di fare due chiacchiere con chi, come lei, era in procinto di compiere una scelta tanto delicata. Beatrice l'accolse con parole caute, studiate; dopo poco più di un quarto d'ora, stavano già discutendo in privato, come due vecchie amiche legate da un'istintiva fiducia.

***

Una mattina di qualche settimana più tardi, Matteo si fece coraggio e prese la porta di casa. Non c'erano esami da sostenere quel giorno, semplicemente una curiosità cieca che lo agitava, da giorni.

Lorella gli aveva raccontato che quella mattina avrebbe prestato volontariato presso un banchetto che vendeva azalee per la ricerca contro le malattie ereditarie. «A piazza Carità, speriamo sia una bella giornata di sole» aveva aggiunto con una faccina sorridente.

La lingua di luce dorata che filtrava attraverso le tapparelle quando aveva aperto gli occhi, lo spinse a pensare che quello non poteva che essere un segnale. Si vestì con particolare cura e, soltanto dopo aver indossato i soliti occhiali scuri e aver zittito in malo modo le ansie di sua sorella, si immerse tra le strade del centro. Non sapeva cosa avrebbe fatto, una volta arrivato davanti a quel banchetto; l'unica cosa che sentiva con chiarezza era che *doveva vederla*, dare un volto a quella suorina non ancora vestita che aveva preso a riempire i suoi giorni delle sue parole delicate.

Il tragitto si rivelò ancora più insidioso di quanto avesse immaginato: le macchine, i clacson, le urla che si rincorrevano da un banco all'altro del mercato della Pignasecca lo annichilivano. La paura che quell'orchestra sgraziata potesse esplodergli nel cervello e perforargli i timpani, lo tenevano in ansia, ne increspavano l'espressione.

Pur non avendola mai vista nemmeno in foto, gli bastò affacciarsi su piazza Carità per riconoscerla. I capelli raccolti in una treccia, la pelle bianchissima e le mani sottili lo attirarono verso il banchetto, sospendendo come in un incantesimo il frastuono circostante. La sensazione che lo colse nel ritrovarsela davanti in carne e ossa, dopo tutte le ore passate a parlarsi attraverso un monitor, fu piacevole ma al contempo strisciante.

Per un attimo, immaginò cosa avrebbe potuto provare nello stringerla tra le braccia, spogliarla. Possederla, diversamente da come gli consentivano le donne a pagamento al di là dello schermo. Respinse quel pensiero con decisione; in fondo, non era che una sconosciuta con cui aveva legato a livello intellettivo. Una sconosciuta che, tra le altre cose, lo credeva una donna intenzionata a prendere i voti, proprio come lei.

Si avvicinò al banco, fingendosi interessato all'acquisto della pianta. Lorella sorrideva a chiunque, con la stessa grazia con cui rispondeva alla sua amica Beatrice sfiorando la tastiera. Matteo realizzò all'improvviso che, una volta terminato il periodo di prenoviziato, non le sarebbe stato più così semplice chiacchierare con lui. Sarebbe entrata in convento e l'avrebbe gradualmente abbandonato: la sola idea gli strinse lo stomaco in una morsa di inquietudine e rabbia. Provò l'impulso di colpirla, punirla per quel proposito che prima o poi li avrebbe divisi. Invece comprò l'azalea, guardandosi bene dall'incrociare il suo sguardo.

Tuttavia, ebbe cura che le sue dita incontrassero quelle di lei nel dare e ricevere il resto delle banconote.

***

A sorpresa, era stata Lorella a chiedere a Beatrice di incontrarsi, poco meno di un mese più tardi. «Sarebbe bello potersi stringere le mani, guardarsi negli occhi» aveva scritto, con l'ingenuo entusiasmo che la contraddistingueva. Matteo ne era rimasto spiazzato, all'inizio. Aveva trascorso le ultime settimane in balìa di sentimenti oscuri, altalenanti. Se un attimo prima cercava Lorella con insistenza, quello immediatamente successivo si ritrovava a maledirla, costringendosi a spegnere il computer, diluire la sua ossessione tra le pagine dei libri. Provò in più occasioni a tagliare i ponti. Smettere di risponderle, di cercarla. A prevenire l'abbandono. Ma lei trovava sempre le parole per far sì che il filo invisibile che li teneva uniti non si spezzasse.

Per compensare quel caos interiore aveva moltiplicato le sue visite sui siti pornografici; ogni volta, immaginava che al di là dello schermo ci fosse la sua suorina, con le dita sottili e la pelle di seta. Il bancomat che sua sorella gli caricava ogni mese per le piccole spese online - «libri, testi universitari, ogni tanto qualche videogioco» le diceva per tenerla buona - si prosciugò nel giro di poco. Matteo capì che se non voleva impazzire non aveva scelta. Così iniziò dagli oggetti di valore sparsi per il salone: il servizio di posate, regalo di nozze dei suoi genitori, i candelabri antichi; poi passò al portagioie di sua madre, custodito da Ida come una reliquia: dapprima una collana, poi un bracciale intrecciato, infine gli orecchini che suo padre le aveva regalato per il loro decimo anniversario di nozze, due anni prima che lo sbattessero in galera. Oggetti spuri che raccontavano di ciò che restava della loro famiglia spezzata.

Ida finse di non accorgersi di quelle improvvise sparizioni, strinse i pugni e inghiottì le lacrime, come sempre succedeva quando si trattava di Matteo. Non gli fece domande quando, in più di un'occasione, lo vide uscire di casa a tarda sera ma anzi, una parte di lei si scoprì quasi a sorridere di quell'improvviso cambiamento di rotta della loro asfittica quotidianità. Non diceva una parola nemmeno quando le toccava ricoprire gli zigomi di fondotinta, per nascondere le lividure che fiorivano, ogni giorno meno gestibili, sopra la sua pelle.

Matteo mal sopportava l'atteggiamento remissivo con cui sua sorella si consegnava alla vita. Non riusciva a capire perché mai, alla soglia dei trentacinque, non si muovesse a cercarsi un marito, non provasse a costruirsi un futuro decente, lei che poteva. Essere accudito da quella rammollita gli sembrava l'ennesima ingiustizia con cui fare i conti. La solitudine, le paranoie, la frustrazione sessuale giocavano a scacchi come mai prima tra le pareti della sua mente. Fu per questo che quella sera, nonostante la sorpresa iniziale, quando Lorella chiese a Beatrice se aveva voglia di incontrarla, le disse che sì, non vedeva l'ora di conoscerla e che l'avrebbe aspettata a casa per offrirle una tazza di tè e un vassoio di quei biscotti al cioccolato e peperoncino che avevano reso celebre sua sorella Ida in tutto il quartiere.

***

Il giorno dell'appuntamento pioveva. Matteo rimase alla finestra per buona parte della giornata, immaginando il momento in cui Lorella sarebbe comparsa sopra i gradoni del vicolo, si sarebbe infilata nel portone buio, avrebbe suonato il campanello. Dopo una lunga frenesia interiore, era approdato a una lucida tranquillità. Non temeva quella che avrebbe potuto essere la reazione di Lorella nel ritrovarsi di fronte un uomo, un impostore: il rapporto di confidenze che avevano costruito negli ultimi mesi li avrebbe protetti, aiutandoli a trovare la strada per non perdersi.

Quando sua sorella bussò alla porta, annunciandogli che la persona che stava aspettando era arrivata, la voce di Lorella aveva appena finito di presentarsi e di chiedere della sua amica Beatrice, ricevendo in risposta un farfuglio confuso. Matteo osservò la donna che si prendeva cura di lui da sempre stretta nel vestito delle grandi occasioni, l'agitazione che trasbordava al di là del trucco caricaturale e, per un attimo, la vide per quello che era diventata: una larva accartocciata su se stessa, invecchiata nel peggior modo possibile. Ne ebbe pena, tuttavia si sforzò di reprimere l'istinto di prenderla a calci lì, nel bel mezzo della stanza, con la sua ospite a pochi metri.

Lorella fece capolino sulla soglia un attimo più tardi, i suoi passi sfioravano appena il pavimento, senza spargere dolore.

I capelli castani, questa volta sciolti, le ricadevano sull'impermeabile bagnato. Tra le mani, i manici di una borsa troppo grande. Restò impietrita di fronte al ragazzo che la fissava, vestito di tutto punto, dal centro della stanza.

«Ti stavo aspettando» l'accolse lui, cercando di controllare il tremito della voce.

Lei sbatté le ciglia tre volte di fila. Le labbra si ridussero in una linea dritta, dura. «Sto cercando Beatrice» sussurrò, pentendosi subito per la ridicolaggine di quell'affermazione.

«Anche io non vedevo l'ora di vederti» le disse Matteo, indicando il computer acceso sopra la scrivania.

Lorella lo fissò; era pallida, confusa. Nei suoi occhi si rincorrevano delusione e sconcerto.

«Io… ho fatto male a venire» balbettò, indietreggiando.

Matteo fu come schiaffeggiato da quella reazione. La pregò di non andarsene, di lasciargli spiegare. Le disse che tutto era cominciato come un gioco, che non era sua intenzione prenderla in giro ma che le cose gli erano sfuggite di mano e che, quando ne aveva finalmente preso coscienza, non sapeva più da che parte uscirne.

«Non esco mai di casa, le mie orecchie… sentono anche quello che non dovrebbero sentire. Internet, i social, mi aiutano a vivere meno isolato, ma da quando ho conosciuto te le cose stanno cambiando, ho riscoperto la voglia di camminare per strada, non sento più le voci, non sento più dolore.»

«Era tutto finto» mormorò di nuovo lei, scuotendo la testa, gli occhi in bilico.

Matteo la vide sgattaiolare al di là della soglia, fece uno scatto in avanti ma le gambe si trasformarono in due zavorre. Le mani formicolavano, le tempie pulsavano come impazzite: la lasciò scappare via, reprimendo l'istinto di correrle dietro, immobilizzarla. Chiuderla a chiave dentro la sua stanza.

***

Ida si precipitò per le scale interne, divorando i gradoni del palazzo antico in cui lei e Matteo abitavano da quando erano bambini. Lorella correva avanti stringendosi i lembi dell'impermeabile al petto. Sconvolta.

«Fermati, per cortesia!» la implorò, allacciandosi al corrimano per non perdere l'equilibrio.

La ragazza rallentò, poi alzò la testa verso la spirale di gradini che la sovrastava: i capelli della donna pendevano come frange di una scopa vecchia.

«Dammi solo un minuto» aggiunse, continuando ad avvicinarsi, con maggiore lentezza. «Non so cosa ha combinato mio fratello, ma non faccio fatica a immaginarlo. Non so nemmeno che tipo di rapporto ci sia tra voi ma, per favore, fammi provare a spiegare.»

Lorella soffocò un singhiozzo. Adesso era ferma, impietrita. La donna, ormai, era a un metro da lei; seppur nella penombra riusciva a vederne il profilo appuntito, la finta allegria del suo vestito che puzzava di naftalina.

«Matteo è un ragazzo pieno di problemi» sussurrò, sconfitta. «Ha cominciato a soffrire di acufeni subito dopo la morte di nostra madre, non aveva ancora dato l'esame di quinta elementare, povero tesoro; papà, invece, era già in galera da qualche anno, anche se per fortuna lui quasi non se lo ricorda. Un inferno, non puoi immaginare: non c'era rumore che non lo mandasse in paranoia, accusava dolori lancinanti alle orecchie, aveva continue crisi di nervi. Più cercavo di convincerlo a farsi visitare, più lui si rifiutava di uscire di casa, di stare in mezzo agli altri ragazzi. Ho passato anni a combattere con queste tarantelle. Non sapevo che fare, ho dieci anni più di lui, è vero, ma restavo comunque una ragazzina. Mi sono dovuta inventare madre, quando madre non ero. Una responsabilità enorme addosso, che tutt'ora non riesco a scrollarmi dalle spalle.

Matteo ha sempre tenuto solo a me, e solo io potevo provare a farlo uscire dal tunnel dentro il quale era caduto. Se non fosse stato per il dottor Caracciolo, che con la santa pazienza è venuto fin qui e l'ha aiutato a guarire... soltanto la sua testa non è tornata a posto, sai? Anche se il problema alle orecchie è risolto, Matteo vive nella paura di ricominciare a stare male. È terrorizzato dall'idea di dover riprendere una vita sociale. L'isolamento di questi anni gli ha tolto l'abitudine al contatto umano, il senso della realtà...»

Lorella ascoltava, maledicendosi per essere stata tanto ingenua. Il suo stomaco assorbiva le informazioni, cercando di trattenerle. Provò l'istintiva necessità di posare una mano sopra quella della donna che le stava davanti; pensò che, in fondo, fosse suo dovere sobbarcarsi parte della sua delusione.

Parlarono ancora, Ida la supplicò di non odiarlo: Matteo aveva sbagliato, su questo non si discuteva, ma non era un cattivo ragazzo; se non le aveva detto la verità era soltanto per paura di perderla. Lorella rispose che dopo poche settimane sarebbe entrata in convento e che l'idea di tagliare ogni ponte con l'unica persona che le era stata di riferimento in quel periodo così delicato della sua vita la annichiliva.

Si ritrasse e tornò ad avvicinarsi più e più volte, in quel fazzoletto di minuti che trascorse con Ida nella tromba delle scale; fu tentata di fuggire e dimenticare ma la richiesta d'aiuto di quella sconosciuta le rimbombava nella testa, inchiodandola al pavimento.

«In questo momento sono troppo turbata» disse alla fine. «Ho bisogno di raccogliere le idee. Te lo chiedo per favore, lasciami andare.»

***

Perdonami.
Non era mia intenzione prenderti in giro.
Basta bugie, te lo prometto. Però, ti prego, torna a parlarmi.
Che fai? Dove sei? Stai bene?
Non so se ce la faccio, così. Ho bisogno di sentirti.
Per favore.

Come una goccia che si stacca da un rubinetto guasto. Inesorabile, puntuale. I giorni che trascorsero senza che Lorella facesse il minimo gesto di distensione nei suoi riguardi si trasformarono in un punteruolo che scavava dentro la sua testa. Le dita di Matteo digitavano frenetiche sopra la tastiera alla ricerca di uno spiraglio. Ma lei si era smaterializzata, come se il loro terreno d'incontro si fosse inaridito d'un tratto, rigettando ogni radice. Il silenzio dall'altra parte dello schermo divenne insopportabile, amplificando il chiacchiericcio di fondo che lo tormentava.

I rumori ripresero ad assalirlo come randagi affamati. Gli capitava all'improvviso, quando la signora del palazzo di fronte batteva il tappeto con troppa irruenza, o quando il motorino di Gianni il fruttivendolo faceva fatica a partire, a fine giornata. Quel ronzio del motore che digrignava i denti nel buio per poi spegnersi senza appello lo faceva trasalire, gli feriva le orecchie. *Lorella*, pensava in quel momenti. *Dove cazzo sei finita? Perché mi hai voltato le spalle?* E allora tornava alla scrivania, scriveva mail senza capo né coda, inghiottiva gli insulti, la supplicava. Ma la rabbia continuava a stagnare dentro la sua pancia, il livore si trasformava in ossessione, l'umiliazione del silenzio era ogni volta più insopportabile. Davanti allo specchio cercava risposte, si pizzicava la faccia, andava alla ricerca dei segni di quella Beatrice che aveva abitato il suo corpo anche se per poche settimane, e di tutte le altre identità passeggere dentro cui si era infilato in tutti quegli anni per non impazzire.

Quando la pressione diventava insopportabile, e il bisogno di vomitare le sue pulsioni gli trasbordava dalle mani, toccava a lei attenderlo al varco. Lei che incassava senza mai rifiatare. Lei che aveva sacrificato la sua vita per il solo fatto che la carne li univa, da sempre e per sempre. Lei, ogni giorno un po' più sfiorita, più vicina al suolo, annientata.

Cinque settimane scivolarono via come foglie dagli alberi. Le crepe dentro la testa di Matteo divennero voragini, l'immaginazione ricominciò a partorire mostri. La sua stanza, così come le tane offerte dalla rete si trasformarono in paludi ostili. Non era più al sicuro in nessun posto e nessun posto gli consentiva di nascondere il malessere che lo scuoteva.

Poi, all'improvviso, alle soglie di una notte buia al pari delle altre, la sua casella di posta elettronica si colorò di una nuova notifica.

**

La mail di Lorella sta lì, sopra lo schermo, da più di ventiquattro ore.

La sua scrittura lineare, ariosa, quella che Matteo avrebbe riconosciuto tra cento. Poche righe, per dirgli che ha riflettuto molto, che il periodo di prenoviziato è terminato e che l'indomani, prima di entrare in convento, vorrebbe vederlo; non ce l'ha più con lui, l'ha perdonato e desidera cominciare il suo nuovo cammino con l'animo sgombro da dissapori.

La mail era lì pure quando, appena qualche ora prima, Lorella aveva bussato alla porta; erano le sei di pomeriggio e un cielo striato di nuvole stava declinando sopra i palazzi. Di certo anche lei doveva averla vista, una volta entrata nella stanza.

Il bagliore dello schermo l'avrà colpita, un faro nella semioscurità. Avrà riconosciuto le parole scritte per lui, forse le avrà rilette di sfuggita, per poi chiedersi se davvero fosse stata una buona idea quella di avventurarsi fin lì, di nuovo. In fondo, cosa sapeva di quel ragazzo, se non che viveva un profondo disagio?

La mail sarà rimasta lì fissa anche quando Lorella avrà domandato dove fosse Ida, e Matteo le avrà risposto che sarebbe tornata di lì a poco - lo studio medico dove lavora come segretaria chiude alle diciannove, qualche volta addirittura alle venti. E allora Lorella avrà sussultato nel rendersi conto di essere da sola con lui, dentro quella casa dai soffitti infiniti, in cui i rumori non sono ammessi. Forse, chi lo sa, avrà tentato di esorcizzare l'ansia provando a raccontargli dell'emozione per la nuova vita che l'attendeva, avrà sorriso, spinto lo sguardo in giro pur di non tenerlo in quello di lui, allucinato, ossessivo. E probabilmente avrà smesso bruscamente di sorridere quando lui le si sarà avvicinato, le avrà sfiorato la mano con le dita, avrà provato ad abbracciarla. Deve essere stato quello il momento esatto in cui i buoni propositi si saranno frantumati come cocci di un bicchiere caduto dall'alto. L'urlo – quello che di certo avrà raschiato la sua gola – si sarà schiantato lungo le orecchie di Matteo come una detonazione, il boato che rompe ogni equilibrio. E di lì saranno partite le mani, il corpo avrà perso solidità, così come i pensieri. Nessuno avrà sentito niente perché in certi quartieri, si sa, poco prima che sorga o che tramonti il sole, i muri si tappano le orecchie.

La mail sta ancora lì, sopra lo schermo, quando Ida fa ritorno dal lavoro e bussa alla porta della stanza di suo fratello, chiusa a chiave dall'interno. Capita talmente spesso che quasi non ci fa più caso. Matteo è fatto così, certe sere le corre incontro, l'abbraccia, come quando erano bambini e dormivano allacciati dentro il lettino di lei; altre invece le urla contro, la insulta o, peggio ancora, la ignora. E allora Ida si spoglia lentamente, ripiega ogni panno sopra l'altro, pensando ai figli a cui ha rinunciato, la felicità che ha messo in stand by per anteporvi quella di suo fratello; evita la sua immagine riflessa dentro lo specchio, i lividi sparsi sopra le braccia e sulla schiena. Si infila le pantofole e la vestaglia, prepara una tazza di latte bollente e la beve così, accompagnandola con un pezzo di pane raffermo, davanti a un telegiornale. Dalla stanza accanto nemmeno un rumore, al punto che piano piano scivola nel sonno, la bocca aperta, il respiro pesante.

La notte passa come fosse un aeroplano di carta, interrotta soltanto da una chiave che gira in una serratura. Le prime luci dell'alba si affacciano sui quartieri senza chiedere il permesso. La casa è ancora silenziosa quando l'odore del forno all'angolo della strada si leva con la sua nuvola di zucchero a velo.

E poi all'improvviso quelle urla laceranti, i passi che calpestano l'asfalto, e quella tonaca scura che attraversa il vicolo come una bestemmia.

Sono tutti svegli, adesso. E tutti stanno nascondendosi dietro una tenda, rigirandosi nel letto, con la faccia rivolta verso il muro. Qualcuno sussurra domande, qualcun altro telefona al 112, ma le parole volano basso, nascondono la paura.

L'indifferenza.

Sarebbe bastato affacciarsi un po' di più per riconoscerla. Dietro la tonaca che ogni mattina, al risveglio, da settimane a quella parte, era costretta a indossare per assecondare le ossessioni di suo fratello Matteo, Ida Criscuolo, la figlia dell'ergastolano, attraversa il corpo della città come una biglia impazzita.

Alle sue spalle una scia di sgomento e orrore. E l'immagine

intollerabile di quella ragazza dalla pelle di angelo che giace con la testa sfondata dalle botte in un angolo della stanza. Il corpo del suo Matteo steso sul letto, una boccetta di barbiturici vuota sul comodino, le mani incrociate dietro la nuca, lo sguardo rivolto al soffitto. E un sorriso.

La pace di chi non sente più nulla.

ALESSANDRA PEPINO è nata a Napoli ed è laureata in Scienze della comunicazione e specializzata in Scienze dello spettacolo e della produzione multimediale. Dopo aver vinto alcuni premi letterari e aver preso parte a diversi progetti di scrittura collettiva, ha pubblicato *"Cattivi presagi"* e *"Il ladro di ricordi"* con la casa editrice Atmosphere. A breve, uscirà il terzo capitolo della trilogia che ha per protagonista l'ispettore Guerra.

UNA PREGHIERA PER MORIRE

J.P. MARSHALL

1

Il Mad Night era un locale di serie B che dimostrava tutto il peso dei suoi anni. Non essendo molto frequentato accoglieva cani e porci. Sul palco si esibivano artisti sul viale del tramonto, alcuni dei quali erano spesso alticci. La colonna sonora delle serate era passata di moda da un pezzo.

Chuck King era proprietario anche di una serie di boutique, nonché di negozi di scarpe e di articoli sportivi sparsi per tutta New York. Grazie all'abilità dei suoi avvocati, pagati un occhio della testa, era sempre uscito indenne dalle maglie della giustizia. Il procuratore distrettuale e la polizia non aspettavano altro che facesse un passo falso per poterlo incriminare per evasione fiscale, sfruttamento della prostituzione e una lunga serie di reati minori.

I detective di primo grado Mark Norton e David Moose stavano conducendo un'indagine su un serial killer spietato e inafferrabile. Sapevano che King non avrebbe collaborato, ma intendevano comunque tastargli il polso. Erano pronti a tutto pur di arrestare un assassino che aveva gettato la grande città nel terrore.

Bussarono a una porta che aveva visto giorni migliori.

«Chi diavolo è?» urlò King.

«Polizia» annunciò Moose. «Distretto Generale.»

Dopo qualche istante, King disse: «Prima entrate, prima ve ne andate.»

I detective entrarono e si sedettero su sedie vecchie e logore.

King era in piedi con l'aria di una persona annoiata oltre misura. Era basso, magro, stempiato, sudato e brutto quanto la fame.

Deon Taylor, suo scagnozzo da anni, era vicino alla finestra. Pesava oltre centoquaranta chili distribuiti su un'altezza di due metri. I capelli grassi erano raccolti in una coda di cavallo.

«Dobbiamo farle delle domande» disse Norton.

«E se non fossi d'accordo?» King voleva sottolineare che era padrone a casa propria. Non tollerava di essere disturbato dalla polizia né da chiunque altro.

«Fossi in lei ci penserei due volte prima di continuare a sfidare la polizia» proferì Norton. «Non si può mai sapere come va a finire.»

King decise che era opportuno collaborare per vedere fin dove si sarebbero spinti questa volta. Si sedette alla scrivania.

«In che posso ubbidirvi?»

«Conosce Grace Foster?» domandò Norton.

«Mai sentita nominare.»

Il detective non si scompose e mostrò la foto della donna.

«Mai vista in vita mia.»

In base alle indagini condotte, Norton sapeva che King stava mentendo, ma decise di non insistere.

«È ricercata?»

«È stata uccisa.»

«Mi si spezza il cuore!»

«Lei è davvero un cittadino modello!» esclamò Moose.

Norton si sporse verso King.

«Se ha mentito, torneremo a trovarla. Sa, ci pagano per questo.»

«Davvero?»

I detective uscirono dall'ufficio.

Taylor uscì dal suo mutismo e chiese al suo capo: «Cosa pensi?»

«Quando un poliziotto parla con tanta arroganza a uno della mia posizione o è un pazzo furioso o è molto sicuro di sé. In entrambi i casi può costituire un problema.»

«Vuoi che me ne occupi io?»

«No, non fare nulla. Lasciami solo. Devo riflettere.» Taylor uscì.

In uno scatto di rabbia, King lanciò una lampada da tavolo contro il muro.

2

Consuelo Ramirez entrò in camera da letto e si sedette davanti allo specchio. Si pettinò i lunghi capelli neri di cui andava orgogliosa. Poi si spogliò. Era fisicamente perfetta e la carnagione scura esaltava la sua bellezza. Aveva una piccola voglia sulla spalla destra.

Indossò una vestaglia di seta azzurra. Si inginocchiò e iniziò a pregare. In mano stringeva un crocifisso di legno con una riproduzione in ceramica del corpo di Cristo. Malgrado ne avesse passate tante era ancora credente. Solo la fede poteva scaldarle il cuore. Se era da sola, pregava tutte le sere verso mezzanotte. Chiedeva perdono per i peccati commessi e implorava un'esistenza migliore.

Avrebbe voluto andarsene da quella maledetta casa dove veniva schernita e picchiata, ma la strada era molto peggio. Aveva visto le sue colleghe di marciapiede morire a poco a poco. Non voleva ricominciare con quella merda. Era così assorta nella preghiera da non accorgersi del rientro del suo compagno.

Entrando in camera da letto, Chuck King rimase sorpreso non poco. «Una puttana che prega! Questa ancora la dovevo vedere!» Consuelo si sforzò di fare finta di niente.

«Come mai sei già qui?»

«Ti dispiace?»

«No di certo» mentì la donna.

«Ne avevo le palle piene!» In effetti non sempre la gestione del Mad Night filava liscia come l'olio.

«Vuoi che ti prepari la cena?»

«Non ho fame. Ho voglia di te.»

Consuelo provò solo disgusto.

«Non mi va stasera.»

«Io dico che ti va.»

«Sto pregando. Per favore, lasciami sola.»

King si avvicinò con fare minaccioso.

«Metti via il crocifisso e tira fuori il tubetto. Dio è importante, ma la vaselina lo è molto di più!»

«Non ti permetto di parlarmi così!»

King le diede uno schiaffo. Consuelo urlò e cadde sul letto.

«Ti prego! Non picchiarmi!»

King aveva gli occhi spiritati.

«Voi troie dovete imparare l'obbedienza assoluta! Non dovete mai mettervi a discutere! Dovete scattare sull'attenti!»

«Perdonami!»

King afferrò il crocifisso.

«Forse lo posso usare per spianarmi la strada, che ne dici?»

«No! Ti imploro! Faccio tutto quello che vuoi! Tutto quello che vuoi!» Consuelo iniziò a piangere.

King stava per rispondere, quando squillò il telefono.

«Chi diavolo è adesso?»

Gettò il crocifisso sul pavimento e afferrò la cornetta con un gesto brusco.

«Pronto?»

«Sono Deon.»

King alzò gli occhi al cielo.

«Cosa vuoi?»

«Non ti piacerà quello che sto per dirti.»

«Parla!»

«Si è sviluppato un incendio al magazzino.»

«Cosa?»

«L'ho saputo poco fa.»

King strinse i pugni.

«I pompieri sono riusciti a spegnerlo?»

«Non credo. È un vero disastro. Sto chiamando dalla Mazda. Sto venendo a prenderti e andiamo a vedere.»

«Fa' presto!»

King mise giù la cornetta e sospirò. Lasciò la camera senza dire nulla.

Consuelo raccolse il crocifisso. Lo pulì con un panno, lo baciò e se lo strinse al petto.

Gesù, fa' morire quel bastardo!

3

King aveva i nervi a fior di pelle, e la sigaretta che stava fumando era di scarso giovamento. Non riusciva a credere alla realtà. Rimpianse di non aver fatto installare un impianto antincendio e di non avere un'assicurazione.

Spronato dal suo capo, Deon Taylor commetteva ogni infrazione possibile al codice stradale.

«Sbrigati!» latrò King per l'ennesima volta.

«Più veloce di così non posso andare.»

«Quel dannato magazzino era pieno di merce costosa!»

«Roderti il fegato non serve a niente. Forse riusciamo a recuperare qualcosa.»

«Non mi faccio illusioni.»

L'auto svoltò a destra.

«Cosa conteneva?»

«C'erano le attrezzature per il golf e il tennis. Le avevo appena ordinate. Per non parlare del resto.»

«Mi chiedo come sia potuto accadere.»

«Quei bastardi di pompieri dovranno darmi una spiegazione esauriente o dovranno vedersela con me.»

«Cerca di essere diplomatico.»

«Un cazzo!»

King continuò a imprecare per l'intera durata del tragitto. Odiava perdere soldi più di ogni altra cosa. Come molti criminali aveva consacrato la propria esistenza al dio denaro. Era felice quando accarezzava le banconote.

Anche Taylor era alterato. Invece di crogiolarsi al tepore del Mad Night doveva sopportare il clima dell'autunno più freddo degli ultimi dodici anni, in una metropoli in cui la primavera è spesso inesistente e l'autunno è a volte l'unica stagione decente. Si consolò pensando che la merce non fosse sua, e si chiese come avrebbe reagito in caso contrario.

Giunti a destinazione, rimasero di pietra.

I vigili del fuoco avevano sì spento l'incendio, ma non prima che distruggesse il deposito: pareti nere come la pece, attrezzature sportive ridotte a un ammasso di cenere, un odore di plastica bruciata nauseabondo.

Non essendoci edifici vicini, i pompieri avevano potuto lavorare bene. Ma avevano utilizzato un'autopompa preistorica perché i nuovi mezzi promessi dall'amministrazione comunale tardavano ad arrivare.

King e Taylor raggiunsero un ufficiale.

«Non siete riusciti a evitare la distruzione del magazzino» urlò King. «Siete degli incapaci!»

«Lei è il proprietario dell'immobile?»

«Lo sarei ancora se foste stati efficienti.»

«Ci dia un taglio» disse il capitano. «Abbiamo fatto tutto il possibile.»

«Si è visto, infatti.»

«La causa delle fiamme?» chiese Taylor.

«È stato un incendio doloso.»

King rimase attonito.

«Come? È sicuro di quello che dice?»

«Abbiamo trovato una tanica di benzina. L'incendio si è sviluppato velocemente e c'erano due focolai iniziali. Chiunque sia stato ha fatto un lavoro da professionista. Voleva essere sicuro che non si salvasse nulla.»

King non riusciva a parlare, tanta era la rabbia.

«Sta per arrivare la polizia» disse il capitano. «Chi pensate possa essere stato?»

«Qualcuno che è stanco di vivere!» sentenziò King.

«L'incendiario non ha fatto nulla per far credere che fosse un incidente. Lei ha ricevuto delle minacce in passato? Ha dei nemici?»

«Come tutte le persone di successo. Possiamo andare a vedere?»

«Non ancora. Prima devono entrare i nostri ispettori e i detectivedella polizia.»

«Andiamo ad aspettare in macchina» propose Taylor.

Raggiunsero la Mazda e si accesero una sigaretta.

«Qualcuno la pagherà cara» sentenziò King.

«Meglio parlarne più tardi, a mente fredda.»

«Dimostrerò a tutti che è meglio non avermi come nemico.»

4

King, in piedi nel suo studio con in mano un bicchiere di Martini, aveva provato a calmarsi ma la tensione era ancora palpabile. Sentiva il bisogno di agire, ma occorreva essere più prudenti del solito. Una volta diffusa la notizia dell'incendio doloso, amici e nemici avrebbero aspettato la sua reazione. Comunque, la sua posizione gli consentiva di non dover rendere conto a nessuno.

Taylor, seduto in maniera scomposta, fissava le proprie mani, preda di un leggero tremolio causato dallo stress. I tranquillanti che assumeva non si erano rivelati efficaci. Lo aiutava di più praticare sollevamento pesi. Per non parlare del sesso selvaggio a cui si dilettava nei fine settimana. Faceva comodo avere un amico che organizzava orge con donne bisessuali e ninfomani.

«Chi può essere stato?» chiese Taylor.

«Esaminiamo i fatti» rispose King. «Non sono un bersaglio alla portata di tutti. Chi mi ha preso di mira deve essere una persona potente.»

«Non è detto. Il mondo è pieno di matti.»

«Sai qualcosa che io non so?»

«Dico solo che il colpevole potrebbe essere un disperato, uno che non ha più niente da perdere.»

King rifletté.

«Non è stato un teppista qualsiasi.»

«Hai in mente qualche nome?»

«Il nemico di sempre lo mandai al cimitero anni fa. Non credo esistano eredi in grado di vendicarlo.»

«Ci ho pensato pure io. Facemmo un lavoretto coi fiocchi. Ammazzasti anche il figlio mentre dormiva. Non ho mai capito perché.»

«Un bambino down non è l'ideale per una partita a poker.»

«Hai ragione.»

King finì di bere.

«Che ne dici di Lee Bain? Avemmo forti screzi in passato. Potrebbe aver serbato rancore aspettando l'occasione giusta per sferrare l'attacco.»

«Non credo sia stato lui. Sta per comparire davanti al giudice con l'accusa di omicidio di primo grado. È difficile che riesca a cavarsela anche in questa occasione. Ha tutti contro. Dovrebbe essere pazzo per crearsi altri problemi. Ti sembra forse un idiota?»

«No. Decisamente non lo è.»

Attimo di silenzio.

«Aspetta!» esclamò Taylor.

«Cosa c'è?»

«Eric Stavel! Il tizio che esautorammo dal traffico di cocaina.»

Lo sguardo di King si illuminò.

«Forse hai visto giusto. Anche se è una mezza calzetta, giurò che ce l'avrebbe fatta pagare. Sai dove si trova?»

«No, ma credo sia rimasto in città. Fammi fare qualche telefonata. Entro un'ora al massimo sapremo dove abita.»

«Sei sicuro che sia così facile? Se è colpevole, si sarà nascosto bene.»

«Non credo: sarebbe come metterci la firma.»

«Usa questo telefono. Io vado a farmi una doccia.»

«Ti aiuterà a calmarti.»

King uscì dallo studio.

In camera da letto trovò un'amara sorpresa: Consuelo brillava per la sua assenza.

Pensò che l'ultimo litigio le aveva fornito il coraggio necessario per andarsene. Serrò i pugni e chiuse gli occhi. Quando li riaprì, aveva deciso cosa fare.

Le avrebbe dato la caccia ovunque. Le avrebbe spezzato braccia e gambe. Le avrebbe mozzato i seni. L'avrebbe sfregiata con un rasoio. L'avrebbe uccisa in maniera molto dolorosa.

Nessuna donna poteva lasciarlo e continuare a vivere.

Ma ora aveva cose più importanti a cui pensare.

Si spogliò in fretta ed entrò nella doccia. Tornò nello studio con i nervi più distesi.

«Ebbene?»

«Ho l'indirizzo del bastardo» rispose Taylor.

«Andiamo a stanarlo.»

«Sono stanco.»

King lo guardò come se fosse un idiota patentato.

«Non possiamo rimandare la resa dei conti.»

«Prima di cominciare a sparare è meglio avere la certezza che sia stato lui.»

«Sono d'accordo: non vorrei sprecare un proiettile.»

5

Per il lavoro che dovevano portare a termine, King e Taylor avevano scelto pistole semiautomatiche LEW Z88 di fabbricazione sudafricana. Un loro dipendente aveva costruito i silenziatori a regola d'arte seguendo le istruzioni trovate in Internet.

King avrebbe potuto delegare la questione, ma il pensiero non lo aveva neppure sfiorato. Pensò all'ultima operazione condotta in prima persona. Le sensazioni che aveva provato erano uniche. Il potere di dare la morte era inebriante. Solo chi sceglieva di esercitarlo era degno delle sue attenzioni.

Taylor, meno eccitato del suo capo, guidava con calma. Era difficile che una scarica di adrenalina lo mandasse su di giri. Ne aveva combinate di tutti i colori durante la carriera criminale iniziata nell'esercito. Non c'era niente di personale tra lui e le vittime: erano solo affari.

La Mazda percorse una serie di strade di periferia. Entrò in un quartiere misconosciuto, privo di eleganza e vitalità. I locali, in genere poco frequentati, erano chiusi. Sembrava che in giro non ci fosse anima viva. Le case, identiche tra loro e separate da pochi metri, avevano giardini a cui avrebbe giovato l'azione di un giardiniere.

Parcheggiarono lontano dalle abitazioni. C'erano erbacce dappertutto. Alcuni pali e del filo spinato, residuo di una staccionata, giacevano su un mucchio di sassi.

Uscirono senza impugnare le armi.

«Andiamo a fare i compiti» disse King.

Taylor scorse una nota di compiacimento in quelle parole. Si chiese se King si sarebbe lasciato trasportare dall'entusiasmo come l'ultima volta.

Giunsero a destinazione evitando le strade principali.

«E se ci fosse un allarme?» chiese Taylor davanti alla porta sul retro.

«Non dire assurdità. Questo è un quartiere di morti di fame.»

«Muoviamoci piano. Scommetto che i vicini hanno il sonno leggero.»

«Se si svegliano, ho piombo caldo anche per loro.»

«Sta' calmo. E, per favore, smettila di parlare come se fossimo in un film western di serie B. Mi irrita.»

Taylor non produsse alcun rumore forzando la serratura in maniera professionale e l'uscio si aprì senza stridere.

Tirarono fuori le pistole, entrarono e accesero le lampadine tascabili.

Si ritrovarono in una cucina dalle condizioni igieniche oscene: lavandino colmo di piatti e bicchieri sporchi, fornello imbrattato di pomodoro, muri anneriti dal fumo di una stufa a legna e frutta marcia sul tavolo.

«Mi chiedo in che condizioni si trovi il resto della stalla» disse Taylor.

«Non ci interessa. Cerchiamo la camera da letto.»

Taylor aprì una porta.

«È un maledetto ripostiglio.»

«Guarda nell'altra stanza.»

Taylor puntò la lampadina. Scoprì un armadio, un comodino e un letto. Un uomo russava della grossa.

«È qui.»

Si avvicinarono. Taylor tolse le coperte e afferrò le braccia del malcapitato. King gli coprì la bocca e puntò la lampadina. La luce colpì il volto di un uomo vecchio e stanco.

«Non è Eric!» esclamò King.

L'uomo era terrorizzato. Si agitava come fosse in balia del demonio.

«Sta' fermo» ordinò Taylor. «Se urli sei morto, hai capito?»

«Chi cazzo sei?» chiese King. «Noi cerchiamo Eric.»

Lo sventurato sussurrò: «Sono suo fratello.»

King era perplesso.

«Non ricordavo che ne avesse uno. Come ti chiami?»

«Colin.»

«Vuoi vivere, Colin?»

L'uomo annuì.

«Sì!»

«Lui dov'è?»

«Cosa volete fargli?»

«Qui le domande le facciamo noi!»

Taylor pensò a un pessimo film sui nazisti.

«Noi siamo gente perbene!» sentenziò Colin.

«Divertente» osservò Taylor.

«Te lo chiedo per l'ultima volta. Dicci dove si trova Eric o ti faccio saltare le cervella.»

«Quando sono andato a dormire era ancora in salotto. Spesso si addormenta sul divano.»

«Spero per te che sia vero. Alzati!»

Colin obbedì all'ordine perentorio.

«Vieni con noi» ordinò Taylor. «E non fiatare.»

Il gruppetto raggiunse il salotto.

Eric era disteso sul divano a pancia in giù, con un braccio penzoloni, sembrava più morto che vivo. Aveva i capelli a chiazze come conseguenza dell'alopecia areata. Una bottiglia vuota giaceva sul pavimento.

King si avvicinò al divano. Colin fece per urlare, ma Taylor glielo impedì. King girò Eric bruscamente. Puzzava di whisky lontano un miglio.

«Da quanto tempo è in questo stato?» chiese King.

«Da quando ha perso tutto quello che aveva. Adesso ha solo me ed è sempre ubriaco.»

«Abbiamo sbagliato bersaglio» disse Taylor.

«Non ne sono sicuro. Mettilo a dormire.»

Il calcio della Z88 colpì la nuca e Colin cadde a terra.

«Aiutami a sollevarlo» ordinò King. «Portiamolo nel bagno.»

Lo adagiarono nella vasca e lo colpirono in viso con un getto d'acqua ghiacciata. Eric si svegliò di soprassalto. Urlò. Fece per uscire, ma il piede di King premuto sulla gola glielo impedì.

«Chi... chi siete?»

«Non ci riconosci?» chiese King. «Sono offeso. E tu, Deon?»

«Sono offeso anch'io, Chuck. Ci puoi giurare.»

Eric urlò: «Che cazzo vuoi da me, King? Mi hai tolto tutto quello che avevo, non ti basta?»

«Non sei in condizioni di poter alzare la voce.»

Taylor si chiese quante battute originali avrebbe dovuto sopportare ancora.

«Stanotte qualcuno ha incendiato il mio magazzino. Ne sai niente?»

Eric sbarrò gli occhi.

«Cosa? Non sono stato io! Lo giuro su Dio!»

«Non tirare in ballo Dio! Non gliene frega un cazzo di noi!»

«Devi credermi!»

«Non dovevi attraversare di nuovo la mia strada. Avresti fatto meglio a suicidarti anni fa.»

«Ti prego! Non sono stato io!»

«Un criminale incallito che implora di avere salva la pelle» disse Taylor. «Ne ho visti tanti!»

Eric si morse un labbro.

«Perché hai aspettato tanto per vendicarti?» domandò King.

Eric continuò a negare usando sempre le stesse parole. Sembrava un disco rotto.

«Non è stato lui» sentenziò King. «Possiamo andarcene.»

Eric non riusciva a crederci. Era stato graziato. Si augurò che lo stesso valesse per Colin.

King e Taylor fecero per uscire. Quando il primo si fermò, il secondo lo guardò perplesso.

Eric trasalì.

King tornò sui suoi passi e puntò la pistola sulla fronte di Eric. «Se vuoi, posso mettere fine alle tue sofferenze. Che ne dici?» Eric, inebetito, non rispose. Il terrore gli aveva mozzato il fiato. «Stiamo perdendo tempo» disse Taylor.

«Hai un talento particolare per sottolineare l'ovvio» rimbrottò King. «Riportami a casa.»

6

«Devo sostituire questo cesso» dichiarò Taylor spegnendo il motore. Durante il tragitto la Mazda aveva emesso un rumore continuo e fastidioso.

«Entra un attimo» disse King aprendo la portiera.

«È tardi e ho sonno.»

«Non morirai per questo.»

Entrarono in casa e raggiunsero l'ampio salotto: tappeto persiano, calici di cristallo, piatti decorati a mano, vasi cinesi e impianto stereo da venticinquemila dollari.

King si avvicinò a un mobile fatto costruire a mano su indicazioni dettagliate. Gli sportelli erano di vetro in modo che le bottiglie di liquore fossero ben visibili.

«Tu cosa prendi?»

«Un Cognac.»

King si preparò un Martini. Poi versò del Cognac in un bicchiere e lo porse al suo ospite. Gustarono i drink seduti.

Taylor guardò l'orologio, poi vide qualcosa che non avrebbe voluto vedere: la pistola di King era puntata su di lui.

«Sei impazzito?»

«Ho solo fatto due più due.»

«Che vuoi dire?»

«Quello che ho detto.»

I lineamenti di Taylor si rilassarono.

«Non ci credo! Per questo eri pensieroso in auto. Credi che sia stato io?»

«Sì. E hai cercato di depistarmi facendomi pensare a quell'idiota di Eric.»

«Allora premi il grilletto. Ma prima dimmi perché l'avrei fatto.»

«Ti sei stufato di essere socio di minoranza e vuoi di più.»

«In questo caso ti avrei ucciso, non credi? E non vedo che utilità possa avere per me la distruzione del tuo magazzino del cazzo!»

King abbassò l'arma.

«Non hai torto.»

Taylor tremava più forte del solito. Finì di bere il Cognac. «Posso prenderne un altro?»

King non rispose.

«A cosa stai pensando?»

«Forse ho capito! E non mi piace. Non mi piace per niente.»

«Fa' capire anche me.»

«Questa storia è legata all'omicidio di Grace Foster.»

«Cosa? Dici sul serio?»

«Sì.»

«Non capisco. Cosa vi siete detti al telefono?»

King ebbe un sussulto.

«E se fosse stato l'assassino a provocare l'incendio?»

«Non diventare paranoico, adesso. Chiunque sia, perché dovrebbe avercela con te?»

«Non lo so.»

«Se un serial killer di quel livello vuole ucciderti, è meglio che vai in un posto sicuro.»

«Sei impazzito!» urlò King alzandosi in piedi. «Nessuno mi caccerà da casa mia! Nessuno! Sono stato chiaro?»

«Certo. Calmati. L'agitazione non giova a nulla.»

«Dobbiamo scoprire perché è stata uccisa quella troia!»

«Se non ci riesce la polizia, è difficile che ci riusciamo noi.»

«Dormiamoci sopra. Domattina studieremo il da farsi.»

Dopo aver congedato il suo luogotenente, King si preparò un altro drink e decise di fare una seconda doccia. Rimase sotto il getto d'acqua calda più a lungo del solito. Uscì e, senza rendersene conto, indossò l'accappatoio che Consuelo gli aveva regalato.

Tornò nel salone per recuperare la Z88.

Era sparita!

Non è possibile!

Aprì un cassetto per prendere la 38 Special.

Niente!

Cosa sta succedendo?

Avvertì una presenza alle spalle. Si voltò.

«Credo che questa appartenga a te» disse il detective Norton lasciando cadere una palla da tennis.

7

King divenne verde di rabbia in una frazione di secondo. Il sangue gli ribolliva nelle vene. Se Norton non avesse impugnato la Beretta, si sarebbe scagliato contro di lui per strangolarlo, infischiandosene delle conseguenze.

«Tu! Sei stato tu a bruciare il magazzino!»

«No. Passavo di lì per caso e mi sono goduto lo spettacolo. Uno sbirro non ha molte opportunità per divertirsi. Non sei d'accordo?»

«Io...»

«Non minacciarmi. Come avrai senz'altro capito, non sono uno che si spaventa facilmente. Ora voglio che tu mi dica una cosa.»

King fece uno sforzo sovrumano per non esplodere e si sedette. «Sono qui.»

«Sei sicuro che io non sia capace di ammazzarti come un cane per poi invocare la legittima difesa?»

Norton stava bluffando, ma King pensò che parlasse sul serio: aveva notato i guanti e i copriscarpe e letto la determinazione nel suo sguardo.

«Cosa vuoi da me?»

«L'assassino di Grace Foster.»

«Perché ti interessa tanto?»

«Domanda idiota. Amo il mio lavoro e mi piace farlo bene.»

«Tutti i mezzi sono buoni, vero?»

«L'hai detto tu, non io.»

King alzò il tono di voce.

«Non so niente di niente!»

«Stronzate! Prima vi ho sentito parlare. Ero già qui.»

«E se avessi ucciso il mio socio?»

«Sarebbe stata l'unica buona azione della tua vita. So di quali crimini si è macchiato. Purtroppo non ci sono prove o testimoni.»

«Va' a farti fottere!»

«Ho capito: hai bisogno di un incentivo.»

«Cosa vuoi dire?»

«Sta' a sentire cosa ho preparato.»

Norton digitò un numero sul cellulare. King avrebbe voluto disarmarlo, ma giudicò inopportuno tentare la sorte. Saggia decisione.

«Sei in posizione?» chiese Norton.

«Certo» rispose Moose.

«È vuoto?»

«Sì. Scateno le danze?»

«Non ancora, ma capisco l'entusiasmo. Attendi in linea.»

«Cos'è questa storia?» chiese King del tutto spaesato.

«Il mio collega si trova nei pressi del Mad Night. Indovina cosa tiene in mano?»

«Tu...»

«Una tanica di benzina. Pensa che bel rogo sarebbe! Un luogo di perdizione ripulito e purificato!»

«Stai bluffando!» urlò King.

«Cosa te lo fa credere?»

«Non siete bastardi fino a questo punto.»

«Sai cosa diceva Al Capone? *Si ottiene molto di più con una parola gentile e una pistola, che solo con una parola gentile.*»

«Io vi ammazzo tutti!»

«Sta' calmo. Puoi evitare il disastro se vuoi. Le tue attività illegali non sono di mia competenza e non mi interessano. Dimmi quello che sai e non mi vedrai più.»

King si rilassò.

«Mi lascerete in pace?»

«Te l'ho detto. Io ho una sola parola.»

«D'accordo. Posso fumare?»

«Fa' pure.»

Sotto lo sguardo vigile di Norton, King si accese una sigaretta.

«Grace mi ha contattato il lunedì precedente la sua morte per propormi l'acquisto della sua casa. Non so perché avesse deciso di lasciare la città per sempre. Comunque, avremmo dovuto incontraci giovedì sera, proprio il giorno in cui è stata uccisa.»

«Perché si è rivolta a te?»

«Questo avresti dovuto chiederlo a lei.»

«Ti ha detto altro degno di nota?»

«No. Abbiamo parlato poco e non le ho chiesto niente.»

Norton era convinto che ci fosse un nesso tra quanto aveva appena saputo e l'omicidio di Grace.

«Non sei stato molto utile.»

«Non me ne frega un cazzo!»

«E io che credevo fossimo amici!»

«Non ho altro da dire.»

Norton non si rassegnò.

«Rischiamo di fare l'alba. Pensa. Magari si accende una lampadina. Mi basta un nome.»

King rifletté qualche istante.

«Forse c'è qualcuno che può aiutarti.»

«Chi?»

«Lo spacciatore che riforniva di eroina Grace. Senz'altro sei a conoscenza che era una tossica da molto tempo.»

Norton fece una smorfia di disgusto.

«Stai improvvisando.»

«No. Lui non possiede un intelletto brillante, ma ha occhi e orecchie bene aperti.»

«Il nome?»

«Jerald Richardson. Un fottuto negro di merda.»

«A che livello sta?»

«È un pesce medio.»

«Per chi lavora?»

«Non ne ho idea.»

«Dove posso trovarlo?»

«Non lo so.»

«Non è la risposta che volevo.»

«Cazzi tuoi!»

«Ne sei sicuro?»

«Merda! Gli sbirri di questa città sono pagati il quaranta per cento in meno della media. Perché rischi la pelle per stronzi che nemmeno conosci?»

«Credevo di aver già risposto a questa domanda. Quanto al rischiare la pelle... sai cosa è capitato all'ultimo bastardo che ha ammazzato un poliziotto del Dipartimento?»

«È stato fatto a pezzi dai suoi stessi complici perché la polizia si era scatenata.»

«Hai un'ottima memoria. Ma non è solo dei tuoi compari che devi preoccuparti. I miei colleghi sanno che sono qui e sono pronti a usare i vostri metodi quando occorre. Se dovesse accadermi qualcosa, qualsiasi cosa, non avrà importanza chi sarà stato. Daranno la colpa a te. Verranno a cercarti. E ti troveranno. Il resto puoi immaginarlo.»

«Hai pensato a tutto, non è vero?»

«Sì.»

«Sparisci dalla mia vista!»

«Non sei contento di aver aiutato la polizia?»

«Vattene al diavolo!» urlò King.

«È stato un vero piacere. Non incontro spesso cittadini modello.»

8

Norton salì sull'auto di servizio dal lato del passeggero. Moose aveva parcheggiato vicino all'abitazione di King. I finestrini erano aperti per far uscire la puzza di fumo.

«Ha cantato?» chiese Moose.

«Come un uccellino!»

«Scommetto che ti ha ringraziato per avergli fornito l'occasione di rendersi utile alla società.»

«Avresti dovuto vederlo: sprizzava gioia da tutti i pori!»

«Come ci si sente ad aver riportato all'ovile una pecorella smarrita?»

«È una gran bella sensazione!»

«Di chi ti sei servito stavolta?»

«Della Banda dei Quattro. Non possono in alcun modo risalire a me.»

Norton riferì ciò che aveva appena sentito.

«E se avesse mentito?» chiese Moose.

«Non gli conveniva più. Sapeva di aver commesso un errore negando di conoscere Grace Foster. Mentendo ci ha fatto capire che nascondeva qualcosa.»

«Pensi che cercherà di vendicarsi?»

«No, se è furbo.»

«Spero che ne sia valsa la pena.»

«Non lo so. Questo è un mestiere balordo.»

Moose mise in moto e partì.

«Certe volte penso che i nostri metodi siano un po' sopra le righe.»

«Come ti viene in mente un'assurdità del genere?»

«Hai ragione. Ho parlato per dare aria ai denti.»

«Con le buone maniere si ottiene tutto.»

«Come disse Hitler invadendo la Polonia.»

«Mi paragoni al Führer?»

«Non mi permetterei mai: lui era una brava persona rispetto a te!»

9

Taylor si era appena messo a letto quando squillò il cellulare. Non la prese bene. Era già incazzato perché quella notte non aveva potuto scopare.

«Chiunque tu sia…»

«Torna subito qui!» ordinò King. «Ci sono fatti nuovi che devi conoscere.»

«Ma io…»

King chiuse la comunicazione. Non poteva fregargliene di meno del sonno arretrato del suo luogotenente.

Taylor imprecò, si vestì e uscì di casa. Continuò a imprecare per tutto il tragitto. Se avesse potuto permettersi di perdere tempo sarebbe andato a mangiare qualcosa. Il suo rapporto con il cibo non prevedeva limitazioni di sorta. E ci dava dentro anche con l'alcol. Arrivato a destinazione, parcheggiò lungo un marciapiede. Scese e suonò il campanello.

«Spero che sia importante» proferì quando King aprì la porta.

«Ricordati chi è il capo.»

Si accomodarono in soggiorno. Taylor poggiò il cellulare sul tavolo, accanto a quello di King. Questi riferì il contenuto del colloquio avuto con Norton.

«Non riesco a crederci» fu il prevedibile commento.

«Gli sbirri hanno fatto di peggio in passato.»

«Cosa conti di fare?»

«Fargliela pagare cara.»

Taylor scosse la testa.

«Lo immaginavo. Secondo me, è troppo pericoloso e non ne vale la pena.Posso farti cambiare idea?»

«No.»

«Ma la vendetta dei loro colleghi…»

«Sono convinto che si tratti di un bluff.»

«E se non fosse così?»

«Cos'è la vita senza un po' di rischio?»

«È questo che mi piace di te: non usi mai frasi fatte.»

«Io non ho paura di niente e di nessuno! Deve ancora nascere chi è in grado di fottermi!»

Taylor cercò di rilassarsi, ma fallì.

«I nostri non accetterebbero mai di uccidere due sbirri.»

King agitò una mano per minimizzare.

«Nessuno ha parlato di coinvolgerli. E non ho detto che avremmo firmato i delitti.»

Come al solito Taylor fece buon viso a cattivo gioco.

«D'accordo. Hai pensato alle modalità operative? Vuoi attirarli in una trappola da qualche parte?»

«Non credo sia saggio. Sono tipi astuti e potrebbero mangiare la foglia. E sono troppo pericolosi in coppia. È meglio ucciderli quando sono separati.»

«Come?»

«Dobbiamo formare due commando efficienti e silenziosi. Voglio sorprenderli nelle loro tane mentre dormono beati e tranquilli. Nella stessa notte.»

Taylor si prese un istante per metabolizzare le parole del suo capo.

«Scoprirò dove abitano e mi procurerò le piante degli edifici da assaltare.»

«I commando dovranno essere composti da tre uomini. Io guiderò il primo, tu il secondo.» King alzò il tono di voce. «Norton è roba mia!»

Taylor allargò le braccia.

«Non ti priverei mai del boccone più succulento.»

«Già pregusto la scena.»

«Che tipo di armi useremo?»

«Fucili AK47. Così la polizia, almeno in prima battuta, penserà alla mafia russa.»

«Quando agiremo?»

«Non tanto presto. La situazione va analizzata con calma. Non è semplice trovare uomini con un addestramento militare di prim'ordine.»

«Costeranno cari.»

«Non importa.»

King si alzò.

«È quasi giorno. Vuoi un po' di cioccolata calda?»

«Sì, grazie.»

Per King, quello della cioccolata calda ogni mattina era un vero e proprio rito.

Andarono in cucina salendo una scala a chiocciola.

King aprì il frigo, prese una confezione di latte e ne versò una piccola quantità in un pentolino. Dopo averlo fatto bollire, aggiunse quattro cucchiai di cacao in polvere e un po' di zucchero. Versò il resto del latte e lo portò a ebollizione mescolando di continuo. Poi travasò il liquido in due tazze e aggiunse della panna.

Bevvero con avidità.

«Meglio di quella che servono al bar qui sotto» sentenziò Taylor.

«Per questo la preparo da me, e nel modo più semplice possibile.»

«La prossima mossa?»

«Dobbiamo procurarci gli AK47 senza dare nell'occhio. Useremo Internet e... Cristo!»

«Che ti succede?» chiese Taylor.

«Ho una forte nausea.»

«Forse...» Taylor non riuscì a terminare la frase. Anche lui cominciò a sentirsi male.

Il tempo di alzarsi e iniziarono a rigettare. Il vomito sapeva di uova marce.

Si inginocchiarono in preda a forte debolezza e a violenti dolori addominali.

La nausea divenne sempre più difficile da sopportare.

Dopo aver svuotato lo stomaco, continuarono a vomitare un ripugnante liquido biancastro striato di sangue.

Entrambi iniziarono a sentire un forte bruciore alla gola, che sembrava estendersi fin giù dentro il petto, mentre delle macchie rosse comparvero sul viso e sulle braccia.

I loro volti divennero fortemente pallidi e la lingua si fece giallastra. Avvertirono una sete terribile.

King guardò la confezione di cacao. «Consuelo...» disse con

un filo di voce.

Cercarono di rialzarsi, ma non ci riuscirono. Urlarono per chiedere aiuto, ma nessuno li udì. In preda alla disperazione più nera, strisciarono fino alla scala a chiocciola.

Con sforzi immani riuscirono a rimettersi in piedi. King superò uno scalino. Perse l'equilibrio e si aggrappò alla coda dei capelli di Taylor. Ruzzolarono fino a metà elica.

Taylor si ruppe il collo e King finì sotto il suo cadavere. Cercò di sollevarlo, ma centoquaranta chili erano troppi.

King guardò i cellulari sul tavolo. Urlò per chiedere aiuto. Quando capì che sarebbe morto, iniziò a piangere.

Non avrebbe mai creduto che Consuelo l'avrebbe ucciso. Morire per mano di una donna era qualcosa che mai avrebbe contemplato ed era ignobile.

«Lurida puttana!»

Si chiese quanto tempo avrebbe impiegato a morire e quanto avrebbe sofferto.

Dopo un'ora sarebbero comparsi altri sintomi.

L'apparato gastroenterico sarebbe stato preda di una diarrea acquosa e sanguinolenta abbinata a intensi crampi addominali.

L'apparato circolatorio avrebbe subìto vasodilatazione, disidratazione, edema generalizzato e aumento della permeabilità capillare.

A poco a poco avrebbero subito gravi danni anche il fegato, i reni, il midollo osseo, il sistema nervoso periferico e quello centrale.

Il volto sarebbe diventato bluastro e gli occhi si sarebbero incavati. Sarebbero comparse cefalea e vertigini.

Un sudore fetido e delle vesciche avrebbero ricoperto la pelle.

Il respiro sarebbe diventato difficoltoso e irregolare e il polso avrebbe rallentato.

Le estremità del corpo si sarebbero raffreddate, sarebbero comparse convulsioni degli arti e forti crampi alle gambe.

Sarebbero insorti deliri e coma.

La morte sarebbe sopraggiunta per attacco cardiaco dopo un'agonia di sei ore.

La polizia avrebbe scoperto i corpi due giorni dopo. All'inizio avrebbe messo le morti in relazione all'incendio del magazzino, poi i sospetti sarebbero ricaduti su Consuelo.

Sapeva che non poteva lasciare King e rimanere in vita. Doveva sbarazzarsi di lui. Essere accusata di omicidio non le importava affatto. Persino il carcere sarebbe stato meglio delle percosse. E dal punto di vista religioso non aveva problemi: il quinto comandamento non si applica alla spazzatura.

Voleva essere sicura di provocare la morte, per cui non aveva fatto economia di polvere di arsenico bianco. Se l'era procurato concedendo un favore sessuale a un chimico che lavorava in una fabbrica di pesticidi. Lui si era insospettito, ma non aveva fatto domande. Gli interessava solo la prestazione. Nessuno avrebbe scoperto la sua esistenza. Consuelo, che non sapeva nulla di veleni, aveva giudicato l'arsenico una scelta appropriata, essendo King un grande ammiratore di Napoleone.

Indagando nell'ambiente del Mad Night, la polizia sarebbe venuta a conoscenza della simpatica abitudine di King di picchiare Consuelo quando era in collera. Avrebbe appurato che lei meditava la fuga da molto tempo, ma la paura della vendetta le aveva impedito di sparire.

Taylor c'era andato di mezzo senza avere colpe specifiche. Nessuno sarebbe riuscito a scoprire perché si trovasse in casa di King di primo mattino.

Ma i detective Norton e Moose avrebbero ipotizzato che

King lo aveva convocato per metterlo al corrente degli svilup-
pi. Tanta fretta avrebbe lasciato supporre che avesse intenzione di vendicarsi.

Giorni dopo sarebbe emerso un particolare divertente.

La notte della fuga Consuelo si era confidata con una puttana incontrata per caso. Aveva rotto gli indugi a causa della
distruzione del magazzino: voleva evitare le percosse che King
le avrebbe rifilato per sfogare la propria frustrazione.

Quando Norton e Moose avrebbero saputo di aver dato una
brusca accelerata agli eventi, il primo avrebbe detto al secondo: «Non è meravigliosa la giustizia?»

J.P. MARSHALL insegna fisica, vive in Abruzzo e si è fatto apprez-
zare per la sua scrittura particolarmente cruda ed efferata. Il suo primo
romanzo *"Morte senza fine"*, edito da La Corte Editore, ha riscosso ap-
prezzamenti sia da pubblico che da critica e ha visto per la prima volta
in azione i detective Norton e Moose. Gli stessi personaggi sono anche
protagonisti del nuovo thriller *"Il fascino del Diavolo"* pubblicato sempre da La Corte.

IL SALTO DI NATALE

ROMANO DE MARCO

Il ponte sull'Orfento, a Caramanico terme. Pare sia fra i più alti d'Europa nel suo genere, ad arco unico. L'ho letto da qualche parte o forse l'ho sentito dire... Comunque sia è certo che dovranno raccogliermi col cucchiaino. Che freddo boia. Saranno venti minuti che non passa una macchina. Del resto è quasi mezzanotte del ventiquattro dicembre, si staranno tutti ingozzando di pandoro intorno alla tombola. O stanno lì a cantare in chiesa, avvolti nelle loro pellicce e nei piumini di marca. Io ci ho pensato parecchio prima di decidermi ma alla fine questa mi è sembrata la soluzione migliore. O la più facile, non lo so. So solo che da quando la mia ditta di trasporti è fallita m'è andato tutto storto. Claudia mi ha mollato e s'è portata dietro pure Matteo. Mo' sta' con uno, dice che l'ha conosciuto in chat. E siccome non gli ho pagato gli alimenti m'ha fatto vietare di vedere mio figlio, da quel giudice di merda. Ma come faccio, dico io, a pagarle gli alimenti se sono affogato di debiti? Vivo a casa dei miei genitori, con la pensione di reversibilità del mio defunto padre. Seicento euro al mese. E mia madre, poi, che piange, piange sempre. *Sei ancora giovane, hai solo cinquant'anni, ti puoi rifare una vita… Puoi trovare un altro lavoro.* Pora donna, mi fa pena, non sa niente, non capisce niente di come va il mondo. Quando stasera s'è presentata in camera mia con quel sorriso stentato e mi ha detto che la cena era pronta non ce l'ho fatta più. Avrà risparmiato tre mesi per comprare il pesce. Ma la goccia che ha fatto traboccare il vaso è stato il panettone del discount. In bella mostra sul piatto da portata, sopra al frigo. *Esco un secondo a prendere le sigarette,* le ho detto. Ho fatto benzina con i venti euro che le avevo fregato dalla borsa e sono arrivato dritto qui, da Pescara.

Comunque, dai, mi pare sia arrivato il momento. Ma mentre sto per scavalcare avverto qualcosa, come un'ombra nell'ombra, una presenza. Mi volto di scatto, terrorizzato. Che poi… di cosa dovrebbe mai aver paura uno che sta per buttarsi da un ponte? Il tizio sembra alto almeno due metri. Capelli riccioluti e lunghi, barba folta, pantaloni alla zuava… avvolto in un manto di velluto verde. Cosa strana assai ha i piedi nudi, in mezzo al nevischio sporco.

«Fratello! Ehi fratello, ripensaci! Torna sui tuoi passi.»

«E tu, scusa, chi cazzo saresti?»

«Sono lo spirito del Natale!»

«Lo spirito del…»

«Sì. Lo spirito del Natale! So qual è la tua intenzione fratello, so che hai deciso di farla finita… Ma il Natale è proprio il momento più adatto per dare una svolta alla propria vita, per riconsiderare tutto sotto un'ottica diversa. C'è tanta bontà nel mondo… C'è tanto amore… c'è bisogno di persone di buona volontà… Pensa a quanto puoi fare per gli altri, pensa alla gioia che puoi dare a tanti bimbi tristi, poveri, abbandonati… Con le tue buone azioni puoi cambiare il mondo, puoi renderlo un posto migliore… Orsù fratello! È Natale, non senti?

Ascolta le campane, ascolta la gioia dei canti, il caldo tepore dei sentimenti che si leva al cielo... Oggi tutti sono più buoni. Tutti accolgono nel proprio cuore un messaggio di speranza che...»

Non ci penso due volte. Afferro il suo mantello verde e lo spingo verso di me, con forza. Lui, sorpreso, zampetta in mezzo alla neve per non cadere e va a sbattere col pancione contro il parapetto. Una spinta vigorosa e giù! Lo spirito del Natale fa un bel volo! Resto affacciato al parapetto cercando di assistere allo schianto ma è troppo buio. Sento solo un rumore sordo, un misto di "crack", "splash" e altri suoni di materia solida, liquida e carnosa che si disintegrano contro le rocce aguzze. In quei pochi secondi in cui attendo lo schianto, mi passano per la mente delle immagini. Istantanee casuali, una specie di collage senza né capo né coda. Vedo padri separati che dormono in macchina con la foto dei figli stretta al petto. Vedo bambini mutilati in città bombardate dai portatori di democrazia. Vedo cartelle di Equitalia mischiate a malati di serie B lasciati a marcire nelle corsie degli ospedali. Vedo corpi che galleggiano nel mare, al largo di Lampedusa e vedo anziani che si suicidano per la vergogna di non riuscire ad arrivare a fine mese. Vedo bambini scheletrici che bevono acqua da pozze di lurido fango. Vedo persino vecchi cani maltrattati in luridi canili. E dire che a me dei cani e dei gatti non me ne è mai fregato niente.

Ecco, tutto questo pot-pourrì si dissolve immediatamente col rumore di quello schianto. Guardo l'orologio: le 0.01. È Natale! Rialzo il bavero e mi avvio verso la macchina. Speriamo che la benzina basti per tornare fino a casa sennò sono cazzi. Che poi, alla fine, per dirla tutta, il panettone del discount così male non è...

ROMANO DE MARCO Abruzzese, classe 1965, esordisce come autore nel 2009 con *"Ferro e fuoco"* (Giallo Mondadori). In questi ultimi anni ha pubblicato diversi romanzi tra cui *"A casa del Diavolo"* (Time Crime, Fanucci); *"Io la troverò"*, *"Città di polvere"* e *"Morte di luna"* (tutti e tre con Feltrinelli). È tradotto in Spagna, ha pubblicato racconti e articoli su Linus, Il Corriere della Sera e sulle collane del Giallo Mondadori. A gennaio 2017 è uscito il suo ultimo romanzo *"L'uomo di casa"* per l'editore Piemme.

I MORTI CADONO DAL CIELO

MATTHIAS GRAZIANI

1

New York - Bronx, Boston Road.
Ore 23:30

«Quanto per un'ora?»

La prostituta si avvicinò. Era latinoamericana, indossava un bustino e le tette fuoriuscivano dal bordo in pizzo. Mi ricordavano un budino al cioccolato. La minigonna era una striscia di tessuto che lasciava intravedere le mutandine bianche.

«Per te novanta.»

«La scorsa volta erano ottanta!»

«Ci hai messo troppo l'ultima volta, tesoro.»

«D'accordo, sali.»

Posteggiai la Mustang nel solito parcheggio. Le luci dei lampioni facevano brillare la pelle della donna di un colore innaturale.

«Allora?»

Lei si piegò in avanti, prese un pacchetto di chewing gum.

«Vuoi?»

«No grazie, sai cosa voglio.»

Lei annuì.

«È un casino. Ci sono i tuoi colleghi che mi hanno interrogata tutto il giorno.»

«E a me dirai qualcos'altro?»

La donna annuì di nuovo.

«C'è un nuovo giro.»

Le feci un gesto con la mano, invitandola a continuare.

«Prostitute dall'est Europa. Queste sono giovani, non so se capisci amore.»

«Minorenni?»

Il suo sguardo tradì quello che aveva per la testa.

«Hai un nome stavolta?»

«No, ma Baunsi c'è dentro fino al collo.»

«Il tuo Baunsi?»

Fece sì con la testa.

«Ci vai nella merda anche tu così.»

«Palle.»

«Stai attenta Carmela.»

Fece una smorfia. Le apparvero due fossette graziose agli angoli della bocca.

«Ne sono sparite? Intendo in questi giorni.»

«Bè, cosa stai cercando tesoro?»

«Corpi di giovani donne. Forse sono collegate a un caso.»

«Sì, ne sono sparite. Ma lo sai, devi pagarmi per avere dettagli. Come sempre.»

Sbuffando presi il portafogli e le allungai cento dollari.

«Ti porto tutte le informazioni che cerchi amore.»

«Quando?»

«Domani sera, sai dove trovarmi» un sorriso malizioso.

Allungò una mano, toccandomi la coscia.

«Una sveltina ci sta.»

«Sicura che non li porti a quel Baunsi?»

«Ma no tesoro. Lui mi lascia tutto, te l'ho detto.»

«Comunque no, grazie.»

«Per me sei speciale detective, lo sai» rise.

Le spostai la mano.

Poco dopo la lasciai al solito marciapiede. Ripartii e svoltai in una strada laterale. Restai in attesa. C'era un Motel lì di fronte, con l'insegna che emetteva luce allo stesso ritmo di un cuore elettrico.

Passò un'ora, poi la vidi arrivare e percorrere il vialetto che costeggiava le stanze. Tutto era illuminato da una luce azzurra.

Un ometto basso, portoricano, aprì una porta.

Restarono in piedi sotto il portico, parlando per un po', poi lei gli diede i soldi.

«Stronza!» uscii dalla macchina. «Ehi nanerottolo!» gridai.

«Por el amor de dios!»

Saltai la siepe e mi lanciai nella stanza. L'ometto arretrò.

«Dammi quei soldi, cazzo!»

Il portoricano allungò la mano, afferrai i bigliettoni e li contai.

«Non gli dai niente eh?» dissi guardando Carmela.

«Sentiamo, sono scomparse delle prostitute ultimamente?» puntai il dito contro il tizio. «Stai attento. Se dici puttanate lo scoprirò.»

«No no porque?»

«Minorenni dico, quelle dell'est Europa.»

«Yo no sé nada!»

Un pugno raggiunse il grosso naso a forma di cetriolo del portoricano.

«No fermo!» strillò Carmela. «Non sa nulla lui!»

Mi voltai e afferrai la donna per le spalle.

«E tu cosa sai?»

«Niente, niente. Volevo solo i soldi, amore.»

«Amore un cazzo!» Lanciai a terra i bigliettoni e mi ripresi il mio centone.

Sul tavolino c'era una busta trasparente piena di coca.

L'afferrai.

«Con tutte le volte che ti ho tirato fuori dai casini...»

Mi voltai e uscii dalla stanza assieme alla coca.

Mio padre me lo diceva sempre, mai fidarsi di una puttana.

Leccai un dito e lo infilai nel sacchetto, strofinandolo sulle gengive arricciai la bocca come un mulo. Poi ne sniffai un po'. Stavo seguendo una pista sulla prostituzione minorile e volevo incrociare il tutto con le scomparse degli ultimi anni. Ma per quella notte ne avevo abbastanza. D'altronde andava avanti così da un anno. Mille sospetti, ma mai qualcosa di concreto.

Forse Jennifer era ancora sveglia. Avevo voglia di lei e del suo letto.

Risalii in macchina, la portiera scricchiolò dal gelo. Lanciai la coca sul sedile del passeggero e accesi il riscaldamento. Guardai la temperatura sul cruscotto: -9°C.

Afferrai il cellulare.

«Sì» risposi. «No, sono dall'altra parte. Che cosa? Con un trapano? Ci credo che è morto stecchito. Arrivo subito, aspettatemi. Ripetimi l'indirizzo. Okay.»

Mentre feci manovra mi si congelarono le mani sul volante. Poi feci gemere le ruote contro l'asfalto e mi indirizzai verso il

Throgs Neck Bridge. La skyline di Manhattan era alla mia sinistra, corpo di cemento elettrico dalle mille braccia amputate. Erano ancora lì le torri, sembrava di vederle. Ma non c'erano.

I Foo Fighters intanto cantavano *Skin and Bones*.

Passai due semafori col rosso ma al terzo dovetti fermarmi per forza. La sirena era rotta e non avevo nessuna voglia di andare dal capo a dirglielo. Quello stronzo mi avrebbe detratto la riparazione dallo stipendio, che già così era quel che era.

Di fronte a me su mezzo palazzo la locandina elettronica di *Revenant*. Chissà se questa volta DiCaprio ce l'avrebbe fatta a prendere l'Oscar. Era uscito già da settimane e avrei voluto andarlo a vedere. Magari potevo portarci Jennifer. Le piaceva andare al cinema.

Quando arrivai sulla Boston Road era mezzanotte passata. Presi un caffè bollente al bar all'angolo, quelli da asporto, ed entrai nel palazzone grigio in cui era avvenuto l'omicidio. Non c'era ascensore, così mi feci quattordici piani a piedi. Se non altro mi scaldai.

Entrando nell'appartamento venni investito da un muro trasparente di puzzo repellente. Tentai di scansarlo, ma non ci riuscii. Era già entrato nel naso e ora si trovava da qualche parte dentro i miei polmoni e avrebbe fatto il giro in tutto il mio organismo. Feci un cenno a Miles e poi a Katherine.

«Ciao Matthew» mi salutò il volto squadrato e severo della mia collega.

«Cosa abbiamo?» chiesi.

«Omicidio» Katherine lo disse quasi fosse scontato.

«Qualcuno gli ha trapanato il cervello» Miles, col suo volto ovale e i pochi capelli che gli erano rimasti, indicò il tavolo: - E mi ricorda la cena di ieri sera»

«Ricordami di chiederti dove hai mangiato, così eviterò di andarci» risposi osservando la scena grottesca.

La vittima era distesa sul piano come se si fosse addormentato mentre faceva colazione. Soltanto che al posto del latte e dei cereali c'era una pozza di sangue, pezzi di cranio e massa grigia.

«Si chiama Jürgen Tschurtschenthaler.»

Lo guardai. «L'avranno ucciso per il nome.

«Già, un cazzo di tedesco.»

«Cos'hai contro i tedeschi?» Katherine si era voltata verso Miles.

«Sono nazisti, ecco cos'ho contro i tedeschi.»

«Sì ma mica tutti, ho una zia in Germania.»

Miles mi guardò quasi avessi una malattia infettiva.

Entrarono quelli della scientifica, i topi da laboratorio, come li chiamo io. Mi guardai in giro e ragionai.

Qualcuno aveva tramortito la vittima, probabilmente con un colpo alla testa, poi lo aveva steso sul tavolo aprendogli il cranio come un'anguria.

La spia sul forno a microonde che lampeggiava. Le stoviglie erano messe in ordine, la cucina pulita. Girandomi verso il tavolo notai quello che a prima vista avevo cercato di ignorare: cocaina.

«La coca uccide» mormorai.

C'erano due righe sul tavolo e io avevo appena sniffato.

Andai in bagno e in stanza. Tutto era pulito e ordinato. Uscii sul balcone: il vento gelido minacciò di lanciarmi giù per quattordici piani. Un brivido mi percorse la spina dorsale e salì fino alla corteccia cerebrale. Di fronte non vi erano palazzi più alti, nessuno avrebbe potuto spiare l'appartamento.

«E sono cinque in due giorni. Qui nel Bronx.»

«Che intendi dire?» chiese Miles.

«Vittime morte in modo...» mi sfuggiva la parola.

«...stravagante?» Katherine aveva concluso la frase per me.

«Già. Prima quel tizio obeso nella vasca da bagno, con la corda della tendina arrotolata come un cappio attorno al collo. Poi Abbey Rodriguez, con quei due coltelli formato gigante nel ventre. Ci sono anche i fratelli di stamattina, stanno ancora raccogliendo i loro resti sull'asfalto.

«A proposito di Abbey Rodriguez» l'agente Miles si avvicinò parlando sottovoce. «Aveva il portatile pieno zeppo di foto erotiche. Tizi legati e bendati...» fece un gesto indicandosi gli occhi.

«Probabilmente era una Mistress, una dominatrice, ce ne sono tanti di uomini che si fanno trattare così» disse Katherine. «Lo so per certo. Gente pervertita.»

«Ok, non vogliamo sapere altro» risposi. «Almeno per ora. Ci racconterai delle tue avventure erotiche di fronte a un caffè bollente.»

«Meglio bevendo del buon Whisky» aggiunse Miles.

Mi portai l'indice e il pollice alla fronte e premetti cercando di far passare il mal di testa.

«Qualcuno ha una cazzo di aspirina?»

Kathrine iniziò a frugare nella borsa.

«Si sono suicidati. Tutti quanti» conclusi.

«Cosa?» chiese Miles.

«Ecco l'aspirina.»

Presi la pillola e la ingoiai al volo. Mi rimase incastrata da qualche parte nella faringe e dovetti deglutire un paio di volte.

«Anche qui non troveremo alcun indizio. Non troveremo impronte digitali sospette, non troveremo segni di violenze. Il tizio nella vasca si è impiccato, anche se sembrava un incidente. Abbey si è accoltellata e i due fratelli si sono suicidati. Magari soffrivano entrambi di una strana patologia.»

«E lui si è trapanato da solo il cervello?» Miles sembrava divertito.

2

Arrivato in centrale lessi tutti i referti clinici e le conclusioni della scientifica. Avevo una teoria in testa che poteva sembrare roba da internati mentali, ma spesso quando le cose si fanno assurde sono le conclusioni più semplici ad avere ragione.

Feci rifare le analisi sui corpi di tutte le vittime.

Mi scolai una Red Bull. Erano le 2:35.

Misi le braccia sulla scrivania e vi appoggiai la testa. Mi assopii.

Ding!

Alzai la faccia di scatto. Finalmente la mail.

Era tardi, o forse era presto, ma c'erano sempre degli agenti in centrale ed era lo stesso per la scientifica.

Strofinandomi il volto e togliendomi una caccola da un occhio studiai i risultati. Non c'era nulla che potesse indicare qualcosa di sospetto. Ovviamente vi erano le ferite che avevano causato la morte. Ma oltre a questo null'altro. Nessun ematoma sospetto, nessun livido recente. Per caso mi saltò all'occhio una percentuale piuttosto alta: linfociti B.

Andai su Google e cercai *linfociti B*.

La produzione di anticorpi... speciali cellule... viene indicata come risposta immunitaria... Immunitaria? Era come pensavo? Presi il cellulare e chiamai Goro Atasuke. Squillò. Non rispo-

se. Partì la segreteria, con la sua voce che tentava di nascondere l'accento orientale.

Lasciai un messaggio:

«Una porzione di involtini primavera, subito!»

Riagganciai.

Mi divertivo a prenderlo in giro, è una cosa che faccio solo
con chi mi sta a cuore e Goro lo sapeva.

Continuai a studiare le analisi, sangue, urina, feci, organi in-
terni... ero avido di qualsiasi cosa potesse fornirmi un indizio.

Il cellulare squillò.

«Goro» dissi rispondendo.

«Ho origini giapponesi non cinesi.»

«Non ti seguo»

«Intendevo gli involtini primavera, quelli sono cinesi!»

Sorrisi.

«Senti, carico sul server centrale un file, dovresti analizzar-
mi alcuni risultati. Linfociti B. In Enrique Francisco sono alti,
non credo che lo stesso test sia stato fatto su Abbey Rodriguez
e i due fratelli. Controllami questa storia dei linficidi...»

«Linfociti» mi corresse Goro.

«E io che ho detto? Dai per favore...»

«È tardi e stavo per farmi una sega.»

«Senti, ho ben due ingressi per il Luxury House, due! Puoi
usarli entrambi...» sorrisi perché ero certo che quel depravato
avrebbe accettato subito i biglietti del bordello.

«D'accordo, come si chiama la cartella?»

«Ti mando il link...»

Un'ora dopo mi richiamò dal laboratorio dicendomi di raggiungerlo, doveva parlarmi urgentemente.

Quando entrai nel suo laboratorio notai subito che era teso.

Erano le 4:30 e ovviamente attribuii alla stanchezza quel suo nervosismo. Puliva e ripuliva i suoi occhiali ed era eccitato. La stanza era chiara, bianca, quasi accecante. Mi tolsi la giacca, fradicia per via dei cristalli di neve che si stavano sciogliendo sul tessuto sintetico.

«Allora? Cos'hai trovato?»

Mi prese da parte, anche se a quell'ora non c'era nessuno in laboratorio.

«Ho fatto il test dei linfociti B su Abbey Rodriguez.»

«E?»

«I linfociti B presentano sulla membrana cellulare dei recettori che reagiscono in modo specifico con determinati antigeni…»

Annuii per quanto non avessi capito assolutamente nulla.

«Tra le cellule figlie dei linfociti B, alcune restano simili a quelle di partenza e contribuiscono ad aumentare il numero di linfociti in grado di rispondere a un certo antigene, altre subiscono cambiamenti morfologici…»

Feci segno di continuare.

Lui allungò la bocca in un sorriso.

«…queste cellule si trasformano in plasmacellule, che sono in grado di sintetizzare fino a mille anticorpi al secondo. La Rodriguez e quel Francisco producevano un milione di anticorpi al secondo! Capisci? Un milione! Così come le altre vittime!»

«Immagino sia… parecchio?»

Fece di no con la testa.

«Non è parecchio, è impossibile!»

«Il test è corretto?»

Goro aggrottò la fronte e serrò le labbra.

«Secondo te? Su entrambi i corpi! Stesso risultato.»

«E come mai non era risultato dalle prime analisi?»

Goro fece un gesto con la mano: «Sono analisi abbastanza

superficiali e il sistema è impostato per riconoscere anomalie umane conosciute... un milione di anticorpi al secondo, in una cellula? No senti è proprio impensabile...»

«Cosa sta a indicare?»

«Un virus Matt, parecchio invasivo, ma non ho la più pallida idea di cosa si possa trattare.»

Gli chiesi di rifare lo stesso test ai gemelli e a Jürgen Tschurtschenthaler, il corpo sarebbe arrivato di lì a poco.

«E poi dicono che sono i nostri nomi giapponesi a essere complicati!»

Chiamai immediatamente il capo, che restò sconcertato e mi chiese di confermargli le analisi ben quattro volte. Dopodiché il capo chiamò l'FBI e all'alba il blocco venne chiuso. Nessuno poteva più entrare o uscire dal Bronx.

Alle sette in punto ci fu un briefing al completo. Il capo introdusse il discorso e io e l'agente Miles aggiornammo tutti i presenti sulle indagini. Dopodiché furono Goro e il suo team ad aggiornarci sul virus, assieme a uno della scientifica dell'FBI di cui non ricordo il nome, qualcosa come Hans Krüger, o qualcosa di simile. Ricordo la sua voce però, rauca, da fumatore e con un forte accento tedesco.

«Abbiamo eseguito esami sul sangue dei pazienti per determinare gli anticorpi» il dottor Hans Krüger, magro e alto, sulla sessantina, guardò Goro. Intanto Miles osservava il medico tedesco come un Pitbull inferocito.

«Questo virus...» proseguì Goro: «Inibisce la facoltà della nostra mente di acquisire differenti livelli di pensiero, creando pericolose scissioni della presa di coscienza... portando l'ospite al desiderio di morte.»

Nella sala si udirono commenti di ogni tipo.

«Ma che vuol dire?»

«Cioè siamo tutti soggetti al suicidio?»

«Parla come i comuni mortali!»

Hans Krüger annuì, spingendo gli occhiali da vista verso il setto nasale e proseguì: «Gli anticorpi sono invasivi ed espongono l'organismo a uno stress cellulare mai visto prima. L'agente eziologico di questo virus arriva al cervello e...» si interruppe per un breve istante per deglutire: «Se ne impossessa. Come ha detto correttamente il mio collega.» Fece un gesto in direzione di Goro. «Il virus non permette al nostro cervello di rimuovere l'opacità intelettuale che genera il pensiero negativo e di conseguenza malessere psico-fisico. Mi spiego meglio: il cervello è suddiviso in due principali sezioni, links und rechts, sinistra e destra. L'una logico-razionale, l'altra intuitiva-olistica. Le modalità di pensiero vengono correttamente coordinate per acquisire differenti livelli e stili di pensiero. Se questo non avviene, si crea una scissione pericolosa, che in questo caso tronca completamente la ripresa di coscienza. Dalle analisi di risonanza magnetica funzionale sulle vittime è emerso che l'atteggiamento intellettuale al dubbio, cioè al desiderio di morte indotto dal virus che porta all'autodistruzione del corpo ospite, tende a favorire l'intuito e la fantasia, inibendo la capacità di sviluppare le attività parallele del pensiero laterale, che porterebbe ad evitare gli errori ancor prima di risolverli.»

Io stesso ero molto concentrato ma devo ammettere che ebbi qualche difficoltà a comprendere tutto il discorso.

«In parole semplici dottor Krüger?» chiese il capitano.

«Il virus non permette al nostro cervello di difendersi. Attiva i nostri pensieri più negativi ed esalta la nostra creatività. Questi due fattori insieme portano all'autodistruzione.»

In sostanza il virus metteva fuori gioco il cervello, ne esaltava la negatività e l'unica via d'uscita logica diventava il suicidio. Questo spiegava per quale motivo Jürgen Tschurtschenthaler si era trapanato la testa. Spiegava l'assenza di altri ematomi o tracce di terzi. Le vittime del virus non avevano altri desideri più grandi di farla finita. Di trovare pace dalla spirale negativa. Spiegava anche i suicidi dei fratelli, quello di Francisco nella doccia e quello di Abbey Rodriguez che era deceduta in quel gioco erotico mortale. Al pensiero negativo del suicidio si era sovrapposto un pensiero creativo. L'adrenalina probabilmente aveva fatto il resto.

«Mi permetta una domanda dottor Kruger» era Miles a parlare.

«È Krüger, con la Umlaut sulla u.»

«Quello che è» disse con sguardo feroce: «Si può intervenire? C'è una cura?»

«No, almeno, non ancora» rispose Goro. «Non abbiamo idea di cosa si tratti perché è un ceppo che non esiste in natura. Fa pensare a una mutazione di un qualche ceppo, africano forse...»

«Asiatico?» chiese l'agente Anderson.

«Potrebbe essere» rispose Krüger.

«Quindi la nostra risposta potrebbe essere anche in Asia» concluse il detective Anderson.

«È il primo ceppo nel suo genere, non dovrebbe trasmettersi troppo facilmente.»

«Possiamo dire» continuò Krüger: «che il virus per ora è stabile. Ma se non viene fermato potrebbe mutare e diventare aggressivo. Per ora risiede nelle feci, nel sangue, nell'urina, nel sudore, nello sperma, nelle secrezioni vaginali, oro-faringee e cervicali di un paziente infetto. Come con l'influenza, basterebbe uno starnuto o una stretta di mano...»

Poco dopo il capo mi ricordò le procedure da seguire in caso di pandemia.

«Washington ha dichiarato lo stato di massimo allerta» mi informò. «Ma il Presidente Obama parlerà soltanto a operazione conclusa. L'allarme è in Fase 2. Il virus non è stato ancora identificato ma sappiamo che potrebbe essere un'eventuale minaccia pandemica. Matthew, farai riferimento all'FBI, l'agente Thomas Myers e l'agente Kimberly Peterson saranno i tuoi punti di riferimento. Questa sarà una lunga giornata.»

3

Andai nel mio ufficio e cercai di ricostruire le dinamiche dei suicidi. Sul muro attaccai foto e post-it. Presi del caffè, scrissi degli appunti. Mi addormentai con la testa appoggiata sull'avambraccio e mi svegliai di soprassalto con due agenti di fronte a me.

Gli agenti dell'FBI erano proprio come uno se li immagina.

Thomas Anderson era ben rasato, in completo scuro, con due orecchie davvero piccole, quasi minuscole.

Kimberly Peterson era mora, capelli a caschetto, viso sensuale e un bel culo. Secondo me Orecchie-piccole aveva una tresca con Miss Culo. Certe cose si capiscono.

Saltammo le presentazioni e ci mettemmo al lavoro. Francisco, il tizio che si era suicidato in vasca da bagno, era stato il primo. Quindi ricostruimmo tutti i suoi spostamenti. Scoprimmo che ventiquattro ore prima della sua morte era su un volo che va da Singapore a New York. Ci facemmo inviare le registrazioni e le controllammo.

Sapevamo qual era la minaccia. Ma non sapevamo da dove arrivava. La scientifica di New York lavorava assieme a quella dell'FBI, cercando di identificare il virus.

A noi il compito di trovare la causa.

Dubitavo che riuscissimo a trovare qualcosa di utile in quei filmati. C'era Francisco, grosso e sovrappeso, che usciva dal tunnel di vetro che portava all'aeroporto. Nelle scene successive si vedeva la vittima correre in bagno, per poi uscirne con andatura tranquilla. Poi era andato al bar, dove aveva scolato una bottiglietta d'acqua. Passando ad un'altra telecamera stava aspettando le valigie.

All'esterno dell'aeroporto si vedeva mentre prendeva un taxi, per poi sparire nel traffico.

«Interroghiamo il tassista e teniamolo sotto sorveglianza» propose Orecchie-piccole. Annuii.

Miss Culo stava ancora analizzando le immagini, quando notai che Francisco sembrava sfiorare una persona allontanandosi dal ritiro bagagli. Non si notava poiché la ripresa era laterale, c'erano altre persone a passare davanti all'inquadratura e alla velocità normale sembrava che la donna passasse di fianco a lui. Invece, impercettibilmente, notai qualcosa.

«Aspetta» dissi avvicinandomi alle spalle di Miss-Culo. Il suo profumo mi inondò le narici: «Si scontra con quella donna?»

L'agente Kimberly tornò indietro e fece partire il rallentatore a fotogrammi.

Francisco camminava di buon passo e poco dopo aver sfiorato la donna si era portato una mano all'addome. Poi la vittima aveva proseguito il cammino.

«Non saprei» rispose Orecchie-piccole: «Cosa intendi dire?»

«Guardate la donna» dissi: «Gli va incontro. Vede arrivare quel colosso a tutta birra e non si sposta! Voglio dire, quanto peserà Francisco? Un centinaio di chili?»

Annuirono entrambi.

«Agente Kimberly» dissi: «Ti vedi arrivare un uomo grande e grosso ad andatura spedita. Tu lo vedi e cosa fai? Gli vai incontro senza nemmeno fermarti?»

Fu Orecchie-piccole a rispondere: «Manda il materiale a Washington, voglio un identikit completo di quella donna!»

Quella sera il comandante si congratulò con me per l'ottimo lavoro. Eravamo nel suo ufficio. Mi disse che il dipartimento sarebbe stato premiato e mi informò che avrei avuto una promozione.

In quell'istante bussò alla porta l'agente dell'FBI Thomas Anderson. Da quella distanza non riuscivo nemmeno e vedere i lobi delle orecchie, sempre se c'erano.

«Abbiamo l'identità della donna nel video, quella che si lascia urtare dal ciccione.»

Allungò la cartella. La presi.

C'erano le immagini stampate delle telecamere di sorveglianza, che da alcuni anni erano in alta definizione in tutti gli aeroporti. Grazie a quelle immagini l'FBI aveva ricostruito la dinamica attraverso un simulatore digitale. La donna faceva un movimento impercettibile con l'avambraccio. In mano aveva una piccola siringa che affondava nel prominente ventre di Enrique Francisco.

La dottoressa Kelly Huckwood era una donna decisamente attraente. Indossava degli occhiali dalla montatura scura e gli occhi dietro le lenti erano accuratamente truccati; una sfumatura violacea che andava nel chiaro via via che si avvicinava alle sopracciglia. Gli occhi azzurri spiccavano e la bocca carnosa era resa ancor più sensuale da un lucidalabbra. I capelli castani erano raccolti e la scollatura generosa attirava gli sguardi di tutti gli agenti presenti nella sala degli interrogatori. Soltanto il dottor Hans Krüger sembrava immune al suo fascino.

La dottoressa Kelly Huckwood era stata trovata in breve tempo. Era schedata dalla polizia, così come ogni altro medico.

Era specializzata in ricerche genetiche e collaborava con la NASA. Prese un piccolo sigaro. Aprì leggermente la bocca, lo colpì fuggevolmente con la lingua, poi si portò le dita alle labbra per togliersi un residuo di tabacco. Quel gesto suscitò una reazione notevole, almeno immaginai andasse nello stesso modo anche ai miei colleghi. Non accese il sigaro, ovviamente, ma ci giocherellò per tutto l'interrogatorio.

Fu il capo a presiedere assieme all'agente Kimberly. La scelta era stata delle migliori: un uomo maturo e saggio e un'agente immune al fascino della dottoressa.

Il capo era professionale, aggressivo al punto giusto, ma anche remissivo per consentire a Miss Culo di mettere sotto pressione l'interrogata.

Le oscillazioni emotive venivano misurate attraverso i riflessi oculari grazie all'*Eye-Tracking*, la Pupillometria. Due telecamere erano puntate verso gli occhi della donna. Ma non sarebbe servito a nulla. Quando toccarono l'argomento "virus" la dottoressa non parlò. Mai.

Così, dopo una buona ora di tentativi andati a vuoto, fu chiamato Pluto, o almeno così lo chiamavamo noi. Era un tipo magro e alto e assomigliava a Pluto, anche nella camminata ciondolante. Arrivò con la sua valigetta grigia, la aprì e prese una siringa, facendo fuoriuscire l'aria dalla fiala. Un sottile spruzzo trasparente si levò in aria, alcune gocce precipitarono schiantandosi contro il suolo.

«Le farà male» disse il capo: «Ma possiamo evitarlo.»

«Non credo sia legale» rispose Kelly Huckwood, lo sguardo ora era assente di malizia.

«È dall'undici settembre che lo facciamo.»

«D'accordo» rispose prima che l'ago penetrasse nella sua carne: «Ma voglio l'immunità sottoscritta dal presidente!»

«Qui non si patteggia. Procedi con l'iniezione.»

4

Devo ammettere che la dottoressa Kelly Huckwood strillò parecchio. Le fecero quattro iniezioni, la legarono e le misero una cuffia sulle orecchie con musica metal pesante. Costante e continua. Gli occhi bendati.

Il liquido era entrato in circolazione provocando forti dolori e sarebbe sparito senza lasciare traccia nel giro di alcune ore.

Quando minacciammo di fare un quinto round si arrese.

Era sudata fradicia, con i capelli incollati al volto.

Ammise di aver lavorato per la rete di Al Qaeda, e ora per l'Isis. Il mandante era Abu Anas al-Libi, genio del male della rete informatica dell'Isis, nome di battaglia Nazih Abdul-Nahob al-Ruqai. Ci disse che la sua base strategica era a Tripoli. La dottoressa Kelly Huckwood era stata molto previdente. Per proteggere gli accordi presi con loro aveva registrato le conversazioni. L'Isis aveva bisogno di una sostanza per attivare il virus. Questa sostanza serviva agli astronauti per abbassare i rischi di ictus in assenza di gravità. Nello specifico era un liquido che soltanto la NASA. produceva. Ma la collaborazione con i terroristi non finiva qui.

La dottoressa Kelly Huckwood aveva preso a far parte del gruppo di ricerca e fu proprio lei a scoprire come attivare il virus nel paziente zero. C'era bisogno di due iniezioni, dopo la prima dovevano passare almeno 19 ore, ma nel frattempo il paziente avrebbe dovuto essere esposto ad una pressurizzazione, in modo che il componente della sostanza usata dagli astronauti attivasse le molecole del virus. La seconda entro un paio d'ore dalla depressurizzazione. Un volo da Singapore a New York a trentacinquemila piedi era l'ideale. Nei giorni successivi la polizia di Singapore studiò i propri video di sorveglianza identificando il soggetto che aveva praticato la prima puntura a Enrique Francisco. Era un ragazzo malesiano di quindici anni.

Il motivo per il quale preferirono fare l'esperimento su una persona ignara restò un mistero. Immagino che preferissero non rischiare che potesse cantare, meno sapeva e meglio era. Fu scelto Enrique Francisco poiché il giorno dopo avrebbe dovuto volare a Washington e secondo i calcoli della dottoressa il virus sarebbe arrivato al suo apice proprio durante il suo soggiorno nella grande mela o al più tardi a Washington. Una bomba biologica.

La notte successiva all'interrogatorio fu organizzato un Raid contro la base dell'Isis a Tripoli.

La polizia di New York offrì l'appoggio tattico all'operazione guidata dall'Intelligence. La Navy Seal entrò in azione alle ore 03:40. L'operazione "Restore Health" fu un successo. Dalla nostra sede operativa potemmo seguire l'operazione in diretta grazie alle telecamere fissate alle maschere degli agenti del team Six, lo stesso che anni prima aveva ucciso Bin Laden. Entrarono in azione con due elicotteri. Uno all'esterno e uno sul tetto. Il primo gruppo sfondò la porta principale. Il secondo si calò sul tetto e mise in sicurezza le stanze dal vertice della villa, che era composta da due piani. L'equipaggiamento degli agenti era composto da mitraglietta M-P5, con proiettili Full Metal Jacket, che hanno la caratteristica di perforare giubbini anti-proiettili, pistola Sig-Sauer modello P229, elmetto in Kevlar, occhiali in policarbonato, giubbino anti-proiettile e visore notturno. Attorno alla villa chiamata "La casa delle virtù" vi era un muro in cemento e le sentinelle furono eliminate in pochi istanti.

Le immagini monocromatiche che giungevano dalla telecamera erano le stesse che gli agenti vedevano grazie ai visori notturni. Si muovevano compatti, entravano in azione uno dopo l'altro e poi simultaneamente. Ognuno sapeva dove e come muoversi. Alle ore 03:51 la villa era pulita. Furono portati in salvo ventisei ostaggi di varie nazionalità, tra cui otto bambini. Venivano tenuti in celle piccolissime nel seminterrato. I laboratori sotto la villa vennero distrutti. Abu Anas al-Libi e i suoi due figli maggiori catturati. Il minore si trovava all'estero e non fu possibile catturarlo, a oggi non è ancora stato rintracciato.

Ad operazione conclusa crollai contro lo schienale e mi massaggiai gli occhi. Poi ripresi in mano la cartella che l'agente di polizia mi aveva portato durante l'interrogatorio. Non riuscivo ancora a crederci. Il caso si era concluso oltreoceano e Abu Anas al-Libi era stato catturato. Avevo bisogno di dormire, poi avrei festeggiato. Washington avrebbe insabbiato tutta la storia del virus e dell'attacco terroristico. Si sarebbe scatenato il panico nella popolazione alla notizia di una minaccia virale contro gli Stati Uniti d'America. Ufficialmente un ceppo d'influenza suina si era propagata nel Bronx, dove in passato l'unità igiene aveva già sequestrato più allevamenti clandestini.

Tornato a casa crollai sul letto e mi svegliai nove ore dopo ancora vestito. Feci una doccia, poi chiamai Kimberly. Le proposi di andare a vedere Revenant al cinema e accettò. Scesi per comprare le sigarette quando mi urtò un uomo. Alto e magro, con la pelle del viso tesa sul cranio. Lo guardai e lui restò immobile di fronte a me, aggiustandosi il nodo della cravatta.

«Non sa in che problema si è ficcato, detective.»

«La conosco?»

«No. Ma io conosco lei.»

«Cosa vuole?»

«Quelli come me vogliono aiutare quelli come lei.»

Mi accostai al muretto, lui mi seguì.

«Riguardo cosa?»

«A molte cose. Ha presente l'aereo che si è schiantato sulle Rocky Mountains nel 1992?»

«Quello in cui ha perso la vita tutta la squadra di rugby del Liverpool? Un incidente, sì.»

Lui mi guardò divertito.

«I morti cadono dal cielo» disse guardando verso l'alto «E lo faranno ancora.»

«I morti cosa?»

«Dal novantadue, il governo di questo paese li chiama così certi... *incidenti*.» Aveva fatto il segno delle virgolette. «Su quel volo non c'era soltanto la squadra di rugby e qualche ciccione sovrappeso, c'era anche una valigetta, detective. Ammanettata al polso di un uomo. L'uomo non è importante. Lo è invece il contenuto della valigetta.»

«Cosa c'era all'interno?»

«Qualcosa che al governo americano non piaceva affatto: le

prove sul caso *Tailhook*, che avrebbero incriminato degli alti ufficiali della Marina di violenze sessuali durante l'operazione *Desert Shield* in Iraq.

«Mi sta dicendo che...»

«Dico solo che non è stata rinvenuta alcuna scatola nera e l'aereo era perfettamente funzionante.»

«Perché mi dice queste cose? Chi cazzo è lei?»

«La voglio solo avvertire, detective. I morti cadranno dal cielo e potrebbe avere bisogno del mio aiuto nelle prossime settimane. Con questa storia del virus ha sollevato un bel polverone e al governo potrebbe non piacere.»

Mi diede una pacca sulla spalle e superandomi si aggiustò nuovamente il nodo della cravatta.

«Come farò a trovarla?»

Si voltò.

«Sarò io a trovare lei.»

Poi sparì in mezzo alla gente.

MATTHIAS GRAZIANI Vive a Bolzano, è giornalista e insegna scrittura creativa nelle scuole, è sposato ed è papà di due bambine. Dopo l'esordio de *"La Stirpe del Vento"*, trilogia fantasy pubblicata con Armenia, Matthias Graziani pubblica *"Sottopelle"* con La Corte Editore, un thriller dalle forti tinte e dal ritmo serrato, che strizza l'occhio al genere pulp e hard boiled.

COME POSSO AIUTARLA?

FRANCESCA BERTUZZI

«Parla con Miriana, come posso aiutarla?»

Respiro caldo sulla cornetta fredda. Respiro e crepitio della linea telefonica. Respiro, crepitio e pioggia battente su dei vetri, o forse è lamiera? Miriana si rigira la matita fra le dita e aspetta. Ha la sua esperienza, aspettare non è mai un male. Dare il tempo, alla persona dall'altra parte della cornetta, di trovare il coraggio. Di oltrepassare la vergogna.

E, infatti, il respiro s'interrompe.

Sta prendendo fiato per parlare. Miriana poggia la punta della matita sul foglio di carta.

«Miriana?»

«Sì, mi chiamo Miriana, come posso aiutarla?»

Sente che la cornetta viene come strofinata da qualche parte, probabilmente sulla faccia dell'uomo, che sicuramente avrà la barba incolta. Sarà corrugata. Magari sfigurata dall'alcool…

Da quando lavora lì, Miriana ha come una nuova immaginazione, quella che lei definirebbe una sorta di deformazione professionale. Immagina sempre i suoi interlocutori con volti esanimi, con pelli gonfie per il troppo stare a mollo nell'acqua… li immagina tutti con grandissimi occhi tristi, disperati, sull'orlo delle lacrime. Aveva lavorato per un periodo nel settore hard, sempre come operatrice telefonica, e per far pratica e trovare ispirazione si era guardata del porno, un bel po' di porno, perché era venuto fuori che le piaceva parecchio. Ma aveva dovuto smettere di collegarsi ogni tre per due su You-porn, perché non riusciva a guardare più nessuno senza immaginarsi esattamente che faccia avrebbe fatto durante il coito. Che fosse la ragazza alla cassa del supermercato o il conducente dell'autobus, si scopriva a fissarli e a ritrovarseli in testa durante una fellatio o a spingere e spingere come ossessi. Insomma, non erano cose che le piaceva le ronzassero in testa: tutte quelle facce comuni, e per nulla da attori porno, che si deformavano e schizzavano ovunque nella sua calotta cranica. Questo era proprio quello che lei intendeva per deformazione professionale. Dopo il settore hard era finita a lavorare lì, e ora non poteva far a meno di guardare la gente e immaginarsela livida, graffiata e sanguinante, fratturata ed ematomica.

In ogni caso, un centralino valeva l'altro, per Miriana.

La voce era l'unica cosa bella che le fosse capitata nella vita e la faceva fruttare come meglio poteva. Non era abbastanza figa per poter pensare a una carriera musicale, o semplicemente era una vigliacca, in ogni caso gli anni in cui tutto sarebbe stato possibile erano passati sotto l'egemonia della sua immobilità. Ferma, impietrita dentro un modulo con una cuffia in testa, un monitor come illuminazione e un microfono dove dare performance delle sue corde vocali.

«Sì, Miriana. Mi dica… Come posso esserle utile?»

«Che nome di merda, scusi se glielo dico, ma è veramente un brutto nome.»

«Non si preoccupi, apprezzo la sincerità.»

«Possiamo darci del tu?»

«Certo, vuoi dirmi come ti chiami?»

«Hai una voce molto bella, però…»

«Grazie, mi fa piacere che l'hai notato. Come ti chiami?»

«Come preferisci.»

«Ok, non devi dirmi come ti chiami se non vuoi… Possiamo parlare anche così. Mi dici cosa ti è successo? Perché mi hai chiamata.»

«S-stavo… stavo pensando al modo, a come farlo.»

«E mi hai chiamata, perché?»

«Non lo so. Forse, sì, credo di aver pensato che una che fa il tuo lavoro potrebbe avere dei buoni consigli, insomma chissà quante ne senti, e forse, magari puoi dirmi se c'è un modo migliore di un altro.»

«Sai che il mio lavoro non è quello di darti dei consigli, vero?»

«La chiamata è registrata?»

Gli occhi di Miriana, da dietro le lenti da vista, istintivamente si fissano sulla lucina rossa che lampeggia sul monitor, sulle linee vocali in registrazione. La gommina rosa della matita ticchetta sulla tastiera.

«Sì, è registrata.»

«Puoi rintracciarmi?»

«Non hai mica chiamato i servizi segreti.»

«Ma… potresti interrompere la registrazione se volessi.»

«Lascia stare la registrazione, non è nulla… sono solo parole. Perché vuoi farlo?»

Respiro. Crepitio. Pioggia.

«Mi sono… mi sono comportato male.»

La bocca rossa di Miriana sorride.

«Tutti ci comportiamo male.»

«Ho pensato delle cose brutte.»

«Tutti le pensiamo, ma non è detto che poi finiamo per farle, giusto?»

«Giusto, ma io, io credo, penso che le farò, oppure….»

«Quell'oppure non esiste.»

«È pur sempre un'opzione, no?»

Miriana annuisce.

«No, non è un'opzione. Raccontami, magari posso aiutarti a guardare le cose da un'altra prospettiva. Mi hai chiamata perché ho esperienza nel campo, giusto? Lasciami provare ad aiutarti. A volte le cose ci sembrano più gravi di quello che sono. Magari tu dall'interno non vedi via d'uscita e una persona che guarda le cose per la prima volta nota subito dov'è la possibilità. C'è sempre una possibilità.»

«Mi giudicherai?»

«Non m'interessa giudicarti. Voglio aiutarti. E poi anche se fosse, che t'importa? Sono solo una voce. Non ti conosco. E tu non conosci me.»

Miriana si stringe nel maglione di lana. Vorrebbe alzarsi e prendere un tè caldo alla macchinetta. Ma è l'unica rimasta per il turno. E di certo non lo può mollare in attesa.

Respiro. Crepitio. Pioggia.

«D'accordo.»

«Dimmi, ti ascolto.»

«Ho un buon lavoro. Ho una bella moglie. Ho due figli.»

«Mi sembra un buon inizio. E cosa c'è che non va?»

«L'altro giorno, dico l'altro giorno ma in realtà si tratta di qualche mese fa, comunque, giocavo con i miei figli. Sono un tipo fisico, e quando rientro a casa faccio l'orco, li sbatacchio a destra e a sinistra perché a loro piace, li fa ridere. Mi diverte sentirli ridere. È così bella quella sensazione. Così….»

Affanno. Crepitio. Pioggia. Forse pianto.

«Con calma, abbiamo tempo, fa' con calma. Rispetta i tuoi tempi.»

Sì, decisamente pianto.

Miriana ruota sulla sedia in direzione del corridoio. Riesce a vedere l'alone dell'illuminazione del distributore. Sta seriamente pensando di andarsi a fare un tè mentre quello dall'altra parte del telefono frigna... lo prenderebbe come un rispettoso silenzio. No, non può. Lo sa. Quel lavoro le serve. La fa sentire meglio. Utile. Non è un lavoro che possono fare tutti secondo lei. Non che il corso di formazione sia una cosa complessa. Una grossolana spolverata di un paio di teorie da psicologi della domenica, e via, alla cornetta. Ma lei, c'è portata. Sa ascoltare e sa quando è il momento di parlare.

«C-ci sei ancora?»

«Sono qui, certo.»

«Scusa, non volevo crollare così.»

«Non ti preoccupare. Capisco che per te sia difficile. Per ora so che hai delle cose belle nella vita. Delle cose per cui vale la pena alzarsi la mattina.»

«Tu non mi conosci.»

«No, lo so, aiutami a capire. Mi hai detto che hai un buon lavoro, e una bella moglie, due figli felici di vederti tornare la sera da loro. Cos'è andato storto?»

«Non lo so, non lo so se è cambiato tutto da quel giorno o se era iniziato prima. Nella mia memoria ho un'immagine nitida del momento in cui si è rotto tutto in modo irreparabile. Ci vedo dall'esterno che giochiamo nella loro cameretta... con il piccolo che mi attacca al collo, io che lo ribalto sul tappeto morbido e gli faccio il solletico e poi la più grande che mi attacca alle spalle afferrandomi i capelli. Quel momento. Ecco nella mia testa quello è stato l'inizio. L'inizio della fine.»

Respiro. Crepitio. Pioggia.

«Mi devi spiegare meglio. Non capisco. Sembra una scena felice. Hai fatto male al bambino quando l'hai lanciato sul tappeto?»

«No.»

«Allora cos'è successo, dopo?»

«Mi sono alzato, ho fatto una doccia e siamo andati a cena. Ma era tutto cambiato. È tutto cambiato.»

«Mi devi aiutare. Fammi capire meglio. Cosa sarebbe cambiato?»

«Eravamo lì a fare la lotta. Ho gettato il maschietto sul tappeto e la femminuccia mi si è lanciata sui capelli. Mi si è lanciata addosso. Sulla schiena. E ho sentito… ho sentito… che le stavano crescendo i seni. È piccola, ancora piccola, ma stanno iniziando a prendere forma e io… mi sono eccitato.»

Silenzio. Crepitio. Pioggia.

«Respira ora, respira con calma. Poi cos'hai fatto?»

«Ho fatto la doccia, una doccia fredda. Lo so, lo so che è orribile.»

«Hai toccato la bambina?»

«No. Dio santo, no.»

«Hai più pensato a lei in quel modo?»

Respiro. Crepitio. Pioggia.

«Sì, no… non lo so… ripenso a quel momento, spesso, quando le rimbocco le coperte, o quando mangiamo un gelato… è una bambina, è la mia bambina. Non avevo mai pensato cose del genere.»

Stuck.

«Pronto? Miriana, pronto? Ci sei ancora?»

«Sì, sono qui.»

«Cos'è stato quel rumore?»

«La registrazione, l'ho interrotta.»

«Perché?»

«Perché è molto intimo quello che mi stai dicendo. Diciamo che è un rapporto fra di noi, non c'entra l'associazione. Ok per te?»

«S-sì.»

«Bene. Prima mi hai detto che hai dei pensieri sbagliati, ti riferivi a questi?»

«Sì.»

«Hai detto che avevi paura di non riuscire a tenerli tali, che avresti potuto realizzare queste fantasie, giusto?»

«S-sì.»

«Ok, dove sei?»

«In macchina, per strada, sotto casa.»

«C'è qualcuno a casa?»

«Sì, c'è la mia famiglia.»

«Come avevi pensato di farlo?»

«In garage.»

«Con lo scarico della macchina?»

«Sì, *old fashion*.»

Risata nervosa. Crepitio. Pioggia.

«Non devi farlo.»

«Mi dirai che merito di vivere? Che posso recuperare? Che la vita ha sempre le sue risorse?»

«Mmm, no. Oggi è lunedì, il problema è che ti troverebbero loro, tua moglie, con i bambini, mentre li sta per portare a scuola, domattina. Traumatizzeresti tutti. Non scriveresti nemmeno un biglietto di addio, dando adito a mesi di speculazioni, forse anni, addirittura... una vita di domande senza risposta... no. Sei in macchina. Che macchina hai?»

«Un'Audi A3.»

«Bene, ha un buon motore. Ora ti dico cosa faremo, e lo faremo per il bene di tutti. Io, ti resterò accanto.»

«V-va bene.»

«Allora ora tu accendi la macchina e vai a velocità sostenuta, ti dirigi nei pressi di un precipizio, alla prima curva stretta acceleri e semplicemente lasci il volante. Da te piove, lo sento. Piove forte, vero?»

«Sì, un vero acquazzone.»

«Ottimo, nessuno si chiederà perché non ci sono segni di frenata sull'asfalto. Penseranno che il maltempo li ha cancellati, penseranno all'aquaplaning, o che la pioggia ti ha impedito la visuale. L'assicurazione ci proverà, ci provano sempre, ma alla fine vedrai che pagheranno fino all'ultimo centesimo. Ai tuoi cari non lascerai domande e la sensazione di non esserti bastati come ragione di vita. Potranno ricominciare.»

«Stai scherzando?»

«Ti sembra che io stia scherzando?»

«Ma il tuo lavoro non è quello di convincermi a non uccidermi? Ho chiamato la linea anti-suicidio, giusto?»

«Sai, ci sono suicidi e suicidi. Quello che hai scelto tu, il garage e il tubo di scappamento, ricorda la camera a gas, una condanna. Per esperienza, quando uno progetta un suicidio che ha a che fare con le pene capitali: gas, colpo in testa, phon che cade nella vasca, impiccagione, beh, quando uno sceglie una di queste opzioni è perché si sente di non meritarla, la vita. Di dover espiare, per così dire. Pagare per le sue colpe. Non sempre quelli che si suicidano così hanno ragione, è chiaro, ma in questo caso, in questo specifico caso, io credo che tu abbia ragione. Il mio lavoro, per tornare alla tua domanda, è quello di aiutare la gente, è quello che faccio. E,in questo caso, ho scelto di aiutare tua figlia.»

Respiro. Crepitio. Pioggia. Freno a mano che viene disinnescato. Accensione. Motore. Acceleratore. Acceleratore. Acceleratore. Pianto. Pioggia. Acceleratore. Impatto. *Boom.*

Miriana si leva le cuffie. E controlla l'orologio. Si stringe nel maglione. Sbadiglia.

Si alza e prende gli spicci dalla scrivania. Inserisce le monete nella fessura del distributore. Il bicchierino di plastica cade e il tè scende rumoreggiando. Sta rigirandosi un paio d'euro nella mano, non sa se premiarsi con un dolce... Trillìo dal computer. Miriana afferra il bicchierino bollente e lo circonda con le mani. Stretta nelle spalle si siede alla scrivania. Infila le cuffie e schiarisce la sua bellissima, meravigliosa, incantevole voce.

«Parla con Miriana, come posso aiutarla?»

FRANCESCA BERTUZZI è nata a Roma nel 1981. Dopo aver conseguito il master biennale in "Teoria e Tecnica della Narrazione" alla Scuola Holden di Alessandro Baricco, un master di sceneggiatura cinematografica con la docenza di Jean-Claude Carrière e un laboratorio di regia diretto da Marco Bellocchio e Marco Müller, si è dedicata alla scrittura cinematografica, vincendo premi e riconoscimenti internazionali con diversi cortometraggi.

Per Newton Compton ha esordito nel 2011 con *"Il Carnefice"*, romanzo che l'ha fatta conoscere al grande pubblico. Sempre per Newton Compton ha pubblicato nel 2012 *"La Paura"* e nel 2013 *"La Belva"*.

LA REGINA BIANCA

FABIO MUNDADORI

Entro da sola. I suoi grandi occhi chiari mi guardano da dietro la frangetta bionda, il resto dei capelli è raccolto sulla nuca.

Come al solito tocca a me sistemare i pezzi sulla scacchiera.

«Ricorda, i bianchi sono miei.»

Ogni giovedì la stessa storia.

«Perché proprio i bianchi, Barbara?»

«Perché sono puliti, loro.»

«È solo una convenzione» rispondo io.

Scuote la testa.

«Tutto ciò che è bianco è buono e tutto ciò che è nero è cattivo.»

«Per esempio?»

Alza lo sguardo al soffitto.

«Per esempio lo zucchero è bianco, è dolce, è buono; il buio è nero, toglie la luce, è cattivo.»

Potrei smontare le sue convinzioni ma mi limito a guardarla.

«E tu, che cosa sei?»

«Lo sai bene» sorride. «Sono cattiva. Per questo i bianchi spettano a me: mi rendono migliore.»

Sorride ancora.

A volte sembra crederci davvero. Forse ci crede davvero. Io però, non sono qui per questo.

«E poi lo sai, per me bianco o nero ormai non fa più differenza» aggiunge.

Il mio sguardo abbraccia la stanza, le prime volte mi sentivo a disagio mettendo piede qui dentro: oltrepassavo la soglia e l'odore di lisoformio pungeva le mie narici, le pareti imbottite soffocavano la mia vista con la loro falsa sensazione protettiva.

Ora, l'abitudine aveva preso il sopravvento, entravo e pensavo solo alla partita. Come succedeva prima.

Lei percepisce che i pensieri mi stanno portando lontano.

«Nadia, non distrarti. Devi restare concentrata o la vittoria sarà mia.»

Prende una tazza, la riempie di tè freddo e la posa accanto alla scacchiera.

«Hai così voglia di uccidere di nuovo?»

«Mia cara, che dici. Sono solo pedoni.»

«Io non mi riferisco a quelli.»

Sorride.

«Lo so bene. Ma ormai ti ho lasciato troppe partite, Nadia. Ho dimenticato che sapore abbia vincere.»

«Le tue vittorie hanno tutte il sapore della morte, Barbara.»

«In fondo, questa sarebbe solo l'ultima.»

Non rispondo.

«Dai, cominciamo.»

Mi siedo di fronte a lei. Guardo i pezzi schierati e penso che dovrei finirla di essere così ligia e fedele alle regole.

Penso che Barbara una cattiveria se la meriterebbe.

Un movimento sbagliato e la tazza cade rumorosamente.

«Non darti pena a pulire, gli inservienti vengono a trovarmi almeno tre volte al giorno. Mi vogliono tutti molto bene qui.»

Le sue parole traspirano ironia da ogni sillaba.

«Tocca a te» la incalzo. «Hai i bianchi.»

Barbara dischiude appena le labbra carnose, poi solleva il pedone della torre di regina e lo muove avanti di una casa.

«Anderssen contro Morphy, 1858.»

«Eccellente, Nadia! Noto con piacere che hai approfondito lo studio degli scacchi.»

«Sono stata costretta a imparare in fretta.»

Apro con il cavallo di re.

«Sì, fai progressi di partita in partita. Sei diventata un'esperta scacchista rispetto alla nostra prima volta.»

Ricordo bene la prima volta.

Una bruciante sconfitta in poche mosse, il prezzo del fallimento fu la vita di Massimo Deri, docente universitario di fisica quantistica. Unica sua colpa abitare all'indirizzo sbagliato.

Ma fu solo la prima vittima del killer seriale che già veniva indicato da tutti come La Regina Bianca.

«Mia cara, è il tuo turno.»

Fa lei, distogliendomi da ricordi che vorrei non mi appartenessero.

«Sì certo, sto pensando.»

Mento, e lei se ne accorge.

«Non alla partita» ride quasi di gusto, e non ricordo di averglielo mai visto fare prima.

Attende una mia risposta, ma io le concedo solo uno sguardo silenzioso e lei incalza.

«Hai forse dimenticato le regole?»

Le regole, certo. Dimenticarle? Come potrei.

Vorrei gridartelo, Barbara: io ricordo ogni cosa.

Ricordo il messaggio in posta elettronica: "Il game server è www.

chessworld.net. Ti aspetto domani sera. Cercami."

Domani sera. Il primo di tanti giovedì.

Ricordo la caccia che ti stavamo dando in quei giorni, dopo aver ritrovato i primi due cadaveri che avevi lasciato. Entrambi privati del cuore, e al suo posto una regina bianca in avorio.

Vorrei gridartelo, Barbara. Invece mi limito a risponderti.

«Le ricordo bene, le regole. È per questo che vincerò anche questa partita.»

Scuote il capo. «Nadia, hai studiato tanto per migliorarti, e ti fa onore, ma non basta. Le partite di scacchi si vincono prima di cominciarle.»

«Che intendi?»

Ride di nuovo, per la seconda volta in pochi minuti.

«Non lo hai mai capito, non lo avete mai capito giù alla centrale.»

Lo fa apposta, vuole confondermi. È già successo in passato, ma questa volta so come comportarmi.

Non le offro appigli e la costringo ad affondare il colpo.

«Secondo te, tesoro, io sono pazza?» mi chiede.

Tu non sei pazza. Sei solo una spietata omicida, sarà un immenso piacere portare le prove della tua sanità mentale davanti a una giuria che ti condanni al massimo della pena.

È la risposta che vorrei darti, ma sento la mia voce mormorare:

«Qui dicono che sei autistica.»

Sorride. «A u t i s t i c a» ripete la parola scandendo le lettere una per volta: «Ha un suono rassicurante, quasi benevolo.»

Sorride ancora.

«Come ti dicevo, loro sono buoni con me. Ma tu che pensi?»

«Sono un ispettore di polizia, non mi pagano per pensare a queste cose.»

«Peccato. Peccato, davvero! Perché invece dovresti proprio pensare a queste cose!»

Lo sta facendo di nuovo, manipola le mie incertezze.

Quella che stiamo giocando non è più solo una partita a scacchi. Così, come succedeva prima.

Prima che la catturassimo e lei si facesse rinchiudere qua dentro.

Prima, quando le regole, nella loro assurda ferocia, erano semplici.

Mi rivedo in centrale il giovedì sera della prima partita, seduta davanti al portatile.

Sullo schermo la scacchiera virtuale, con i pezzi disposti ognuno sulla propria casa. I miei, oscure repliche di demoni, creature infernali con corna, ali membranose e arti bestiali che stringono mazze irte di aculei. I suoi, invece, esseri candidi che riescono ad apparire buoni e giusti anche mentre impugnano letali spade e alabarde.

In quella prima chat la Regina Bianca dettò le proprie condizioni.

Regina Bianca: *Ho sovrapposto alla pianta della città una scacchiera immaginaria. Ti aspetterò collegata ogni giovedì sera alle otto per sfidarti. Al termine della partita, se sarò io la vincitrice, ucciderò una persona, a mia discrezione, nella zona della città corrispondente alla casella dove il re nero subirà scacco matto.*

Donna di Picche: *Se a vincere sarò io?*

Regina Bianca: *Nell'improbabile caso in cui tu riuscissi a battermi, avrai impedito la morte di nuove vittime e regalato ai tuoi colleghi qualche giorno in più per trovarmi e catturarmi. Semmai ci riusciranno.*

Poteva permettersi quel sarcasmo, aveva messo in atto difese informatiche tali da rendere pressoché impossibile risalire alla sua posizione.

Le uniche speranze di catturarla erano legate alla mia capacità di tenerla collegata il più a lungo possibile, evitando vittime.

Regina Bianca: *Come mai hanno scelto te come mia avversaria, Donna di Picche?*

Come dirle che gli "strizzacervelli" del dipartimento avevano sentenziato che "l'intelligenza del killer seriale Regina Bianca era oltre ogni ragionevole dubbio di livello medio basso" e che qualunque giocatore con un minimo di capacità avrebbe potuto tenerle testa?

Scelsero me perché io avevo aperto il messaggio di posta che Barbara aveva inviato alla centrale.

Mentii, come da istruzioni.

Donna di Picche: *Perché sono risultata la migliore in un apposito test.*

Regina Bianca: *Me lo auguro mia cara. Primo, perché sfidare un'altra donna mi gratifica infinitamente di più che affrontare un uomo. Secondo, perché "Donna di Picche" è davvero uno pseudonimo adeguato per chi deve affrontare una portatrice di morte come me. Terzo...*

Donna di Picche: *Sì?*

Regina Bianca: *...C'è un'altra regola: i giocatori non possono cambiare. Da oggi saremo solo io e te. Se verrai sostituita per qualunque motivo o consigliata da altri io me ne accorgerò e comincerò a uccidere a caso.*

Donna di Picche: *Nessun altro giocherà al mio posto.*

Regina Bianca: *Bene. Cominciamo.*

No, non ero io la migliore, invece La Regina Bianca si dimostrò una giocatrice esperta: massacrò la mia tattica, i miei pezzi, il mio morale. E la prima vita umana di una lunga serie.

La carneficina continuò per le successive quattro partite, ingenerando altrettante umiliazioni.

Ci provammo a fregarla una volta, ma alla fine di quella partita, proprio la quinta:

Regina Bianca: *...Non credere che non mi sia accorta che c'erano dei consulenti stasera a guidare le tue mosse. Era previsto che ci provaste, prima o dopo.*

Donna di Picche: *Io mi sono opposta, ma...*

Regina Bianca: *Oh, lo so bene, sei troppo orgogliosa per sopportare un affronto simile. Ma non posso perdonare chi tradisce le regole. Tra breve conoscerete la punizione per questo affronto.*

Donna di Picche: *No! Aspetta!!!*

Messaggio dal server: *L'utente Regina Bianca ha abbandonato la conversazione.*

Quella sera furono ritrovati i corpi senza vita di una intera famiglia: padre, madre e due figli.

Stessa efferatezza, niente più cuore nel petto dei corpi senza vita, ma solo al posto di quello della madre c'era una regina bianca; agli altri era stata lasciata una carta da gioco: la donna di picche.

Il messaggio era chiaro: "Questi li hai uccisi tu".

Non so se fu a causa di questo episodio, oppure grazie al fatto che la mia esperienza fosse aumentata di partita in partita, ma la sesta, la settima e l'ottava furono appannaggio mio, consentendomi di salvare altrettante vite.

L'euforia ebbe breve durata: la nona sfida segnò per me una nuova sconfitta.

Ma alla fine lo stillicidio morale al quale mi ero sottoposta portò i propri frutti: il luogo di ritrovamento dell'ultima vittima, messo in relazione con quelli dei cadaveri legati alle prime cinque partite perse, ci condusse alla tana della Regina Bianca.

Ero presente quando, nel corso dell'irruzione dei corpi speciali nel suo appartamento, una granata al fosforo esplosa a pochi centimetri dal suo volto privò Barbara dell'uso della vista.

Ancora una volta la sua voce mi strappa ai ricordi.

«Mia cara... ti ho forse messa in imbarazzo con le mie domande?»

«No, certo che no, Barbara.»

Il mio alfiere sbuca dalle retrovie mettendo il suo re nel cuore della propria diagonale di morte.

«Buon gioco, Donna di Picche.»

«Sono mesi che non uso più quello pseudonimo. Sei pregata di fare altrettanto.»

«Ti chiedo scusa.»

E intanto difende il re con il cavallo, il movimento del pezzo apre un corridoio davanti alla sua regina che da un lato minaccia la mia e in diagonale mette sotto scacco il re.

«Scacco?»

Fino a qual momento avevo comunicato io la posizione dei pezzi sulla tastiera, che altrimenti lei non avrebbe potuto conoscere. «Come lo sai?»

«L'ho sempre saputo» pone un accento particolare su quel sempre. «Pensaci bene, mia cara: pur sapendo dove avrei ucciso in base all'esito della partita, voi della polizia arrivavate sempre troppo tardi.»

Aveva ragione.

A un certo punto delle indagini gli analisti della questura, presero a sostenere che il killer non fosse un singolo individuo, ma due persone: una alla scacchiera e una sul luogo del delitto.

Un'ipotesi che risultava però poco plausibile, e comunque cadde nel momento stesso della cattura della Regina Bianca:

Barbara, in base ai riscontri che seguirono, venne identificata come l'unica responsabile di tutti gli omicidi.

Tuttavia nessuno fu mai in grado di chiarire il mistero di come potesse agire con tanta rapidità.

Ora è diverso, le partite continuano perché lei dice che ha ancora una vita da prendere, e io devo difenderla.

La verità è che in questura siamo tutti convinti che la sua follia sia solo una commedia e giocare a questa sciarada ogni giovedì porterà a provarlo.

Ma adesso le sue parole stanno gettando squarci di luce negli ultimi angoli oscuri dei suoi delitti. «Mi stai dicendo che avevi una talpa in centrale?»

Ride. «Tesoro! Tu mi offendi, mi giudichi dunque così prevedibile?»

Il suo sguardo spento sembra volermi trafiggere.

«Non lo so se si chiama autismo. Da bambina vincevo qualsiasi sfida, mi veniva naturale. Riuscivo a calcolare tutte le possibili combinazioni di uno scenario di gioco, qualunque esso fosse e negli scacchi questa mia capacità raggiungeva il proprio culmine, donandomi il massimo piacere della vittoria.

E poi, mia cara, i pezzi degli scacchi non tradiscono mai. Hanno movimenti preordinati su sentieri definiti da crocevia bianchi e neri. Spazi delimitati. Se sai come guidarli, ti sono fedeli sempre. Pronti a dare la loro vita per te.

Sì, Nadia, crescendo ho capito che potevo spingermi molto oltre nelle mie capacità, fino a giocare nella mia mente tutte le varianti di ogni possibile partita, per poi ripeterle a mio piacimento.

Ho capito che ero in grado d'indurre sulla scacchiera le mosse dell'avversario che di volta in volta avevo di fronte.»

Questa volta resto in silenzio perché ogni parola mi è venuta meno. Difendo la mia regina.

«Cominci a capire ora, Donna di Picche?»

«Quindi, ancora prima di ogni nostra sfida tu sapevi già chi sarebbe morto...» ma proprio mentre lo sto dicendo mi rendo conto che non è esattamente così. «No, tu pilotavi la partita in modo che noi ritrovassimo coloro che tu avevi già ucciso.»

La sua torre prende in un'imboscata la mia regina, il mio re cade.

«Matto!» la voce di Barbara è trionfante.

Ho perso.

«E ora» chiedo come se fosse ineluttabile: «Puoi dirmi dove si trova la vittima o devo arrivarci interpretando la posizione del mio re sulla scacchiera?»

«La vittima è la tua regina. Raccoglila.»

Sorride di quel sorriso che voglio strapparle per sempre dal volto.

«La vittima è la Donna di Picche» respira a fondo. «Sai, questi scacchi sono i miei da una vita, in ogni pezzo ho messo un segreto e la regina bianca è l'unica a essere pura, vedi?»

Lo dice mentre svita la corona dal corpo. «Apri la tua come sto facendo io.»

«La mia è pura, la tua invece...»

All'ultimo giro di corona il pezzo svela una cavità nascosta. Come un ombra appena percettibile qualcosa schizza fuori dalla regina, ora aperta, e va a conficcarsi nella spalla di Barbara.

Lei prima mi lancia un'espressione stupita. Poi ride, ride e ride ancora. La vedo impallidire sotto il mio sguardo.

.«..Invece la regina nera contiene un dardo avvelenato. Ma avresti dovuto averla tu. Avresti dovuto essere tu a morire, e porre fine a ogni sfida.»

Le sue ultime parole contengono una domanda implicita alla quale non vedo l'ora di rispondere.

«Sì, Barbara. Ho infranto le tue regole: prima, quando è caduta la tazza, ho girato la scacchiera.»

Il suo respiro si fa affannoso. Forse dovrei chiamare gli infermieri e invece no: continuo a spiegare.

«L'ho fatto perché ti odio. Tradirti e prendermi gioco della tua menomazione mi ha dato un piacere ancora più grande che sfidare la tua supponenza.»

Sento la mia voce velata da un dubbio sottile. «Non potevo immaginare che con quel gesto stavo rivolgendo contro di te l'arma con la quale intendevi uccidermi.»

Barbara sembra leggermi ancora una volta nel pensiero.

«Sei davvero sicura, Nadia, che lascerei mai a te l'ultima mossa?»

Sono queste le ultime parole che pronuncia, prima di lasciarmi.

Sola, con la mia sconfitta.

FABIO MUNDADORI è nato a Bologna nel 1966 e dopo aver vinto i premi "Giallolatino" e "Garfagnana in giallo" pubblica diversi racconti e alcuni romanzi tra cui *"Dove scorre il male"* (Damster edizioni). È oggi condirettore del premio letterario "Garfagnana in giallo" ed è direttore della manifestazione "Civita in giallo".

CRESCENDO SI IMPARA

DIANA LAMA

Fu nell'estate dei miei quindici anni che decisi di rubare una personalità.

Fino a quel momento ero stata un'ameba, un piccolo essere insignificante, scialbo e asessuato, che senza troppe pretese si accontentava di sopravvivere nel grande oceano del mio liceo scientifico.

Certo però che ero in grado di fare confronti! Guardavo con invidia e astio tutte le fortunate ragazzine dotate di quella cosa magica chiamata personalità, carattere, fascino, presenza o come diavolo si voglia indicare. Insomma quel certo non so che per cui nel momento in cui entri in una stanza gli altri notano la tua presenza.

A me non succedeva mai, ma sapevo com'era.

Sei ancora sulla soglia e ti guardi attorno con aria sicura e noncurante, e in un attimo tutti si affollano intorno a te in un crocchio adorante, ti offrono da bere, da ballare, da fumare o l'ultimo pettegolezzo. L'aria frizza di risatine compiacenti e ammiccanti che stanno a significare che sei tu a dover accettare loro, e non viceversa.

Come per l'appunto era sempre stato per me, nella mia vita disgraziata e adolescente. Non ricordo più le volte in cui son rimasta a far da tappezzeria alle feste. Intere serate insieme ad altre infelici come me, la zoppa, la cieca, la grassa e altre paria dello stesso genere.

La decisione di rubarmi una personalità fu un virus che si insinuò nella mia mente senza che me ne accorgessi. Ovviamente la personalità di Liliana, la migliore che potessi scegliere, ma il tutto non fu un procedimento automatico e semplice come adesso potrebbe sembrare.

La osservai tutto l'inverno, studiai la mia preda, cioè la personalità di Liliana, per lunghe ore in classe, mattinate dopo mattinate, tra lezioni di matematica e inglese, compiti in classe di italiano e di fisica. Purtroppo non avevo accesso ai suoi pomeriggi e alle sue serate, che supponevo ricche di avventure e fantastici incontri che non riuscivo nemmeno a immaginare.

Ma in classe era mia.

Seduta opportunamente due banchi dietro di lei e un po' spostata sulla destra, potevo saziarmi dello spettacolo di lei e del suo vivace carattere, a mio piacimento e senza troppo dare nell'occhio.

Liliana era ovviamente in prima fila, vicino alla finestra, nella zona dove stavano le più brave. Oltre il suo profilo potevo vedere le chiome degli alberi nel cortile della scuola. Quando abbassava la testa, scorgevo il neo che aveva all'attaccatura del collo, sfiorato dai capelli fini che sfuggivano dalla crocchia tenuta ferma con la matita. Anche il gesto con una mano sola per alzarsi le chiome era aggraziato, ma lo faceva troppo velocemente, e non ero abbastanza vicina da cogliere il lesto movimento del polso.

Di più non osavo avvicinarmi, neanche nell'intervallo, perché Liliana era sempre circondata da una cricca adorante di amiche del cuore, tre individue che esistevano solo per ridacchiare a tutto quello che lei diceva e fungere da barriera fisica contro la vicinanza di esseri sgradevoli e indesiderati, quale potevo essere io.

Nel cortile del liceo restavo aggrappata a un muretto, sempre non troppo distante da lei e dalle sue sodali, e mi abbeveravo come un assetato nel deserto.

Lei non era bellissima, solo magneticamente attraente. Questo è fondamentale, perché le vere personalità non lo sono mai, non devono e non possono esserlo, perché altrimenti la bellezza fisica potrebbe offuscare lo scintillio del carattere. Addirittura potrebbe distrarre dal suo completo sviluppo, con fallaci promesse di tette, culo, occhi azzurri e capelli biondi che poi passano, mentre la vera personalità no, quella non passa mai, anzi migliora invecchiando come un buon vino, e fa sì che tu sia più attraente e pericolosa a quarant'anni con le rughe, i capelli con una meche grigia e le gambe e il seno non più perfetti che un'altra donna a venti con la sua bellezza del ciuccio.

Questo, ovviamente, se hai una personalità.

Se non ce l'hai, e sei pure un cesso, allora sparati.

Comunque, per farla breve, lei aveva una personalità. Io no, così gliela rubai.

Me l'ero ritrovata in classe all'inizio del secondo liceo, trasferita da chissà dove. Immediatamente era diventata il polo d'attrazione degli sguardi maschili e non solo.

I miei compagni erano una massa di adolescenti brufolosi e balbuzienti nella fase incerta di un divenire uomini ancora lontano. Verso di loro non nutrivo il minimo interesse sessuale ma li avrei volentieri usati come cavie per sperimentare il mio fascino, se fosse esistito. Ma Liliana era diventata subito anche il polo d'attrazione delle ragazze, la cui stima e attenzione avrei disperatamente voluto conquistare per sentirmi uguale a loro, che invece non mi vedevano nemmeno, come d'altronde era giusto che fosse.

Lei invece l'avevano vista, eccome!

Tempo un mese dall'inizio delle lezioni ed era la regina incontrastata della classe, adorata anche dai professori. Io stavo in un angolo a mangiarmi le unghie delle mani e dei piedi e il fegato, desiderando con tutta me stessa stare con lei, parlare con lei, entrare dentro di lei, essere lei.

Ma nessuno mi vedeva, anonima e mediocre com'ero, tra i banchi e nella vita.

Un'ameba, appunto.

Poi tutto cambiò. La vita, per la prima volta, si degnò di guardarmi e mi dette un'occasione.

Il germe dell'idea nacque quando i miei genitori, due amebe insignificanti come me, mi comunicarono con una certa nervosa apprensione che quell'estate avremmo cambiato luogo di villeggiatura. Avevano comprato una casa per le vacanze a Sorrento e temevano di incontrare una qualche opposizione da parte mia, visto che da sempre villeggiavamo a Ischia. Si supponeva che io vi avessi degli amici, così, per farli contenti, finsi di esternare le mie rimostranze.

Nell'intimo, in realtà, gioivo.

Avevo sempre odiato Ischia, le sue spiagge e i bar e le discoteche che mi avevano visto bambina informe e poi adolescente disperata, con ancora il grasso dell'infanzia attaccato alle cosce, alle guance e al sedere.

I coetanei vacanzieri non mi avevano mai degnato di una seconda occhiata. Le poche amichette mi avevano abbandonato a una a una, man mano che gli spuntava un qualche attributo degno di essere notato, come una bella treccia bionda, un culetto sculettante, un sorriso candido e aguzzo o, in rari casi, un abbozzo di personalità.

La prospettiva di un territorio vergine, dove potevo arrivare senza portarmi dietro gli strascichi della mia infanzia desolata era eccitante in maniera quasi intollerabile. Ma in quella che sarebbe stata la prima, vera occasione della mia vita di riscattarmi dal grigio anonimato, urgeva trovare qualcosa da portare nel bagaglio a mano.

Non avevo intenzione, in quel paradiso di deliziose promesse che sarebbe stato Sorrento, di fallire ancora.

Restarmene in un angoletto a guardare mentre le altre ballavano attorno ai falò sulla spiaggia, osavano il pareo striminzito sull'ombelico con il piercing, ridevano vincendo le gare di gelato a chi lo leccava più in fretta dalla pancia di un maschio compiacente, trionfavano nei giochi nell'acqua, cavalcioni sulle spalle di altri maschi compiaciuti, e infine rubavano un bacio proprio a quello che piaceva a me, con la scusa del gioco dell'assassino, nel buio di un patio fiorito.

Stavolta no.

Stavolta, no!

Tutto questo sarebbe capitato a me, perché io avrei avuto una personalità, e avrei attratto maschi e femmine come il miele le mosche.

Presa la decisione, la scelta era obbligata. La personalità di Liliana era di gran lunga la migliore su cui mi fosse permesso di mettere gli occhi, per cui mi dedicai di buona lena all'opera di rubargliela, onde poterla esibire l'estate successiva come mia al pubblico adorante.

Non è troppo difficile rubare una personalità, basta saper guardare, e registrare tutto.

Io spiavo ogni minimo dettaglio.

Come Liliana piegava la testa in un certo modo quando rideva, come si attorcigliava una ciocca di capelli sulla fronte quando voleva sembrare pensierosa, come attingeva a piene mani dalla sua storia di famiglia per essere spiritosa.

In questo era davvero superlativa. Dettagli di insignificante vita familiare che raccontati da me sarebbero sembrati banali o irritanti, in bocca a lei assumevano colorazioni brillanti e irripetibili, narrando la saga di un parentado speciale e indubbiamente superiore.

Tutto, perfino le lagne del fratellino piccolo o le fissazioni igieniche del genitore, la scarsa abilità culinaria della madre o la scorbutica rozzezza della cameriera, tutto faceva brodo.

Allo stesso modo Liliana era brava a individuare quel banale, piccolo dettaglio di abbigliamento che non era ancora moda, ma lo sarebbe diventato dopo cinque minuti addosso a lei.

E poi aveva un'andatura unica, snodata e sgraziata e dinoccolata, di cui faceva un'arte.

E ancora, orribili pettinature, che in testa a lei assumevano un'unicità che faceva rimpiangere a tutte noi neglette di non aver osato adottarle prima.

E il tono di voce nasale.

E la sgobbonaggine scolastica assunta al ruolo di brillante curiosità intellettuale.

E quel modo di sorridere quando da sorridere non c'era proprio niente, o di intristirsi e fare la pensosa quando gli altri ridevano.

E il coraggio di andare controcorrente, o meglio, fingere di essere controcorrente, quando invece si allineava perfettamente nella media. E la sfacciataggine di affrontare il mondo pensando "io sono meglio di te". Tutto questo e altro e altro ancora.

Liliana era una miniera, da cui io attingevo a piene mani, e tesaurizzavo, guardandomi bene dall'esibire ciò che stavo rubando.

Tutto il mio bottino era destinato a Sorrento, dove sarei risorta come una fenice dalle ceneri del mio vecchio io.

In camera da letto, nel segreto della notte, con la mia miserabile famiglia che dormiva ignara, facevo le prove. Mi sorridevo allo specchio, acconciavo i capelli, fingevo di camminare, mi giravo di tre quarti col mento sulla spalla, sorridendo con aria distante. Ero riuscita perfino a imparare la mossa del polso, e oplà, con una matita i miei capelli erano a posto, in una crocchia deliziosamente disordinata. Avevo rifornito il guardaroba di magliette, pantaloni e vestiti come li avrebbe comprati lei.

Ero pronta, dovevo solo aspettare.

Ancora poco, pochissimo.

Poi, improvvisa, la catastrofe.

Come un temporale estivo, quando il cielo un attimo prima è terso e traslucido fino all'orizzonte, e all'improvviso si gonfia di nuvolaglia nera e minacciosa che invade tutto il campo visivo.

Successe proprio così.

Era la fine di maggio, durante la gita scolastica a Positano e dintorni, prima del termine dell'anno scolastico. Liliana si avvicinò durante il pranzo al sacco, amichevole come non era mai stata in tutto l'anno. Non è che fosse stata odiosa o scortese, questo no. Semplicemente, non mi aveva nemmeno mai guardato.

In quel momento invece mi prese da parte, mi mise una mano sul braccio sorridendo. Io ero paralizzata dallo stupore e da una sorta di timore reverenziale, ma riuscii a chiudere la bocca prima che mi si slogassero le mascelle.

Liliana che veniva a parlarmi in confidenza, come se fossimo intime! Non ci potevo credere, ma era lì, davanti a me, con la mano sulla pelle sudaticcia del mio braccio. Buttai il volgarissimo avanzo di panino con la frittatina per terra, lo scalciai via con il piede, non sapevo cosa aspettarmi.

Semplice. Aveva saputo che quell'estate sarei stata in vacanza a Sorrento.

Ci andava anche lei.

I suoi avevano comprato una villa proprio quella primavera.

Era felice di sapere che avrebbe trovato qualcuno che conosceva.

Saremmo diventate inseparabili, le faceva tanto piacere.

Avremmo fatto molte amicizie, ci saremmo divertite un sacco.

Parlava, parlava, e con la vivacità che le era tipica riusciva a sciorinarmi davanti la nostra estate futura.

Io la stavo a sentire, inerte, paralizzata dal panico.

Tutta la mia meravigliosa costruzione crollava in modo inesorabile al suono delle sue parole, come un castello di sabbia mal costruito, mentre ascoltavo. Inorridita.

Mi vedevo già, a Sorrento, clone sbiadito in presenza dello smagliante originale, ributtata nell'ombra e nella scialba insignificanza che mi meritavo. Liliana sempre con me, un passo davanti a me, ogni istante della futura estate.

Sarei stata invisibile anche lì.

Non potevo permettere che accadesse, non potevo proprio, è stato davvero facile, certamente più veloce di tutto il processo di rubarle la personalità.

Mi sono bastati solo cinque minuti.

Il bisbiglio sussurrato con la promessa di rivelarle un segreto speciale, il caos di fine pomeriggio, gli insegnanti che recuperavano i ragazzi dispersi, l'appuntamento al parapetto del dirupo scosceso sul mare, una spinta decisa e la corsa a perdifiato fino al pullman della scuola.

Dopo, l'attesa inutile nell'automezzo surriscaldato, lo schiamazzo dei miei compagni, l'autista che s'infastidiva, i professori prima perplessi, poi arrabbiati e infine preoccupati.

E la ricerca sempre più affannosa, e il ritrovamento, l'orrore, la disperazione, la tragedia, tutto questo è stato facilissimo, non ho fatto altro che partecipare alla recita generale, solo che tutti gli altri facevano sul serio: l'unica attrice ero io.

Mi è servito per fare pratica.

Poi, a Sorrento ho indossato la mia personalità rubata, come un vestito nuovo che quando lo levi dall'armadio sai già che sarai bellissima, e da allora non ho mai smesso di usarla.

Me la sono portata anche in città, sono due anni ormai che ci vivo dentro.

Ci ho finito il liceo, con voti molto superiori a quelli che l'inizio della mia carriera scolastica facesse prevedere.

Ho avuto fidanzati, amiche, successo. Sono stati tre anni fantastici, cullata da questa personalità magnetica e brillante.

Sto per iniziare il percorso universitario, e tutti si aspettano molto da me, perfino i miei genitori, che a volte mi guardano con perplessità, ma solo per pochissimo. Sono troppo contenti che la loro ragazza sia finalmente uscita dal bozzolo, per farsi domande.

Sì, la personalità di Liliana mi ha davvero cambiato la vita.

Anche se, a ben pensarci, inizia ad andarmi stretta.

L'università, il mondo degli adulti, nuove sfide.

Devo attrezzarmi. Sto cominciando a guardarmi attorno.

DIANA LAMA è medico, specialista in Chirurgia del Cuore e Grossi Vasi, e docente presso l'Università degli Studi di Napoli. Per Newton Compton ha pubblicato: *"27 Ossa"*, e *"L'Anatomista"*, mentre per Piemme: *"Solo tra ragazze"* e *"La sirena sotto le alghe"*.

È tradotta in Francia, Germania, Austria, Russia e Canada, e con racconti in UK e USA. Nel 2013 il suo racconto *"The ultimate segrete"* è uscito sulla Ellery Queen Mystery Magazine in USA. È presente con racconti in numerose antologie italiane. È socio fondatore e Presidente di Napolinoir, l'Associazione dei Giallisti Napoletani.

LE FESTE COMANDATE

GIORGIA LEPORE

La ragazza grondava sangue e neanche lo sapeva. Lo sapevano le sue mani, i suoi vestiti che avevano ormai smarrito il colore originario, un paio di jeans, una maglietta rosa, o forse bianca, difficile a dirsi. Lo sapevano le sue scarpe da tennis da pochi euro e le punte dei suoi capelli biondi, dove il sangue ormai non colava più, aveva cominciato a rapprendersi. Lo sapeva l'asfalto che calpestava, dove restavano impresse tracce brune, che si scioglievano nella pioggia. Pioveva piano, quella notte. La seconda notte del nuovo anno.

E non poteva dirsi neanche più notte, perché a est già schiariva. Tra poco lo avrebbe saputo anche chi l'avrebbe vista e incontrata per strada, in quella periferia vicino alla tangenziale, dove ormai non ci stavano più nemmeno le puttane: erano tutte a casa, il lavoro era finito e solo qualche fuoco acceso si vedeva ancora, deserto e inutile.

E così fu, infatti. Un uomo che andava a lavorare al porto la vide e, incredibile a dirsi in questi tempi strani in cui la gente non vede e non si ferma, si fermò.

L'ispettore stava combattendo con un sogno lievemente peggiore della media. Un sogno in cui c'erano case che si succedevano una dentro l'altra, e in nessuna si riusciva a vedere una finestra aperta. Case che gli piacevano e gli ricordavano qualcosa di familiare, eppure lui non aveva mai vissuto in una casa. Non fino ai ventidue anni, almeno. La prima volta che ne aveva preso una in affitto gli era parso così strano essere da solo in uno spazio che gli sembrava enorme per un'unica persona, e sì che si trattava di due stanze più servizi. Era strano il silenzio, il tempo che non era scandito da nessun altro se non da lui. Non era stato facile, all'inizio.

Ecco, quel sogno forse rimandava a quella sensazione di prima volta in una casa, e poi ne erano venute altre, a una velocità e un ritmo che a chiunque sarebbe risultato faticoso, ma non a lui. Era più faticoso restare, che andarsene.

Tutte le case del sogno, da cui passava come se fossero tante bambole russe incastrate una nell'altra, avevano un tratto in comune: non c'era luce naturale, solo elettrica. Era questo che non andava in quelle case, pur nella loro bellezza, e una sensazione di soffocamento lo fece svegliare di soprassalto. Ma tanto erano le sette meno dieci, e quei dieci minuti prima della sveglia era meglio passarli a occhi aperti, piuttosto che continuando a vagare per quelle stanze senza uscita.

Era il due gennaio. Ed era anche lunedì. In ufficio spirava l'aria di un lunedì al quadrato, malumori e facce stanche. Chi era tornato dalle ferie scazzato, chi non ci era proprio andato, chi si era ubriacato a pezza (lascerei non corsivo, è gergale ma da noi è un uso normale) a San Silvestro e non aveva ancora avuto modo di smaltire, e lo stesso valeva per chi aveva stramangiato sia l'ultimo che il primo. Lui non apparteneva a nessuna delle categorie, faceva gruppo a sé stante, il trentuno aveva lavorato fino a tardi e non gli rodeva affatto, anzi: il primo dell'anno, dribblando elegantemente tra gli inviti a pranzo, aveva dormito, e tra una pennica e l'altra si era sparato tutta la trilogia de *Il Signore degli Anelli*.

La sua collega, che fino a qualche settimana prima avrebbe potuto definire fidanzata e che faceva parte della categoria di chi era tornato dalle ferie, lo incrociò nel corridoio senza salutarlo. Neanche un buon anno di sfuggita. Le cose andavano male tanto per cambiare. Non si rivolgevano la parola da giorni. Il capo lo stava aspettando. Apparteneva alla categoria dei mangerecci: meditava analisi da fare per controllare colesterolo e trigliceridi, ed era parecchio incazzato per una frase di sua moglie: "alla tua età, dovresti cominciare a darti una regolata".

«Dobbiamo andare al policlinico.»

«A fare che?»

«Poi vedi.»

Quella mattina era tutto grigio. Aveva smesso di piovere, ma non era un bene: un caldo fuori stagione, impennatosi di colpo, creava una strana nebbia che avvolgeva le cose. O forse era solo che in quella città, appena ti allontanavi dal mare, spariva ogni colore.

La ragazza stava dormendo, l'avevano messa in una stanza singola. Reparto di medicina generale, sezione donne. Un medico giovane e timido, di quelli che non gli era toccato nemmeno un giorno di ferie e, anzi, a giudicare dalle occhiaie, si era fatto qualche turno di seguito, fece strada. Sbagliò stanza due volte, forse era stanco, o forse era la prima volta che parlava con un vicequestore.

«L'abbiamo messa qui, per ora. Già stanze ne abbiamo poche, ma non sappiamo come...»

«Avete fatto bene.»

Il vicequestore lo rassicurò, buon samaritano come sempre. L'ispettore si sentì in dovere di sfoderare il suo sorriso delle occasioni migliori, e il medico gli fece cenno con la testa di entrare dentro. La ragazza era seduta sul letto, addosso solo la camiciola dell'ospedale, la testa piegata in giù, ma lo sguardo fisso in avanti. Perso nel vuoto.

«Le abbiamo tolto tutti i vestiti, erano completamente intrisi di sangue.»

Il medico raccontò del sangue, del fatto che la ragazza non parlava, di come l'avevano portata alle sei di mattina in stato confusionale e delirante, alternato a perdite di coscienza. Nessuna ferita. Forse non capisce, diceva, forse è straniera, magari dell'est.

Nel frattempo il poliziotto la osservava, e provava a intercettarne lo sguardo. Impresa impossibile, perché pareva che guardasse in un punto inesistente, e per quanto lui si spostasse, si chinasse, le girasse intorno cercando la prospettiva più favorevole, questa sfuggiva sempre. Eppure, gli occhi di lei non si muovevano.

Le osservava le mani. Sotto le unghie conservavano ancora tracce scure. La ragazza era stata lavata. Di sicuro le erano stati lavati i capelli, che cadevano in ciocche disordinate davanti alla faccia, lungo il collo, sulle spalle. Era magrissima e da sotto la camiciola sbucavano le clavicole e lo sterno, coperti da pelle tirata. Era tutta tirata, in effetti.

«E non parla?»

«No. Non ha detto nulla, finora, e non comunica neanche con i gesti. È in stato di choc, ma ancora non sappiamo precisamente il suo stato neurologico. Stiamo aspettando di fare degli esami.»

«Lesioni?»

«Niente di significativo. Un livido al braccio destro, sopra il gomito. Un'abrasione al tallone sinistro, dovuta allo sfregamento contro il bordo delle scarpe. Ha camminato parecchio, a giudicare dallo stato dei suoi piedi. Ma lesioni serie non ne abbiamo riscontrate.»

L'ispettore continuava a osservarle le mani, immobili. C'erano dei segni intorno alle unghie, la pelle era mangiata. Un taglio proprio sopra al polso sinistro, con un rigonfiamento rosso.

«Abbiamo fatto l'analisi del sangue trovatole addosso, almeno per capire se è sangue umano. È umano ma non è suo. Zero positivo, lei è A. stiamo facendo esami più accurati per capire altro, tra poco dovrebbero essere pronti.»

«Ha fatto bene. I vestiti?»

«Sono in un sacco di plastica. Aveva sangue anche sulla biancheria intima.»

Il vicequestore sospirò, e si volse verso il collega, che era invece concentratissimo a guardare quella statua di carne, chiedendosi se almeno respirava, perché non si vedeva.

«Ci sei?»

«Eh.»

«Andiamo a vedere i vestiti.»

«Sì. Arrivo.»

Uscirono tutti, e la ragazza finalmente poté smettere di guardare nel vuoto. Non li voleva vedere, perché le persone le parevano mostri. Deformi, distorti. Le facce troppo grandi, le voci cavernose, le pance sfatte, la pelle bianca e in disfacimento. Puzzavano. Così, quando qualcuno era nella stanza, era costretta a fissare il vuoto, per non urlare e per non vomitare. Anche lei si faceva schifo, anche lei era sfatta, grassa, orribile. Si guardò le mani. Le mani erano la cosa che più le piaceva di sé. Se le guardava, accarezzava, e soprattutto le piacevano quando cominciavano a essere un poco abbronzate, dalla primavera in poi. Non erano né maschili né femminili, e le piacevano proprio per questo. Perché erano la parte del suo corpo che più rispondeva a come lei si sentiva. Né maschio, né femmina.

Stavano andando in un magazzino. Il vicequestore intanto parlava e parlava, al solito. Parlava col medico delle emergenze di due notti prima, il delirio consueto, di quanti feriti, quanti botti esplosi tra le mani, quante dita occhi piedi se ne erano saltati via in quel rito pagano che ogni anno voleva il suo credito di sangue. Parlavano degli animali, e il medico si era addentrato in una perorazione in difesa della giusta causa del divieto di sparare i botti: la sua cagnetta due anni prima era scappata impazzita e si era infilata sotto una macchina. Il funzionario non aveva cani, ma si immedesimava nei padroni di cani di tutto il suo vicinato, e quindi annuiva convinto.

L'ispettore, invece, era molto più interessato al contenuto del sacco. I vestiti erano intatti e, a parte il sangue, pareva fossero in buone condizioni. Jeans di marca comune, maglietta pure, diffuse in Italia ma anche nel resto del mondo occidentale. Scarpe da tennis in tela leggera, inadatte al freddo e alla pioggia, zuppe di fango, sangue, e distrutte dalla troppa strada. Però. Non aveva un cellulare con sé, e questo, nel mondo occidentale civilizzato, era assai strano. Niente documenti, foglietti, agende, neanche uno scontrino in tasca, niente che aiutasse a capire che provenienza avesse, ed era impossibile stabilire se capisse o meno quello che le si diceva. Eppure avrebbe giurato che mentre erano là, nella sua stanza, e lui la stava osservando, c'era stata un'impercettibile contrazione della mano destra, ed era stato in corrispondenza di qualcosa che qualcuno aveva detto, ma non era in grado di ricordarsi cosa e chi. Cercava di concentrarsi su questo, mentre il suo capo e il medico continuavano a parlare di cani e botti di Capodanno.

«Mi scusi, che stavate dicendo della ragazza?»

«Quando?»

«Là, nella stanza.»

«Non so, un sacco di cose. Cosa vuole che le ripeta?»

Troppa fatica, decretò l'ispettore. E passò invece a esaminare un altro dettaglio. Quel segno rosso sul polso? Aveva chiesto al medico, e lui aveva risposto che era un taglio, non troppo profondo. Causato da cosa non era ancora chiaro, e il medico aveva detto che sì, avrebbero indagato. Stavano inoltre facendo gli esami tossicologici, e i primi risultati davano per certa la presenza di sostanze stupefacenti, ma di che natura fossero non erano ancora in grado di stabilirlo. Non era cannabis, eroina e nemmeno cocaina. Neppure alcol. Qualcosa c'era, ma non sapevano ancora cosa. Farmaci, forse. E una cosa insolita: un sacco di alcol sui vestiti.

«Mi scusi ancora. Niente alcol in corpo e tanto sui vestiti, non è strano? Ma di che tipo?»

E il medico aveva nuovamente interrotto la discussione sui botti.

«Sì, è strano. Ancora non lo sappiamo. Un collega diceva Whisky, dall'odore, ma come faceva, in mezzo al sangue e alla pioggia, a riconoscerlo non lo so.»

Un collega esperto, commentò mentalmente il poliziotto, e per fortuna il commento non superò la soglia della autocensura.

La ragazza ora era da sola e stava quasi bene, nel suo letto comodo e pulito. Cominciò a pensare che avrebbe voluto restare là per sempre, che non avrebbe mai detto a nessuno come si chiamava e da dove veniva, che avrebbe fatto finta di non capire e di non parlare. Mentre quelli parlavano, avevano detto che era straniera, forse. E va benissimo, pensate che sia straniera. Romena. Slava. Ucraina. Se mi dite che sono ucraina è un gran complimento, sì. Le ucraine sono belle. Quanto siete stupidi, voi uomini, basta che vedete dei capelli biondi e pensate subito a una straniera. Pensò che invece i capelli biondi li aveva presi da lei, e quel pensiero le fece girare la testa, le venne da vomitare, il suo cervello smise di pensare.

Vagò fuori. Non c'era nulla da guardare, ma a lei quel nulla andava benissimo. Tutto quel grigio, che non si sapeva se fosse cielo, aria, fumo. Mare. Il mare fa schifo. Il mare è quella cosa che ti devi mettere il costume, devi fare finta di divertirti, e io invece non mi diverto per niente. Il mare d'inverno è meglio, c'è una canzone da qualche parte, e l'ho sentita, da qualche parte. Era una bella canzone.

Quello giovane era tornato e la stava osservando. Cosa cazzo vuoi, stronzo. Non parlava, la osservava e basta. E lei voleva scappare, perché quello sguardo era insopportabile, era proprio come al mare, che quelli ti guardano e ridono. Ma questo qui non rideva. Stava là, poggiato al muro, faceva una faccia che forse era un mezzo sorriso. Forse.

«Secondo me tu mi capisci, se ti parlo. Secondo me non sei straniera per niente. Che ti è successo, eh? Non abbiamo fretta. Sai, una volta, tanto tempo fa, io stavo in un letto, fissavo il soffitto, e non parlavo, come te. E mica me lo ricordo ancora, cosa era successo. Alla fine ricominciai a parlare, ma perché avevo smesso non lo so. Sono passati... venticinque, ventisei anni, e ancora non lo so. Abbiamo tempo, eh. Però magari cerchiamo di capirlo prima di venticinque anni, che dici?»

Pensi di essere rassicurante, tu. Pensi di fare l'amico. Mi stai dicendo che sai come mi sento, ma non sai un cazzo. Mi fai schifo, poliziotto di merda.

E però, quello che lui le aveva detto, le suonava familiare. Perché nemmeno lei sapeva cosa era successo. Su questo non doveva fingere, era vero, lei non si ricordava niente. Aveva un vago ricordo di qualcosa che poteva essere accaduto due o tre giorni prima, lei su un treno, lei che scende a una stazione che non ricorda, lei che prende un panino a un bar. Forse era Mola, forse Polignano. Il mare sì, quello se lo ricordava.

Era Santo Spirito. Ecco, sì, e lei era tornata a casa per Natale. In ritardo, perché il Natale era già passato, lo aveva fatto passare apposta perché non ci voleva tornare. Le feste comandate, a casa si torna per forza. E che torno a fare. Non hai fatto manco l'albero, sono anni che non fai l'albero, anni che non mi fai un regalo, anni che ti trovo qua con la bottiglia in mano e non fai niente.

Quello giovane continuava a guardarla, e ora stava davvero sorridendo. Pareva che le sfondasse il cervello, con quello sguardo, pareva che sapesse cose che lei stessa nemmeno immaginava; ora sospirava, guardava fuori quella specie di cielo marcio e schifoso, e sorrideva ancora.

«Eh lo so. Le feste sono un periodo di merda. Dillo a me. Magari sei andata a un veglione, eh? Una festa di capodanno con gli amici. Faccio bene io che me ne sto a casa. Magari ti sei fatta qualche birra in più, e qualcuno ti ha dato fastidio. Ma ce lo devi dire. Devi aiutarci. Chi è stato che ti ha dato fastidio?»

Stai zitto. Non sai un cazzo, non capisci un cazzo. Voi uomini siete tutti così, mia madre lo dice sempre. Tutti che vi credete chissà chi cazzo siete, e invece non siete niente.

«Vabbè, vado fuori. Vado a fumarmi una sigaretta. Che secondo me la vorresti pure tu. È facile, sai, basta che ti decidi a dirci qualcosa, e magari poi ce la fumiamo insieme. La vuoi? Ok. Facciamo la prossima, dai.»

Fuori c'era il suo capo che parlava con il medico. Stavolta non erano più i botti, l'argomento, ma i ricoveri di feriti che potevano essere collegati alla ragazza. E non c'era niente.

«Dove vai?»

«A fumare.»

«Ma ti pare che ora ti devi mettere a fumare. Vieni qua, vediamo questi dati.»

L'ispettore sbuffò. Rimise dentro la sigaretta, e si rassegnò a rimandare a chissà quando quel momento di tregua.

«Abbiamo i dati anche degli altri ospedali della zona. Nessun ricovero compatibile con le lesioni ipotizzabili a carico della persona a cui appartiene il sangue. Che devono essere belle serie, a giudicare dalla quantità di sangue che la ragazza aveva addosso.

«Insomma abbiamo l'aggressore e non abbiamo la vittima.»

«Già.»

«E abbiamo alcol fuori e non dentro.»

«Eh?»

«Niente. Pensavo all'alcol sui vestiti. Secondo lei lo ha ammazzato?»

Il vicequestore lo guardò senza avere il coraggio di parlare. Ma l'assenso arrivò lo stesso, dalla sua faccia che per l'ispettore – ma in fondo per chiunque – era un libro aperto.

«Prima in stanza ci ho provato. Le ho detto qualcosa, ho suggerito una festa, una aggressione, qualcuno che l'ha infastidita… speravo in una reazione.»

«E c'è stata?»

«No. L'ho osservata bene. Nessuna reazione. Eppure, prima, quando eravate con il medico in stanza, qualcosa c'è stato. Ma non riesco a ricordare cosa stavate dicendo.»

Il vicequestore non era molto interessato alla questione. Ricontrollava i dati degli ospedali e non veniva fuori niente. Un ustionato, due ricoverati per un incidente, di cui uno abbastanza grave in rianimazione, quattro feriti da botti, tre in una rissa.

«Mah. Vai a capire. Questa secondo me ha fatto fuori il protettore. Magari, eh. Sarebbe la cosa meno peggio.»

«Dice?»

«Non so. Vedi altre ipotesi? Straniera, dell'est, bella, giovane, che vaga sulla tangenziale. Mi pare che torni.»

«E che ne sa che è straniera?»

«La faccia, i capelli... non capisce quello che diciamo.»

«Secondo me capisce.»

«E come fai a dirlo?»

«Boh. Così.»

Lo avrebbe preso a schiaffi quando se ne usciva con queste presunte intuizioni irrazionali. Ma a volte il suo ispettore ci prendeva. Non avrebbe saputo dire se purtroppo o per fortuna, ma ci prendeva. E questo gli dava ancora di più sui nervi.

«Torno da lei. Vediamo se riesco a cavarci qualcosa.»

«Con la telepatia?»

L'ispettore si mise a ridere, e non si girò neppure, perché altrimenti il vaffanculo mentale che stava rivolgendo al suo capo gli si sarebbe letto in faccia.

«Eh. Chissà. Pure.»

La chiamata era arrivata al commissariato di Santo Spirito. La signora del terzo piano andava a bussare tutti i giorni, un po' perché non teneva niente da fare, un po' perché così spiava e poi aveva argomenti di conversazione tutto il giorno, un po' perché era cattolica convinta e, come diceva don Dino, il cristianesimo bisogna viverlo, la carità bisogna praticarla, non solo nelle chiese, ma anche nelle case. E Dio solo sapeva se a quel quarto piano avevano bisogno di carità, cristianesimo e Dio. La porta era aperta, lei era entrata. Due minuti dopo stava urlando e invocando Dio, che era chiaro, ormai, che da quelle parti se ne era andato da un pezzo.

Aveva chiamato anche la polizia. Il commissario di Santo Spirito aveva girato la cosa in questura, perché di omicidio, e pure brutto, si trattava. Rogne, rogne pesanti, e lui non era il tipo che si voleva tenere le rogne per sé, quelli che facevano gli eroi li teneva sul cazzo proprio. E alla fine la telefonata era arrivata al vicequestore mentre stava ancora in ospedale.

L'ispettore era nella stanza. Guardava la ragazza, e la ragazza guardava fuori. Le diceva cose a caso, nella speranza, sempre più vana, che ci fosse una reazione. Forse hanno ragione, pensò. Forse è davvero straniera e non capisce nulla di quello che le dico.

«Ispettore, vieni qua.»

Ecco, lo aveva chiamato ispettore. Quando lo chiamava così, era incazzato. O depresso. O tutt'e due.

«Hanno trovato una donna in un appartamento, pare. Ancora non abbiamo dati certi, ci stanno quelli di Santo Spirito. Ma ci hanno chiamato subito, per una volta, che bravi. Una donna di età indefinita. Dice che ha tante di quelle coltellate che manco si vede la faccia.»

«E che altro sappiamo?»

«Niente. Ho detto di cercare foto, documenti, qualcosa. Ah, pare che la vicina di casa abbia detto che la vittima aveva una figlia. Una ragazza giovane. Non sappiamo altro.»

L'ispettore fece in tempo a pensare che lo sapeva, lo sapeva che quella capiva tutto. E se capiva tutto allora aveva sentito e capito anche quello che si stavano dicendo là, sulla soglia della stanza. Calcolò la distanza, chiedendosi se dalla porta al letto si sentisse così bene, mentre quel rumore che a sua volta aveva sentito e quel movimento che aveva visto con la coda dell'occhio non gli piacevano per niente. E si ricordò di colpo che la contrazione della mano di un paio di ore prima era avvenuta mentre il capo e il medico parlavano di una denuncia per scomparsa di una ragazza, ma la madre era arrivata in ospedale e no, non era lei.

Fece in tempo a dire cazzo, e si lanciò nella stanza.

La ragazza fece in tempo a pensare che a casa per quelle feste non ci voleva tornare. E che tu non mi hai mai fatto neanche un cazzo di albero, un cazzo di regalo, e io quel giorno volevo solo dormire, era capodanno e poi volevo uscire, e tu eri ubriaca come al solito, e mi hai urlato alzati che sto male e tu dormi, non vai da nessuna parte sto male e tu esci, e io ti ho detto tu stai sempre male mamma, ora ti tolgo questa cazzo di bottiglia dalle mani e te la rompo in testa. E lo aveva fatto davvero, e poi aveva continuato e continuato, non solo con la bottiglia, ma con qualcosa che era là, in cucina, aveva continuato fino a che quella non aveva smesso di gridare. Fece in tempo a pensare che era meglio non ricordare niente, e ora che glielo avevano fatto ricordare non poteva fare nient'altro. E che è incredibile quante cazzo di cose si riescono a pensare nei pochi istanti che ti servono a strapparti via la flebo dal braccio, ad alzarti dal letto e girare una maniglia.

Fece in tempo ad aprire e a lanciarsi dalla finestra.

Il tempo era finito. L'ispettore non arrivò a prenderla: la vide solo volare via, nel vuoto, con la camiciola che si gonfiava al vento, il corpo nudo e magro che sembrava voler scivolare via, tornare in alto, i capelli che diventavano ali spiegate, fare un mezzo giro su se stessa, aprire le braccia.

Urlò, chiuse gli occhi, e non vide il resto.

GIORGIA LEPORE vive a Martina Franca. Archeologa e storica dell'arte, insegna Storia dell'arte nelle scuole superiori. Ha pubblicato *"L'abitudine al sangue"* con Fazi 2009, *"I figli sono pezzi di cuore"* con E/O 2015 e sempre con E/O *"Angelo che sei il mio custode"* nel 2016, nella collezione Sabotage.

TOPO DI CAMPAGNA

LORENZO SCANO

Ero pulito. M'ero ripromesso di rimanerlo fino alla fine dei miei giorni. La promessa: *niente più stronzate, ragazzo*. Il Signore, o chi per lui, mi aveva già graziato in passato e sapevo che se mi fossi rigettato nella mischia sarei finito al fresco... o sotto terra. Perché è così che vanno le cose, non è vero? Ti va bene anche dieci, quindici, venti volte di fila, nel mestiere, ma arriva sempre il giorno in cui ti si presenta il conto e sei costretto a pagarlo per intero. Qualche volta, per contrappasso, con gli interessi. Allora sì, so' cazzi.

L'ultimo colpo al quale avevo partecipato, una rapina in banca, risaliva a tanto tempo addietro e da quel giorno avevo deciso di lasciare la strada, di mollare l'ambiente della criminalità cittadina, di reinventarmi. C'ero riuscito: con la mia parte del malloppo me n'ero andato a vivere in una zona rurale, fuori dalla Greater London, lontano dalle masse cacofoniche di turisti e dalle tentazioni che la città, meretrice seducente, mi aveva sempre offerto. Non ero poi così distante dalla Greater, ma nella mia testa il trasferimento aveva assunto i contorni di un viaggio verso una landa ignota e lontana. Forse perché non ero mai uscito dalla città prima d'ora. La misera – e per niente teatrale – realtà: dall'appartamento angusto dell'East End nel quale vivevo a una casetta a schiera in una cittadina nella quale l'attrattiva migliore era un ipermercato con una sala giochi annessa. Divertimento zero. Ma non ero fuggito laggiù per quello. Dovevo rinascere. Da cane sciolto – rapinatore, biscazziere, buttafuori abusivo, picchiatore e ladro di rame – a cittadino normale. Modello no, certo, non mi riuscirà mai.

Così, per non destare sospetti, mi ero impegnato a trovare un lavoro come tanti, una donna come tante e degli hobby banali, banalissimi, come tanti. Facevo l'idraulico, mi muovevo, principalmente, nei dintorni, e vivevo assieme alla mia compagna, Polly, che veniva dal Taiwan ed era specializzata in massaggi rilassanti, ma così rilassanti, da farmi valutare l'ipotesi di sfruttare le sua abilità fisiche per aprire un centro apposito nelle vicinanze. Polly, naturalmente, s'era sempre rifiutata. *No fale seghe per soldi*, ripeteva quando glielo accennavo. "Peccato, mia cara" replicavo, "perché quelle mani sono un dono di Dio, dammi retta". In ogni caso, conducevo un'esistenza appartata e la cosa, a essere sincero, mi andava proprio a genio.

I miei soci, invece, erano finiti male: Tommy Lovato, detto La Nutria, era stato arrestato subito dopo il colpo. Nella fuga dalla banca era inciampato, s'era rotto una caviglia e gli sbirri lo avevano acciuffato. La Nutria era chiamato così perché somigliava per davvero a uno di quei topi acquatici. La cosa lo mandava in bestia. Aveva numerosi difetti – puzzava, per esempio, ed era logorroico al punto da diventare detestabile – ma su una cosa con lui si poteva stare sicuri: non avrebbe mai cantato. Suo nonno, stando a quel che raccontava, era un *uomo d'onore* siciliano e nelle vene di Lovato scorreva lo stesso sangue omertoso. Difatti, il mio nome non era mai saltato fuori negli articoli di giornale inerenti al colpo e nessun poliziotto si era mai presentato alla porta. Onore a La Nutria, insomma. Quanto a M'hamed invece, il Sultano, era fuggito, ma nell'ambiente si vociferava che qualcuno l'avesse fatto fuori per delle storie slegate alla rapina in banca, alla quale avevamo preso parte soltanto noi tre. Che fosse morto o meno, comunque, era sparito dalla circolazione ed ero felice di usare il passato quando pensavo alla banda. Soprattutto perché quell'ultima rapina, a North Finchley, era finita malissimo.

Ero pulito, come dicevo. La cosa più criminale che facevo era confondere i bidoni della raccolta differenziata e gettare l'immondizia a caso, mandando su tutte le furie i ragazzi della nettezza urbana. Ma di droga, di rapine, di pistole, di soldi sporchi, di bische, di bassifondi e di tutte quelle altre cosette che un tempo erano state la mia vita, la mia routine, la mia carriera, non me ne curavo da tempo ormai.

Mi godevo la pace del villaggio, il giardino, la legna che scoppiettava nel camino, le mani (e non solo) di Polly, le partite di calcio e tutto il resto, senza più pensare all'uomo violento che ero stato. Ed ero così, stravaccato nella mia poltrona, davanti al caminetto, che oziavo, quando la vita mi presentò il conto. Ricordo con esattezza il momento in cui citofonarono: alla tivù, Leslie Gold era impegnato in una delle sue solite risse con una nonnetta che voleva dargli in pegno la dentiera, quando lo udii.

Dlin dlon, dlin dlon, dlin dlon...

«Polly, vai tu!» gridai, senza staccare gli occhi dalla televisione.

Polly era la compagna che tutti gli uomini desiderano: cucinava benissimo, a letto era una dragona del Taiwan, non pretendeva d'essere portata a cena fuori ogni weekend – anche perché l'unico ristorante del posto era piuttosto squallido – e mi contraddiceva raramente. Ciabattò fino alla porta, diede un'occhiata dallo spioncino e l'aprì.

Poco dopo gridò: «Tesolo, è per te!»

Sapete, ragazzi, dicono che s'avverta una specie di sesto senso, quando le rogne giungono a qualche passo dalla nostra esistenza. Beh, fu proprio così. Qualcosa mi disse che là fuori, sulla soglia, c'erano guai.

Lasciai Leslie Gold, la nonnetta rissosa e la mia poltrona e attraversai, col fiato corto, la pancia dolente e le gambe di marmellata, il salotto.

«Toh, chi si rivede!» esclamò la figura fuori dalla porta. Era buio, stava piovendo e Polly copriva parte della mia visuale, ma non ebbi dubbi.

«Lovato» borbottai, sgranando gli occhi. "In persona.»

«Ma come...»

«Fa freddo qua fuori. È permesso?» domandò La Nutria, entrando.

Scrollò le spalle per togliersi le gocce di dosso, si pulì la suola delle scarpe sul tappeto, spostò lo sguardo da Polly a me più volte e sorrise: «Il topo di città è venuto a trovare il topo di campagna. Contento?»

Era fuori da qualche giorno. *Bye, bye, Pentonville!* La Nutria era tornata allo stato brado. Quando gli chiesi com'era riuscito a trovarmi, si limitò a scrollare le spalle e sorridere. La cosa mi rese nervoso.

Accidenti, pensai, *credevo d'essere ben lontano dal passato, quaggiù...* Evidentemente, non così lontano come avevo sperato. Dopotutto, i confini della Greater London distavano poco più di cento chilometri dal sistema di villaggi rurali del quale faceva parte il mio. Se La Nutria era riuscito a trovarmi senza fare tanti sforzi, mi chiedevo se fosse possibile che ci riuscisse anche qualcun altro, con intenti dissimili dal fare una visita a un amico. Subito, scacciai quel pensiero.

Tommy Lovato era lo stesso gaglioffo di sempre. Se possibile, la prigione lo aveva imbruttito di più: aveva una barbetta rada ma incolta, i capelli sporchi, i vestiti sgualciti e delle scarpe da tennis logore. Puzzava di sudore, di birra scadente e tabacco. Polly lo guardò con ribrezzo quando le sorrise, mostrando una fila di denti cariati, anneriti dal fumo e dagli zuccheri, e poi tentò di ricomporsi.

«Polly, tesoro, puoi lasciarci soli un momento?» le chiesi.

Polly si sforzò di sorriderci e si ritirò nuovamente in cucina.

«Così ti sei sistemato. Da non crederci!» esclamò Tommy, divertito. «Bella tipetta. Dì un po', compare, è vera quella leggenda a proposito delle cinesi?»

«Quale leggenda?»

«Che non hanno solo gli occhi a mandorla» mi strizzò l'occhio. Finsi di sorridere e mi strinsi nelle spalle.

«Che c'è? Sei diventato un chierichetto? Parlare di fica ti rende nervoso?»

No, brutto topo di fogna, pensai, *parlare della fica della mia compagna con te, mi rende nervoso.*

«Che sei venuto a fare?» gli chiesi, alzando di qualche tacca il volume della tv. Non volevo che Polly sentisse.

Lovato allargò le braccia, piegò la testa e si morse un labbro: «Santo cielo, come sei freddo. Ti sembra questo il modo di accogliermi? Dopo tutto quello che ho fatto per te...»

Lasciò sfumare la frase in maniera teatrale, prima di concludere: «... Dovresti ringraziarmi almeno, non credi?»

«Tommy» gli dissi: «Ti sono grato per la prova di amicizia che mi hai dato. E la tua visita mi fa molto piacere, lo sai... ma sono fuori, capisci? Ho chiuso con il passato.»

La Nutria abbozzò una risata. «Dicono tutti così. Specie nei film, hai presente? Dì un po'... di M'hamed sai qualcosa?»

Accidenti a lui. Parlare del passato mi rendeva irrequieto. In ogni caso, qualcosa la sapevo. Non molto. Solo quello che si diceva in giro: qualcuno aveva regolato dei conti in sospeso con M'hamed e il Sultano giaceva da qualche parte, sotto tre metri di terra.

«Già, lo penso anche io» convenne con me Lovato. «Magari se la sta passando con quaranta vergini adesso. Tu te la passi mica male...» osservò. Si diede un'occhiata attorno e fischiettò vivacemente. «Che bella casetta, accidenti. Da cittadino perbene, come quelli che ci lavoravamo assieme una volta. Te lo ricordi almeno? Quello che facevamo intendo. Come lo facevamo, soprattutto...»

Quello che facevamo: rubare, menare, sparare. Come lo facevamo: basti sapere che i giornali ci avevano ribattezzato "I diavoli dell'East End".

Lo pregai d'accantonare quei discorsi e gli chiesi se gradisse qualcosa da bere. Dopodiché, superati i convenevoli, me lo sarei levato di torno.

«Una birra, se ce l'hai.»

Sì che l'avevo. Una marca scadente, da pochi cents, com'era solito berla. Gliela portai e Lovato la trangugiò come se fosse l'ultima della sua vita.

«Senti, sono venuto fin quaggiù perché... sei in debito, giusto?»

Soldi, mi dissi, *gli servono soldi.*

«Se la vuoi mettere così.»

«Bene. Ho bisogno di stare qui qualche giorno.»

Dovetti fare una faccia assurda, perché La Nutria s'acigliò, storse la bocca e mi puntò l'indice destro in faccia. «Vuoi dirmi di no, forse? Dopo quello che ho fatto, eccheccazzo... Dopo l'arresto, la galera, il silenzio... Ma lo sai che cos'ho passato a Pentonville? Un inferno. Potevo parlare ma non l'ho fatto. Ti ho evitato di passare le stesse sofferenze. Dovresti tenerne conto.»

Con la coda dell'occhio, scorsi la testa di Polly fare capolino da dietro un mobile. «Tutto regolare, tesoro, non preoccuparti» le dissi.

«Siculi?»

«Siculi, siculi!» la scimmiottò Tommy.

Un'ondata di calore m'investì le tempie, facendole pulsare. «Senti, ti ho già detto che ti sono grato per quello che hai fatto. Ma sono pulito, capisci? Dico davvero. Quindi, se sei venuto qui per propormi qualcosa di illecito, Tommy...»

Lovato si portò due dita al cuore, come uno scout, poi le baciò. «Tranquillo, fratello. Mi serve solo una base stabile per qualche giorno.» Si bloccò, sembrò meditare, e concluse: «Devo solo stare lontano dalla giungla per un po', tutto qui.»

Per qualche secondo rimanemmo in silenzio entrambi. Gelida, rumorosa, insistente, la pioggia seguitava a picchiare sul tetto di casa e a scrosciare sulle finestre. Era una di quelle giornate d'autunno che preferivo, nelle quali potevo poltrire mentre là fuori imperversava il maltempo e la legna che ardeva nel camino spandeva un profumo piacevole per tutta la casa. Guardavo la tivù, leggevo, facevo le parole crociate, bevevo qualcosa e mi deliziavo col pensiero che più tardi mi sarei infilato sotto il piumone con Polly... ma quella sera, la mia tranquillità mentale era stata infranta dal palesarsi di Lovato e dalla sua parlantina.

No, mi decisi, fottendomene delle sue lamentele, *non lo voglio qua dentro di notte...*

«C'è una specie di B&B qui vicino» gli dissi, a costo di sembrare scortese. «Hai dei soldi con te?»

«Ho speso tutto per il biglietto del treno» rispose La Nutria, accigliato.

«Te ne presterò un po'. Il B&B si chiama *I due pini* ed è di un amico. Si chiama Carlyle. Digli che i conti li aggiusterò io.»

«Carlyle» mormorò Tommy: «D'accordo.»

Gli diedi le indicazioni per arrivarci – doveva lasciare l'agglomerato urbano, superare la rivendita d'auto di seconda mano sulla provinciale e percorrere una stradina di campagna – e poi lo feci attendere qualche minuto mentre salivo di sopra a prendere i soldi.

Quando tornai dabbasso, La Nutria stava ispezionando l'ambiente. «Quella?» domandò, indicando una porta accanto al caminetto. «Seminterrato?»

L'aprì, sbirciò le scale di legno e tirò la testa indietro. «Accidenti, che puzza!»

Lo raggiunsi, chiusi la porta e trattenni la voglia di cacciarlo fuori di casa a calci in culo. Fisicamente ero più grosso, più nerboruto, più pesante di lui e l'azione non avrebbe richiesto uno sforzo troppo ingente. Lovato non era mai stato capace di tirare bei pugni; s'era sempre servito del coltello o della pistola per imporsi sugli altri e, da quel che sapevo, non aveva mai fatto a cazzotti. Quella, credetemi, rischiò d'essere la prima volta. Non ho mai sopportato la gente che si permette di ficcanasare nelle case altrui. "Lo so" borbottai: «Ci sono dei topi grossi come cani, là sotto. Cacano dappertutto.»

«Beh, non sarà peggio della prigione. Se ti procuri una branda...» tentò.

Scrollai le spalle. «Non è possibile» dissi.

«Perché?» insistette.

Gli cinsi le spalle e lo sospinsi di nuovo verso la porta. «C'è troppo casino là sotto.» Gli diedi le banconote e una pacca sulla spalla sinistra. «M'ha fatto piacere, fratello. Ricorda: Carlyle, *I due pini.*»

Prese le due banconote da dieci, Lovato si voltò, dandomi le spalle, e scrutò la strada principale del quartiere battuta dalla pioggia. Era così fitta che non si riusciva a vedere a più di un metro dal proprio naso. Era presto – nemmeno le quattro e trenta – ma faceva già buio come se fossero le dieci di notte. Il mio pickup, un bestione della Ford, era parcheggiato nel vialetto ed era quello, in effetti, che Lovato stava guardando.

«Ti do un passaggio. Avverto Polly e andiamo.»

I due pini si trovava fuori città. Carlyle, un uomo grande e grosso, lo gestiva da solo da quando sua moglie, Tabitha, era morta. Era un bel posticino circondato dalla natura, dagli alberi, dai campi demaniali, dalle chiudende e dai sentieri che si inoltravano nel bosco. In estate, Carlyle aveva parecchio lavoro da fare, con i turisti, ma dai primi di settembre in poi la pensione si faceva deserta e il padrone di casa si dedicava alla vendita di prodotti ortofrutticoli. Nello spiazzo erboso che precedeva la costruzione, proprio sotto i due pini che davano nome al B&B, Carlyle aveva un chiosco nel quale vendeva la frutta e gli ortaggi che coltivava nel terreno retrostante.

Quando arrivammo, il sentiero principale era ridotto un pantano di fango. Le luci della pensione erano accese e baluginavano incerte.

Posai una mano sulla spalla di Tommy. «Comportati bene,

d'accordo?» lo ammonii, prima che scendesse.

«Promesso.»

«Bene. Carlyle è un amico.»

Lovato sorrise. «Gli amici dei miei amici sono miei amici» filosofeggiò. «Ci si vede» lo salutai.

Dopo che fu sceso, attesi di vederlo bussare ed entrare da Carlyle. Dieci minuti dopo, soprappensiero, ero a casa. L'arrivo della Nutria mi aveva scosso, scombussolato, sconvolto... e richiamato alla mente ricordi spiacevoli. Mi diedero da pensare per tutto il resto della giornata, assediandomi il cervello. Polly notò che quella visita mi aveva turbato, adombrato, ma la pregai di non insistere con le domande e la Dragona del Taiwan obbedì. Dopo, facemmo l'amore, ma anziché crollarle addormentato al suo fianco, come mio solito, rimasi tutta la notte sveglio a pensare. Le parole della Nutria mi ronzavano nel cervello; per quanto mi sforzassi di farlo, proprio non mi riusciva di ignorarle.

Che bella casetta, accidenti. Da cittadino perbene, come quelli che ci lavoravamo assieme una volta. Te lo ricordi almeno? Quello che facevamo intendo. Come lo facevamo, soprattutto...

Ero pulito, sì, pulitissimo. Ma la mia impressione era che la Nutria fosse lo stesso criminale incallito di sempre.

Passò qualche giorno. Per qualche motivo, non andai a sincerarmi che le cose, al B&B, procedessero bene. Forse perché in quei giorni lavorai così tanto che quando rincasavo ero distrutto e il divano teneva ancorate le mie chiappe a sé come un magnete. Il villaggio era piccolo, non contava nemmeno cinquemila abitanti, ma di lavoro ce n'era sempre sia lì che nei dintorni. Alla fine, quando m'imposi di fare una capatina a *I due pini*, il mio cellulare squillò, facendomi sussultare. «Stavo per passare...» iniziai, ma non ebbi il tempo di finire la frase.

«Vieni qui subito!» mi gridò Carlyle nell'orecchio. Deglutii. «Calmati, Carlyle. Che cos'è successo?»

Troppo tardi. Il *bip bip bip* della chiamata interrotta mi sibilò nel cervello.

Mi infilai il giubbotto e uscii nelle stesse condizioni in cui mi ero alzato dalla poltrona quando La Nutria aveva suonato il citofono. Teso, tesissimo, sudaticcio, con le gambe ridotte a due fuscelli tremolanti.

Tanto per cambiare, la giornata era grigia e uggiosa. La pioggia era meno intensa dei giorni precedenti ma non accennava a smettere. Le strade erano invase dalle foglie marcescenti degli alberi e le siepi che separavano i cortili si stavano tingendo di giallo, di rosso e di marrone. Lasciai il villaggio, spinsi il pickup lungo la provinciale e poi svoltai nel sentiero che portava al B&B.

L'esterno della pensione era deserto e il box in cui Carlyle esponeva i suoi prodotti chiuso. Parcheggiai il pickup nel vialetto di ghiaia, feci un bel respiro profondo e scesi. Quando raggiunsi il portico, la porta d'ingresso s'aprì di botto e sussultai.

«Ce ne hai messo di tempo!» esclamò Tommy, sulla soglia. Aveva un livido verdognolo sullo zigomo sinistro e un'escoriazione sul collo.

«Tommy» gli dissi allarmato: «Dov'è Carlyle?»

La Nutria si mise di lato, mi fece cenno di entrare e disse: «In cucina.»

Mi ci fiondai.

«Temo che il tuo amico non venderà più frutta per un bel pezzo!» mi gridò dietro Lovato, scoppiando a ridere.

Carlyle era seduto con le braccia abbandonate lungo i fianchi e la testa reclinata in avanti, come se si fosse addormentato guardando la TV. Il problema era che nessuno, di norma, si addormenta con un coltello da cucina infilato nel petto, all'altezza del cuore.

«Senti» iniziò a parlare Tommy, alle mie spalle. «Non sarei arrivato a tanto se non si fosse comportato come uno stronzo. Gli amici dei miei amici, ricordi? Carlyle non ha voluto essere mio amico e non mi ha lasciato scelta.»

Alla TV, la faccia di Tommy campeggiava a fianco alle cubitali RICERCATO e sopra al titolo: *Caccia all'evaso da Pentonville in tutta la Greater London.*

Per qualche secondo, spostai lo sguardo da Carlyle alla TV, più volte, mentre la mia mente andava avanti e indietro nel tempo ed evocava immagini violente, ricordi cancellati volutamente e situazioni che mi ero impegnato a eliminare dalla memoria con una fatica assurda. Rividi la banda – La Nutria, M'hamed e il sottoscritto – a spasso per tutto l'East End: tre mine vaganti, tre diavoli infernali, tre ragazzi cattivi venuti su tra spaccio, risse e rapine alle ricevitorie. Rividi le nostre notti brave nei Night Club. Rividi le mazzate che avevamo dato a un tizio al quale M'hamed aveva prestato dei soldi senza riaverli indietro. Rividi la rapina in banca: una riga di coca a testa prima di fare irruzione là dentro con delle maschere da clown calate in volto. E, ciliegina sulla torta, rividi quell'uomo gridare "Polizia, fermi!" e la sua testa esplodere come una zucca.

Nella concitazione del momento mi era partito un colpo dal fucile a pompa e avevo ucciso un poliziotto che si trovava lì per caso.

«Che cosa facciamo?» domandò Tommy, aprendo il frigo. Prese una lattina di birra, la aprì e ne bevve una sorsata lunghissima.

«Lo seppelliamo» risposi, senza esitazioni. Tommy finì di bere e ruttò. «In giardino?»

«No. Lo portiamo nei boschi.»

«Va bene, va bene... Mi dispiace, d'accordo? Il fatto è che quando ha acceso la TV mi ha visto, mi ha riconosciuto e ha dato in escandescenze. Ho provato a dirgli che sarei rimasto solo per qualche giorno e che non gli avrei dato alcun problema, ma non ne voleva sapere. Dopo che ti ha chiamato voleva avvertire anche la polizia locale e ho dovuto ucciderlo.»

Chiusi gli occhi, immaginai la scena e venni attraversato da una scossa che mi si dipanò lungo tutto il corpo. «Già» lo sostenni: «Non hai avuto scelta.»

«Proprio così. Mi è venuto addosso, abbiamo lottato e il sottoscritto se l'è scampata. La prigione, fratello. Ciò che non ti uccide...»

«Ti fortifica, certo.» Guardai Carlyle. Era ridicolo pensare che quell'omone di cento, centodieci chili si fosse fatto uccidere con una coltellata al cuore da Tommy. Il fatto era che Carlyle, in sostanza, non era una persona cattiva e non si aspettava una reazione di quel tipo.

«Scendo giù in cantina a vedere se c'è una busta o qualcosa di simile» dissi. «Faccio in un attimo. Aspettami qui.»

Dieci minuti dopo, col favore del buio, stavamo trasportando il cadavere di Carlyle all'esterno. Lo avevamo avvolto senza togliergli nemmeno il coltello dal petto. Era pesante e riuscimmo a stento ad arrivare al pickup. Sfiancati dal trasporto, prendemmo fiato e infine facemmo l'ultimo sforzo, quello di sollevarlo al massimo e infilarlo nei sedili di dietro come un insaccato.

«Santo cielo» boccheggiò Tommy: «Continuo a chiedermi

come sia riuscito a ucciderlo, 'sto gigante.»

«La prigione» gli ricordai, facendogli l'occhiolino. Chiusi lo sportello anteriore sinistro e mi diressi di nuovo verso l'abitazione.

«Dove vai?»

«Prendo qualche birra. Il viaggio è lungo.»

Tommy fece l'ok col pollice. «Ottima idea. La birra è la benzina che mi tiene in moto, fratello.» Poco dopo, alla guida, mi lasciai alle spalle il B&B.

«Peccato» sghignazzò Tommy, divertito: «Come soggiorno non stava nemmeno andando malaccio. Ho giocato a carte in un pub, ieri notte, e mi son fatto qualche soldino.» Fece una pausa, diede un'occhiata allo zigomo verdognolo nello specchietto, imprecò, ingiuriò Carlyle e infine: «La birra dov'è?»

«Era finita» risposi. «Ho preso del vino. Ti va bene?»

«Certamente. Dai qua.»

Glielo passai. Svitato il tappo, La Nutria ingollò due terzi dell'alcol senza mai fermarsi, poi mi diede il cartoncino e ruttò.

«Bevilo tutto, se vuoi. Tanto ce n'è dell'altro.»

La proposta sembrò allettarlo parecchio. Tranguiò quel che rimaneva, attese qualche minuto e prese un altro cartoncino.

Stavo guidando da mezz'ora, eravamo già lontani dal villaggio ma non abbastanza. La strada provinciale era deserta e non incontrammo pattuglie della polizia in servizio. La pioggia era aumentata considerevolmente ed era buio pesto. Non ero molto esperto dei dintorni, ma con Carlyle andavamo a funghi di sovente e mi ricordavo nei dettagli i sentieri che più gli piaceva seguire. Così, dopo un'oretta, lasciai la provinciale e mi immisi in una stradicciola di terra che tagliava a metà un boschetto di pini e tigli.

«Tommy» domandai, senza mai staccare gli occhi dal sentiero: «Perché mi hai raccontato una balla?»

La Nutria aveva appena finito di bere il secondo cartoncino di vino. «Mi-mi sento stra-strano…» balbettò.

«Perché?» ripetei, più secco.

«No-non… vole-le-vo… da-darti una ro-rogna, frate-tello…»

«Me l'hai data invece. Hai ucciso Carlyle. E, te l'avevo detto, Carlyle era un amico, Tommy. Un amico vero, capisci?»

Tommy si contorse sul sedile del passeggero. «Sa-santo cie-cie-lo…» mormorò. «Che co-cosa mi-mi sta su-su…»

Accostai il pickup a bordo strada e spensi il motore. «Fai silenzio. L'altro giorno, quando sei venuto a casa, mi hai domandato se sapessi qualcosa di M'hamed. Te lo ricordi?»

«Sì-sì… Ma che co-cosa…»

«So dove si trova.»

Lovato si fece ancora più scuro in volto. «Se- senti fra-fratel-lo…»

«No, senti tu, Tommy. M'hamed è nella mia cantina. È morto. L'ho ucciso e l'ho sepolto con le mie mani.»

Tommy dovette fare uno sforzo ingente per sorridere, ma non gli uscì nient'altro che una smorfia patetica, con tanto di bavetta agli angoli della bocca.

«No, non sto scherzando. Come te, anche M'hamed era piombato a casa mia dal nulla e aveva cominciato a fare casini in giro per il villaggio. I ragazzi con cui hai giocato a carte al pub, ieri notte, hai presente? Li derubò, si nascose da me e dovetti chiamare la polizia per convincerli ad andarsene. Avevo offerto la mia ospitalità al Sultano, ma si sa… Basta offrire un dito e la gente si prende il braccio. L'ho dovuto uccidere. L'ho fatto a pezzi e l'ho sepolto sotto le travi del seminterrato. Ricordi la puzza? Sì, la ricordi…»

Tommy era paralizzato. Non solo per il terrore. Era paralizzato letteralmente da capo a piedi e non gli riusciva più nemmeno di cambiare espressione. Il volto era contratto nella smorfia ridicola seguita alla mia rivelazione su M'hamed.

«Sei paralizzato. E lo sai perché?»

Forse fu una mia impressione, ma La Nutria sembrò sgranare lo sguardo.

«Ho avvelenato il vino con la cicuta. Da queste parti è possibile coglierla dappertutto. L'estratto si mischia perfettamente con qualsiasi bevanda alcolica. Carlyle ne teneva una boccetta nella sua cantina e se ne serviva per avvelenare le volpi. Morirai per asfissia... fratello.»

Accesi il riscaldamento, chiusi gli occhi e mi godetti il calore soffiato dalle ventole. Era piacevole: mi carezzava la faccia e mi dava una sensazione di sicurezza, di protezione, mentre là all'esterno faceva freddo e la pioggia si schiantava sul parabrezza. Da quel che ricordo, fu così confortevole che dopo qualche minuto, rilassato, mi addormentai per davvero.

Quando mi risvegliai mi trovai davanti il volto di Tommy e gridai. Feci uno scatto indietro e battei la testa contro il finestrino. Il colpo fu così forte che mi ridestò del tutto e allora rammentai, nei dettagli, che cos'era successo.

Lovato era morto. La pioggia aveva smesso di cadere e il calore delle ventole era così pressante che rischiava di far morire d'asfissia anche me.

Scesi dal pickup, mi armai di pala e pazienza e dopo aver trovato un punto ideale dentro il bosco iniziai a scavare la fossa. Ci volle parecchio, ma la feci profonda al punto da poter gettarvi sia Carlyle che Tommy. Era buffo, ma la smorfia di quest'ultimo era spiccicata alle maschere da clown che avevamo adoperato per la rapina in banca.

Glielo dissi – glielo ripetei più volte – ma Tommy non ci

trovò niente da ridere. Arrabbiato, gli gettai la prima palata di terra in faccia.

Più tardi, mentre me ne tornavo a casa, mi ricordai la frase che Tommy aveva pronunciato l'altro giorno: *il topo di città è andato a trovare il topo di campagna. Contento?*

Dopo l'evasione, Tommy voleva star lontano dai pericoli della città per qualche tempo, ma non aveva preso in considerazione l'ipotesi che anche la campagna, a volte, sa essere violenta e dura quanto le leggi della strada con le quali eravamo cresciuti.

Morale della favola? Nessuna.

So solo che quella notte feci l'amore con Polly e nessun pensiero, nessun tormento, nessun rimorso, mi tenne sveglio impedendomi di crollarle esausto a fianco.

Ero pulito, m'ero ripromesso di rimanerlo fino alla fine dei miei giorni, e nessuno, tanto meno uno squallido sorcio di città, poteva alterare la mia routine da tranquillo, comune, pacato topo di campagna.

LORENZO SCANO è nato a Cagliari e a 18 anni vince il suo primo concorso, con il racconto *"Vigilante"*. Ha già pubblicato diversi racconti e romanzi tra cui *"Stagione di sangue"* (Watson edizioni), con la prefazione di Gianluca Morozzi.

IL CROLLO

TERSITE ROSSI

Luglio 2013

Afferrò una manciata di patatine e le cacciò in bocca voracemente. Ingoiò senza masticare. Poi tracannò a collo mezza bottiglia di birra. Una piccola fitta al petto lo costrinse a una smorfia di dolore. Maledisse se stesso. Il medico gli aveva detto da tempo che doveva piantarla coi cibi grassi e salati. E con l'alcol. Specialmente con l'alcol. Da quando faceva l'investigatore privato, la sua dieta era peggiorata drasticamente. Doveva darsi una regolata o sarebbe finito male. Ingoiando altre patatine, si disse che non ce l'avrebbe mai fatta. Era più forte di lui. D'altra parte, quel medico era un allarmista. Si sbagliava senz'altro.

Afferrò penna e taccuino e si apprestò a scrivere il suo rapporto. Aveva finalmente portato a termine quello strambo incarico, il più strambo che avesse mai svolto. Ma gli avrebbe fruttato bei soldi, e non aveva avuto alcuna remora ad accettarlo. L'indomani avrebbe incassato un assegno a quattro zeri, e per questo quella sera stava festeggiando. Anche se lo squallore di quella camera d'albergo della periferia romana non si conciliava affatto col concetto di festa. Ma non importava. Quel che contava era chi c'era con lui.

Eleonora adesso era di là, sotto la doccia. Ce l'aveva spedita lui, appena era arrivata, troppo truccata e troppo profumata. Al naturale, la voleva. L'acqua avrebbe lavato via ogni colore e ogni odore che non fossero i suoi, quelli della sua pelle candida e liscia. A breve sarebbe riapparsa, nuda, a mostrargli il suo corpo fantastico. Il più costoso di tutta Roma. Quello della escort più quotata.

Doveva affrettarsi. Le regole del mestiere gli imponevano di stendere il rapporto subito, prima che Eleonora tornasse. Il dovere prima del piacere. Sempre. Era così che s'era fatto largo in quel mondo ed era diventato l'investigatore privato più richiesto della capitale. Partì buttando giù alcuni appunti veloci. "Il soggetto di un romanzo. Da scrivere a breve. Famoso autore di polizieschi. Residente in provincia di Roma". Poi di colpo non vide più nulla. Solo buio.

Eleonora era arrivata da dietro, silenziosissima. Ed era riuscita a mettergli le mani sugli occhi senza che lui s'accorgesse di niente. Bell'investigatore. Se lei avesse voluto ucciderlo, adesso sarebbe già morto. E invece voleva solo scherzare. La sentì ridere. E forse era morto davvero, pensò, perché gli parve di stare in paradiso. Eleonora, nuda davanti a lui, era meravigliosa. D'una bellezza abbagliante.

Dimentico dei suoi doveri professionali, la buttò sul letto, avido, poi si tolse i vestiti e iniziò a scoparla con foga. Troppa foga. L'infarto lo uccise qualche istante prima che arrivasse l'orgasmo. L'ultimo pensiero fu per il suo medico: aveva ragione.

Faceva troppo caldo, per scrivere, anche a quell'ora della notte. Ma la scrittura era così. Mai lasciarla in sospeso, o si poteva pagarla cara. Lo sapeva bene, lui, che con le parole ci aveva fatto i soldi.

Era tra i pochi, in Italia, che viveva di quel che scriveva. Romanzi. Polizieschi. Ne buttava fuori uno all'anno, da sei anni. Dall'esordio folgorante, in pratica non aveva mai smesso di scrivere. Vendeva a carrettate, da sempre, con la regolarità di una macchina, e il suo editore, avido, non gli permetteva mai di prendersi una pausa. Anche se lui, arrivato a quel punto, avrebbe voluto rallentare, metterci di più. Perché il romanzo che aveva appena iniziato era diverso dai precedenti. Sempre un poliziesco, certo, perché il pubblico ormai non aspettava altro. Ma dentro, stavolta, non c'era solo il gioco, la finzione. Stavolta ci sarebbe finita anche la realtà. Stavolta c'era dietro un meticoloso lavoro d'inchiesta e di documentazione.

Se il suo editore l'avesse saputo, forse, anzi sicuramente, avrebbe storto il naso. Ma lui s'era ben guardato dal dirglielo. Di più: nemmeno gli aveva detto che stava lavorando al nuovo romanzo. A macerare, l'avrebbe tenuto. Lui e la sua avidità.

Un refolo d'aria fresca entrò dalla finestra del suo studio e a lui parve una boccata d'ossigeno. Gli diede lo slancio per terminare quella pagina. Batté forte sulla tastiera del computer, fino a che improvvisamente, di colpo, il rumore del battito forsennato lasciò di nuovo il posto al silenzio irreale di quella notte d'estate. Rilesse. Era molto soddisfatto. Si sentiva straordinariamente ispirato.

Riprese a scrivere di getto. Erano ancora le prime pagine, e la scena era già drammatica. Ecco che stava per arrivare il primo morto. Fece una pausa di pochi istanti, per ripassare mentalmente quello che sapeva con precisione di dover scrivere. Di nuovo il rumore dei tasti. Ecco il sangue.

Fu allora che arrivò una nuova pausa. Questa però non avrebbe dovuto esserci. Aveva tutto chiaro, in testa. Doveva solo scrivere. Non c'era alcun bisogno d'interrompersi ancora. Ma non fu una scelta sua. A scegliere per lui fu un uomo vestito di nero, rimasto appostato in strada, fuori casa sua, fino a un attimo prima. Facilmente penetrato dalla porta finestra del salotto rimasta aperta al piano terra, e poi arrivato senza fare alcun rumore nello studio, prendendolo alle spalle. Con una Beretta silenziata nella mano destra, dalla quale aveva fatto partire il proiettile che gli aveva perforato il cranio.

La testa cadde riversa sulla scrivania. Il dito indice della mano sinistra rimase premuto per qualche secondo sulla lettera "e". Sullo schermo, l'assassino vide la parola "sangue" allungarsi smisurata sull'ultima vocale. E gli parve acquistasse, in quell'allungarsi, un che di osceno. Poi si riebbe da quello stupido pensiero. Doveva portare a termine il lavoro e poi sparire, senza altri indugi.

Scostò la mano già fredda dello scrittore e prese il controllo del computer. L'agitazione lo indusse a leggere a ritroso. Per prima la frase rimasta in sospeso, come un veicolo uscito di strada, oscillante sul ciglio di un burrone. Poi il paragrafo che la conteneva, infine l'intera pagina. L'uomo vestito di nero esultò. Aveva trovato quello che cercava.

Per quel documento, notò, lo scrittore stava usando un programma di videoscrittura di quelli accessibili online. L'assassino esportò il file su una chiavetta USB, quindi lo cancellò dallo spazio virtuale. Poi controllò se in quello spazio non vi fosse altro: nulla. Passò a quel punto a rovistare nel computer dello scrittore. Non ebbe tempo di aprire file e cartelle. Si limitò a leggerne i nomi. In pochi minuti individuò quelli che avrebbero potuto rivelarsi utili. Ce n'erano parecchi. Salvò pure quelli sulla chiavetta. Poi formattò l'hard disk del computer, lo estrasse dal suo alloggio e lo perforò con ripetuti colpi di pistola, distruggendolo e cancellando per sempre la possibilità di recuperare ogni dato. Infine abbandonò il cadavere e la casa, sparendo silenzioso nell'oscurità da cui era venuto.

Il giorno dopo

Era stato qualche anno prima, all'approssimarsi dei cinquanta, nel frattempo ormai arrivati, che il commissario Nicola Mantovani aveva iniziato a pensare alla morte. Non gli era mai accaduto prima. Né sapeva dire con precisione che cosa l'avesse indotto, quasi all'improvviso, a indugiare su quel pensiero in un modo fattosi via via più sistematico, ricorrente, ossessivo. E non era tanto la morte ad atterrirlo, quanto le conseguenze che il suo avvicinarsi determinava: ad atterrirlo era il tempo. Il suo progressivo, inesorabile, esaurirsi. Al commissario Mantovani il tempo sfuggiva.

Aveva passato l'intera vita nell'attesa del guizzo. Del momento in cui si sarebbe finalmente realizzato. In cui avrebbe trovato il senso di tutto. Il momento di gloria.

Quando aveva iniziato a fare il poliziotto, ancora molto giovane e animato dai più nobili ideali, la convinzione che quel momento sarebbe prima o poi arrivato era granitica. E tale s'era conservata fino a pochi anni prima, quando di colpo le era subentrata, senza soluzione di continuità, la convinzione opposta: che il tempo ormai era poco, che la morte sarebbe presto giunta alla sua porta e che il momento di gloria, ormai, non sarebbe arrivato. Sarebbe morto così. Senza senso.

Era con quest'animo che Mantovani si ritrovava a dirigere uno squallido commissariato di provincia, alla periferia di Roma e di tutto, buttando via i suoi giorni con casi da quattro soldi, che facevano il paio con una vita privata solitaria e piatta, senza passioni. A eccezione della sola che riusciva a tenergli lontano il pensiero della morte: i romanzi. Leggeva voracemente, leggeva di tutto. Dai classici alle ultime uscite. D'ogni genere. Tranne uno: i polizieschi. Quelli li detestava: troppo artificiali, troppo inverosimili. Tutti.

E fu proprio mentre avanzava nella lettura, quella mattina del suo giorno di riposo, sprofondato nella poltrona di casa, con *Il deserto dei Tartari* di Dino Buzzati tra le mani, che lo colse il trillo acuto del cellulare di servizio. La voce all'altro capo, un suo sottoposto, gli riferì con una manciata di battute aride la novità. Un altro omicidio. Un altro scrittore. Un altro autore di polizieschi. Gherardo De Martino. Adorato dal pubblico, osannato dalla critica.

Quel pomeriggio

I commissariati erano tutti squallidi. Ma nei pomeriggi d'agosto, pensò il commissario Mantovani mentre fuori infuriava un temporale estivo, lo erano più del solito. Né quello squallore, né lo scroscio dell'acqua, né il rombo dei tuoni, tuttavia, gli impedirono di trovare la concentrazione necessaria a ricapitolare lo strano caso che gli era capitato fra le mani. E mentre un lampo illuminava il suo ufficio, il commissario, come non

gli accadeva da tempo, si scoprì di nuovo a sperar
quasi timore. Aveva paura di illudersi, una volta di p
zo. La realizzazione. Il senso. Il momento di gloria.
adesso era tornato a sperare che potessero arrivare
Un caso del genere non solo non era mai capitato a lui. Non
era mai capitato a nessuno, che lui sapesse. Singolare e senza
precedenti. Per chi l'avesse risolto, non poteva che esserci la
gloria. Grande e meritata.

Tre scrittori affermati. Autori di romanzi polizieschi. Antonio Cavalcante. Luca Cesarei. Gherardo De Martino. Tutti e
tre residenti in provincia di Roma. Assassinati. Nelle loro abitazioni, mentre erano al computer. Uno dopo l'altro. Nel giro
di otto giorni. Dopo il secondo, Mantovani non aveva voluto
farsi nessuna illusione e aveva pensato a una strana coinciden-
za. Dopo il terzo, non era più possibile continuare a farlo. Il
destino finalmente gli sorrideva: aveva a che fare con un serial
killer, il primo della sua carriera. Per di più inedito: un serial
killer di scrittori. Acciuffarlo sarebbe stato il momento atteso
da trent'anni. Immediatamente dopo, avrebbe anche potuto
morire. Sereno.

Le buone notizie, però, finivano lì. Il potenziale guizzo della
sua esistenza passava attraverso la soluzione di un caso molto complicato. Letteralmente, il commissario brancolava nel
buio. Nulla legava le tre vittime, a parte il loro essere autori
di polizieschi, che testimoniava semplicemente la volontà in-
discutibile dell'assassino di colpire quella categoria. Per ora
solo in provincia di Roma. Domani, chissà. Il cerchio poteva
allargarsi a macchia d'olio. Il movente di quella catena di omicidi appariva del tutto oscuro, addirittura arcano. A patto di
non considerare sufficiente l'odio per gli autori di polizieschi.
Il che avrebbe annoverato tra i possibili colpevoli lui stesso.

In tutti e tre i casi l'assassino era stato abilissimo a non lasciare alcuna traccia di sé. Anche la scena del delitto De Martino, come quella degli altri due omicidi, non aveva portato alcun indizio utile a instradare le indagini. E anche l'hard disk del computer di De Martino, come quelli dei computer delle altre due vittime, era stato ritrovato distrutto, senza possibilità di recuperare il minimo dato. E qui l'assassino aveva commesso l'unico errore. Il documento al quale De Martino stava lavorando nel momento in cui era stato ucciso non si trovava sull'hard disk del suo computer, ma su *cloud*. L'assassino aveva avuto cura di cancellare quel documento dallo spazio virtuale assegnato all'account di De Martino, ma agli inquirenti era bastato farne richiesta al gestore del sito perché quest'ultimo lo recuperasse e lo consegnasse loro in breve tempo. L'ultima modifica registrata prima della cancellazione era avvenuta alle ore 23.32 del 31 luglio 2013: l'ora della morte dello scrittore.

Si trattava di tre pagine scritte fitte. Da vorace lettore qual era, Mantovani ci mise solo un paio di minuti per leggerle.

Rimase molto colpito dalla lunga sequenza di "e" dell'ultima parola, "sangue". Non vi lesse alcun indizio, solo un sinistro presagio. L'allungamento smisurato e abnorme di quella parola aveva qualcosa di profondamente osceno. Cercò di non distrarsi con quel pensiero e di riflettere bene, invece, su quello che aveva appena letto. Si trattava, a quel che pareva, dell'inizio di un racconto. O di un romanzo. De Martino descriveva il verificarsi di un terremoto. Un sisma terribile, devastante. Lo scrittore non aveva ancora indicato al lettore dove si fosse verificato. Si parlava d'una piccola cittadina senza nome, letteralmente rasa al suolo. Il sangue cui si riferiva quell'ultima parola battuta da De Martino era quello che colava sul volto di una delle vittime, appena spirata sotto le macerie.

Quel contenuto appariva del tutto irrilevante per la soluzione del caso, pensò stizzito il commissario Mantovani. L'unica riflessione che gli ispirò fu di natura letteraria. Le ultime pagine di Gherardo De Martino non erano per nulla all'altezza della fama che pubblico e critica gli avevano permesso di conquistare: erano pompose e retoriche. Un difetto imperdonabile per un poliziesco, e inaccettabile anche per chi i polizieschi li detestava.

Il giorno dopo

"Ucciso Gherardo De Martino". "Caccia al serial killer di scrittori, De Martino è la terza vittima in pochi giorni". "Presentazioni di libri annullate in tutta la provincia di Roma". "Librerie prese d'assalto, i lettori a caccia dei romanzi delle vittime".

Il commissario Mantovani terminò la colazione al bar e la lettura dei quotidiani, trovando troppo dolce il cornetto e del tutto insipido, invece, il contenuto dei giornali. Come sempre, col loro allarmismo disinformato, non facevano che danneggiare le indagini. Preferì quindi leggere altro, di ben diverso spessore. Aprì il suo libro e bevendo il caffè ne lesse qualche pagina. Era ormai arrivato in fondo. "Nessuno lo avrebbe chiamato eroe", scriveva Buzzati del suo personaggio ormai morente, al quale il commissario si sentiva tanto simile, "ma proprio per questo valeva la pena". Lo ripeté anche a se stesso, per darsi coraggio. Poi chiuse il libro, pagò e scese in strada.

Per uscire dal vicolo cieco in cui si trovava, Mantovani aveva deciso di conoscere meglio il mondo da cui le vittime provenivano. Col ferragosto ormai prossimo, non era stato facile rintracciare coloro che intendeva interrogare: editori e agenti letterari.

In attesa che nel pomeriggio si presentassero gli altri, il primo da cui partì, quella mattina, fu l'agente di Cavalcante, il quale esordì pregando Mantovani di non trattenerlo troppo, perché lui aveva da lavorare, altro che ferie, e per giunta doveva farlo per le solite quattro lire, ché i tempi erano grami, e chi faceva il suo mestiere era ormai a rischio di scomparire.

Il commissario non badò alle ciance di quell'omino sudato dai baffetti retrò e dallo sguardo sfuggente. Gli domandò invece, seccamente, a quale romanzo stesse lavorando Cavalcante. Era convinto, Mantovani, che, semmai fosse riuscito a cavare qualcosa di utile da quegli interrogatori, avrebbe avuto a che fare col contenuto dei romanzi che le vittime dovevano ancora pubblicare. Altrimenti per quale motivo, se così non fosse stato, l'assassino avrebbe dovuto distruggere il contenuto dei loro computer?

Nessun romanzo, rispose affranto l'agente. Cavalcante era fermo da quasi un anno. E lui a ripetergli che così non andava bene, che la vena s'inaridisce se il sangue non scorre. Che il pubblico dimentica in fretta, che non si può rimanere troppo a lungo lontani dallo scaffale. Ma Cavalcante niente, non ci sentiva. Oziava tutto il giorno e non produceva una fottuta riga.

Mantovani non cavò un ragno dal buco. Terminò quell'interrogatorio infruttuoso e intimò con severità all'agente di restare nei paraggi, a disposizione. Non tanto perché avesse davvero intenzione di perdere ancora del tempo con lui, ma per incutergli timore e lasciarlo macerare nell'ansia. Quell'ansia che, al momento del saluto, deformava il volto dell'omino, intento a dichiarare precipitoso e piagnucolante che lui con la morte di Cavalcante non c'entrava nulla. Il modo in cui lo fece avrebbe potuto destare dei sospetti nel commissario Mantovani, se non vi fosse stata in lui la certezza che un pusillanime di quella fatta non avrebbe mai avuto il fegato di ammazzare un uomo.

L'editore di Cavalcante, un uomo anziano e mellifluo, confermò quanto aveva dichiarato l'agente. Non gli risultava che Cavalcante avesse intenzione di pubblicare a breve. Né, se lo avesse fatto, lui era certo che lo avrebbe poi pubblicato davvero. Gli ultimi romanzi, spiegò al commissario, non erano stati soddisfacenti. Non avevano venduto abbastanza, tradusse mentalmente Mantovani. E ormai, proseguì l'editore, non si pubblicava più nessuno in base al nome, ma solo ai contenuti. Mantovani a quel punto lo congedò. Un'altra perdita di tempo.

In modo molto simile andarono gli interrogatori dell'agente e dell'editore di Cesarei. Con la sola variante che in questo caso le lamentele furono espresse con più tatto e più eleganza, perché, rispetto all'accoppiata di Cavalcante, c'era da mantenersi consoni a un più alto lignaggio editoriale. Il risultato comunque non cambiò: l'inutilità per l'indagine di quanto dichiarato dai due fu totale.

Nel caso dell'accoppiata di De Martino, il copione subì una variazione importante, introdotta dallo stesso Mantovani, che in apertura d'interrogatorio informò subito, tanto l'editore quanto l'agente, che De Martino aveva iniziato a scrivere un nuovo romanzo.

L'editore dichiarò di non saperne assolutamente nulla. Era anzi furioso con De Martino perché stava mancando l'appuntamento col settimo romanzo in sette anni, senza minimamente curarsi di giustificare quella perniciosa interruzione. Aveva usato proprio quell'aggettivo: perniciosa. E poi, dopo un momento di silenzio, durante il quale gli occhi gli si trasformarono in due fessure e il collo si allungò lentamente verso il commissario, azzardò la sua richiesta: non è che potevano fargli avere le ultime pagine che De Martino aveva scritto? Per ricordo di un grande scrittore, s'affrettò a giustificare l'editore, vedendo il volto di Mantovani irrigidirsi in un'espressione glaciale, cui seguirono un fermo diniego e un risoluto congedo.

Più sfacciato e pretenzioso fu l'agente. Dopo aver dichiarato di sapere vagamente che il suo assistito aveva intenzione di lavorare a un nuovo progetto letterario, ignorandone però del tutto i contenuti, sostenne con decisione che era suo sacrosanto diritto, sulla base del contratto tra lui e De Martino, entrare in possesso del materiale che il commissario aveva rinvenuto. Facendogli presente che per il momento quello era materiale riservato agli inquirenti, Mantovani lo congedò bruscamente. Non ricordava, nella sua pur lunga carriera, una sequenza di interrogatori più inutile di quella.

Una settimana dopo

"Il respiro gli riusciva ormai faticoso. L'aria filtrava da un pertugio minuscolo, rimasto aperto tra il pavimento, la base del tavolo sotto il quale aveva provato a ripararsi appena avvertita la scossa e le macerie che vi si erano accumulate di fianco, in poche frazioni di secondo. Le gambe erano rimaste sotto quelle, e ormai Giuseppe non le sentiva più. Gli pareva inoltre di trovarsi in una posizione innaturale, la torsione del busto aveva qualcosa di eccessivo. Ma non poteva verificarlo. Le macerie lo immobilizzavano completamente. Sentiva caldo all'altezza dell'addome, gli pareva di essere gravemente ferito, ma non riusciva a dirlo con certezza. Le membra gli parevano, oltre che immobilizzate, anche del tutto anestetizzate, salvo per quella sensazione di calore. Poteva muovere debolmente solo la testa, l'unica parte del corpo che fuoriusciva dal mucchio di pietre, detriti e calcinacci che lo sovrastava. Il silenzio ora era totale, irreale. E pensare che solo pochi istanti prima il frastuono delle rovine era stato assordante, come l'urlo che lui e la moglie avevano cacciato, appena prima di scomparire l'uno alla vista dell'altra. 'Rosalba!', provò a gridare Giuseppe, ma la voce gli uscì debole, un filo. Nessuna risposta. Giuseppe iniziò a piangere. Sommessamente. Andò avanti per qualche minuto. Furono le sue ultime energie. Appena prima di spirare, l'ultima cosa che sentì fu il sapore aspro delle lacrime miste al sangueeeeeeeeeeeeeeeeeeeeeeeeeeeeeeeeeeeeeeeee eeeeeeeeeeeeeeeeeeeeeeeeeeeeeeeeeeeeeeeeeeeeeeeeeeeeee eeeeeeeeeeeeeeeeeeeeeeeeeeeeeeeeeeeeeeeeeeeeeeeeeeeeee eeeeeeeeeeeeeeeeeeeeeeeeeeeeeeeeeeeeeeeeeeeeeeeeeeeeee eeeeeeeeeeeeeeeeeeeeeeeeeeeeeeeeeeeeeeeeeeeeeeeeeeeee- eeeeeeeeeeeeeeeeeeeeeeeeeeeeeeeeeeeeeeeeeeeeeeeeeeeeee eeeeeeeeeeeeeeeeeeeeeeeeeeeeeeeeeeeeeeeeeeeeeeeeeeeeee eeeeeeeeeeeeeeeeeeeeeeeeeeeeeeeeeeeeeeeeeeeeeeeeeee".

Il commissario Mantovani aveva riletto per l'ennesima volta le ultime pagine scritte da De Martino. E ogni volta s'era dovuto sforzare per non rimanere turbato, e bloccato, da quella oscena sequenza di "e". Il dito di De Martino era rimasto pigiato, dopo la morte, su quel tasto, prima che l'assassino lo scostasse arrestando la sequenza e iniziasse ad armeggiare col suo computer. Chissà se l'omicida si era soffermato a leggere sullo schermo, e se anche lui aveva trovato sinistro il presagio contenuto in quello smisurato allungamento della parola sangue. Forse no. Perché poi con freddezza era riuscito a portare a termine il suo compito e a lasciare la scena del delitto perfettamente pulita e completamente muta, come il commissario e i suoi uomini l'avevano trovata. Forse era proprio questa la differenza tra un omicida e un commissario di polizia, pensò Mantovani: la sensibilità alla parola sangue. E, per estensione, quella al concetto di morte.

A quasi venti giorni dal primo omicidio e a una settimana dall'ultimo, quello di De Martino, l'indagine del commissario Mantovani non era avanzata d'un solo millimetro. L'unica buona notizia era che il killer non aveva ammazzato più nessuno. Ma per i tre che ora giacevano dentro una bara rischiava di non esserci mai più giustizia. Il commissario era tornato a disperare. Non ci sarebbe stato nessun guizzo. Nessuna realizzazione. Nessun senso. Nessun momento di gloria. Era stato un imbecille a illudersi ancora. Il nero cupo del vicolo in cui s'era smarrita la sua indagine era identico a quello del vestito di colei che Mantovani era tornato ad attendere con fatalismo inesorabile: la morte.

Tre anni e mezzo dopo, gennaio 2017

Quella libreria del centro di Roma, per quanto grande, faticava a contenere l'enorme quantità di gente che vi si era riversata, sfidando un freddo inconsueto per la capitale e l'abituale traffico. La gente in piedi era più di quella seduta. Quella nuova presentazione del romanzo di Marco Di Donato aveva richiamato i lettori come le mosche al miele.

Il crollo, così s'intitolava il libro, era l'esordio folgorante di quel ventinovenne della provincia romana. A due mesi dall'uscita, il romanzo era arrivato alla quarta ristampa e a quasi centomila copie vendute. Non si ricordava nulla del genere dai tempi di Roberto Saviano. E non a caso la critica osannante l'aveva paragonato proprio allo scrittore partenopeo. Non si trattava solo di anagrafe e di successo editoriale. Il romanzo di Di Donato faceva i nomi e i cognomi dei criminali con la stessa precisione e lo stesso coraggio che aveva avuto l'autore di *Gomorra*.

Il crollo di cui parlava il titolo del libro era quello seguito al terribile sisma che aveva devastato l'Italia centrale, nell'estate dell'anno precedente, facendo centinaia di morti. Gli edifici dei paesi più colpiti dal terremoto erano crollati come fossero di cartapesta. Inclusi quelli nuovi e quelli di recente ristrutturazione. E Di Donato, col suo poliziesco, un poliziesco anomalo, aveva denunciato la corruzione che aveva permesso alla criminalità organizzata d'infiltrarsi negli appalti pubblici, nelle procedure comunali di autorizzazione e in quelle di collaudo, e quindi di ristrutturare e costruire edifici senza minimamente adeguarli alla normativa antisismica. Tutto bene, fino a che il sisma era arrivato davvero. E ora, grazie al lavoro di Di Donato e all'inchiesta che la magistratura aveva aperto a seguito dell'eco generata dal romanzo, dopo gli edifici stava forse rischiando di crollare anche il sistema corrotto e criminale celato dietro di essi.

Terminata la presentazione, davanti a Di Donato si formò la consueta fila di lettori che, romanzo alla mano, smaniavano per il suo autografo. E Di Donato firmava e distribuiva sorrisi con la sicurezza e il piglio degli scrittori navigati. La gente lo adorava. Anche in questa occasione, i commessi della libreria furono costretti a invitare i lettori a scollarsi dal loro idolo e a scemare, per permettere all'autore di continuare a firmare.

Fu solo quando tutti se ne furono andati che si presentò al cospetto dello scrittore un tizio alto, in impermeabile scuro, la barba di tre giorni e le occhiaie profonde, Di Donato lo guardò e perse in un istante l'espressione ilare. A turbarlo non fu tanto l'assenza del libro dalle mani di quello sconosciuto apparso all'improvviso, quanto l'assoluta severità del suo volto. Che lettore era mai quello, si chiese, che non gli sorrideva e non gli porgeva il romanzo da autografare, come facevano tutti gli altri?

«Commissario Nicola Mantovani» disse l'uomo, che, a sostegno di quanto detto, mostrò a Di Donato il distintivo. «La prego di seguirmi immediatamente in commissariato.»

Un'ora dopo

"Le membra gli parevano, oltre che immobilizzate, anche del tutto anestetizzate, salvo per quella sensazione di calore. Poteva muovere debolmente solo la testa, l'unica parte del corpo che fuoriusciva dal mucchio di pietre, detriti e calcinacci che lo sovrastava. Il silenzio ora era totale, irreale. E pensare che solo pochi istanti prima il frastuono delle rovine era stato assordante, come l'urlo che lui e la moglie avevano cacciato, appena prima di scomparire l'uno alla vista dell'altra. 'Rosalba!', provò a gridare Giuseppe, ma la voce gli uscì debole, un filo. Nessuna risposta. Giuseppe iniziò a piangere. Sommessamente. Andò avanti per qualche minuto. Furono le sue ultime energie. Appena prima di spirare, l'ultima cosa che sentì fu il sapore aspro delle lacrime miste al sangue che, sgorgando dalla ferita alla testa che nemmeno s'era accorto di avere, gli aveva infine raggiunto le labbra. Le stesse che, in quell'istante, si chiusero per sempre".

Il commissario Mantovani, dopo aver letto ad alta voce quelle righe dallo schermo del suo computer, posò su Di Donato, seduto davanti a lui, oltre la scrivania, occhi duri e penetranti, senza aggiungere altro. Lo scrittore riuscì a reggere lo sguardo del commissario solo qualche istante, poi abbassò il suo.

«Riconosce queste parole?» domandò Mantovani.

«Sì» rispose esitando un istante di troppo Di Donato: «Sono l'inizio del mio romanzo.»

Mantovani tacque ed emise un profondo sospiro.

«Sono parole usate all'inizio del suo romanzo, senza dubbio. Ma non sono parole sue.»

Di Donato si agitò sulla sedia. Essere sottoposto a un vero interrogatorio di polizia, con quattro agenti armati agli angoli di quella stanza spoglia e fredda, con quella specie di mastino che era il commissario Mantovani a fissarlo coi suoi occhi di ghiaccio, aveva messo lui, lo scrittore di polizieschi, in uno stato confusionale, di profondo turbamento. Non era un romanzo, quello. Magari lo fosse stato.

«Non capisco, commissario. Certo che sono parole mie.»

Mantovani si alzò dalla sedia senza dire una parola e compì lentamente, un passo dopo l'altro, l'intero giro della scrivania, tracciando un cerchio immaginario attorno a Di Donato. Poi tornò a sedersi.

«Signor Di Donato, a dichiarare il falso aggrava di molto la sua posizione. Lo sappia.»

«Il falso, commissario? Ma quale falso?»

«Adesso basta con la commedia!» urlò Mantovani, facendo trasalire, oltre che lo scrittore, anche un paio degli agenti che si trovavano in quella stanza. «Io so con certezza che lei ha copiato di sana pianta quelle righe. Quindi glielo chiedo per l'ultima volta: confessa?»

Di Donato, ormai ceruleo, provò a difendersi ancora.

«Copiare io? Commissario, scusi, ma... ma per chi mi prende? Io sono uno scrittore professionista, ho... ho una mia etica, non potrei mai...»

Vedendo Mantovani alzarsi di scatto dalla sedia, Di Donato s'interruppe di colpo, sbiancando ulteriormente. Istintivamente, fece per alzarsi anch'egli, ma vide che i due agenti di fronte a lui avevano già fatto un passo in avanti. Si bloccò e attese, ormai tremante. Il commissario lo raggiunse e gli si piantò davanti. Di Donato, per lunghi istanti, non trovò il coraggio di alzare lo sguardo su Mantovani. Quando infine vi riuscì e, sollevando la testa, i suoi occhi si trovarono a incrociare quelli del commissario, Mantovani schiaffeggiò con violenza lo scrittore. Prima sulla guancia destra, poi su quella sinistra. A manrovescio.

Fu un attimo. Di Donato fu catapultato indietro di quindici anni, all'ultima volta che aveva provato quella sensazione di bruciante umiliazione davanti a suo padre, che l'aveva schiaffeggiato dopo averlo scoperto a farsi le canne in camera sua. Quella volta gli ci erano voluti alcuni secondi prima di iniziare a piagnucolare, ammettendo la sua colpa. Questa volta ci mise ancora meno.

«È vero, quelle parole non sono mie...»

Mantovani, vedendolo in procinto di piangere, gli mise una mano sopra la spalla.

«Bene, così va meglio. Adesso si calmi e mi racconti tutto.»

Mentre il commissario tornava a sedersi, Di Donato inspirò profondamente e iniziò a parlare.

«Le prime pagine del mio romanzo non le ho scritte io. Le ho copiate, tali e quali, da un documento che trovai all'interno di una chiavetta USB. Dentro quella chiavetta trovai anche il soggetto dell'intero romanzo. Nemmeno il titolo, *Il crollo*, è roba mia, era già su quel documento. E sempre dentro quella chiavetta trovai molto materiale sulla costruzione e sulla ristrutturazione degli edifici poi crollati col terremoto dello scorso anno. Materiale che dimostrava che tutto era truccato per aggirare la normativa antisismica e ridurre i costi dei lavori: gli appalti pubblici, le procedure comunali di autorizzazione, i collaudi. I funzionari e gli amministratori incassavano grosse tangenti e i costruttori, vicini al mondo della criminalità organizzata, venivano pagati a prezzo pieno, come se gli edifici fossero davvero antisismici. Facevano così profitti enormi, da spartire coi mafiosi che li proteggevano. In quei documenti c'erano scritti i nomi e i cognomi: corrotti e corruttori.»

Di Donato fece una pausa, per prendere fiato. Aveva parlato di getto. Mantovani faticava a contenere la sorpresa. E l'entusiasmo.

Ripensò alle condizioni pietose in cui versava solo fino a qualche giorno prima, da ormai più di tre anni. Da quando, cioè, il caso dei tre scrittori ammazzati era rimasto insoluto. Quel fallimento l'aveva trasformato in una specie di morto vivente, privo d'un vero scopo nella vita che non fosse quello di leggere e aspettare la morte. Sul lavoro, s'era limitato a delegare. A dirigere quell'insignificante commissariato di provincia ci era rimasto soltanto perché i suoi superiori l'avevano così poco in nota da non accorgersi del rendimento ormai nullo di chi lo dirigeva. Di fatto, Mantovani aveva smesso di lavorare. Fino al giorno in cui, in libreria, non s'era imbattuto nella quarta di copertina del romanzo di Di Donato e, incuriosito dal fatto che lo spunto fosse il verificarsi di un sisma, era andato a leggerne le prime pagine. Rimasto di sasso, aveva acquistato il primo poliziesco della sua vita e, andando a recuperare la vecchia documentazione del caso De Martino, aveva avuto la conferma che le parole usate da Di Donato erano esattamente le stesse scritte da De Martino appena prima di essere ammazzato. E adesso Di Donato glielo stava confessando, aggiungendo ben altro. Il commissario non avrebbe mai pensato che il tentativo di riaprire quel vecchio caso non solo avrebbe avuto fortuna, ma avrebbe scoperchiato un tale vaso di Pandora.

«Scrivere era sempre stato il mio sogno» riprese con più calma Di Donato: «E così completai l'opera. Lessi tutto il materiale, partii da quelle prime pagine già scritte e, seguendo il soggetto già pronto, scrissi il romanzo. Gli editori cui lo inviai nemmeno risposero. Tranne uno, che s'era preso la briga, per lo meno, di leggerlo e di motivare il suo rifiuto. Poi il sisma ci fu davvero, e quegli stessi editori cominciarono a richiamarmi e a propormi cifre sbalorditive per pubblicarmi. Non scelsi nessuno di loro e puntai sull'unico che aveva avuto la decenza di evitare lo sciacallaggio e di non richiamare. Lo cercai io. Era lo stesso che la prima volta mi aveva risposto.»

«E quella chiavetta USB: di chi era?» domandò Mantovani per interrompere quella divagazione e indurre Di Donato a fornire l'elemento ancora mancante alla sua confessione.

«Non ne ho idea» rispose lo scrittore, deludendo molto il commissario. «Ritrovai fortuitamente quella chiavetta, vicino casa mia, su un marciapiede della strada in cui all'epoca abitavo: via Cavour a Monterotondo.»

Al sentire il nome di quel paese a una trentina di chilometri da Roma, e di quella via, Mantovani ebbe un fremito.

«E si ricorda il giorno in cui si verificò il ritrovamento?»

«Perfettamente. Era il primo agosto 2013. Il giorno in cui la Roma comprò Gervinho dall'Arsenal. Come dimenticarselo?» chiosò Di Donato, sorridendo per la prima volta da quando era entrato in quella stanza.

Mantovani, tuttavia, non rispose al sorriso. Non mosse un muscolo. Si limitò a guardarlo freddamente.

«Anche io me lo ricordo bene, quel giorno. Era quello successivo all'omicidio di De Martino.»

Questa volta il fremito l'ebbe Di Donato.

«Lo scrittore...» disse debolmente.

«Esattamente. Abitava proprio dove abitava lei, in via Cavour a Monterotondo.»

Di Donato iniziò a sudare freddo.

«Sì, è vero. Ricordo bene quel gran via vai di mezzi della polizia sotto casa mia. Ora che mi ci fa pensare, fu proprio il giorno in cui ritrovai quella chiavetta...»

Il commissario a quel punto nuovamente si alzò in piedi per andarsi a piazzare di fronte a Di Donato.

«Quindi lei si ricordava che quel giorno la Roma aveva comprato Gervinho dall'Arsenal, ma non si ricordava che nella via in cui abitava, a pochi metri da casa sua, avevano appena ammazzato un uomo, uno scrittore molto noto. È così?»

«Beh, commissario... è passato molto tempo... non posso ricordarmi tutto... Ma questo cosa c'entra? Cosa vuole insinuare?»

«Silenzio!» proruppe gelido Mantovani. «Qui le domande le faccio io.»

Tornò a sedersi. Era arrivato il momento di chiudere l'interrogatorio, almeno per quel giorno. Quel che aveva sentito era abbastanza.

«Signor Di Donato, l'incipit del romanzo che si trovava in quella chiavetta USB era stato scritto da Gherardo De Martino, appena prima di essere ucciso.»

Di Donato sbiancò.

«Co... come dice? De Martino? Io, io non lo sapevo... Non

potevo saperlo!»

In quell'attimo lo scrittore capì dove voleva andare a parare Mantovani, ed ebbe un lieve mancamento. I due agenti alle sue spalle accorsero per sorreggerlo.

«Commissario, la prego, mi creda!» implorò piangendo. «Io con la morte di De Martino non c'entro nulla. Io ho solo scritto un romanzo. Confesso la mia colpa: ho copiato quelle prime pagine, il soggetto non è mio, il materiale documentale nemmeno. Ma non ho ammazzato nessuno, commissario!»

Mantovani guardò disgustato quel ragazzino piagnucolante che chiamavano scrittore, per nulla impietosito.

«Signor Di Donato, lei è in arresto con l'accusa di aver ucciso Gherardo De Martino. Movente: impadronirsi del suo romanzo.»

A quel punto, Mantovani tacque. Non c'era più nessuno con cui parlare. Di Donato aveva perso i sensi.

Quella notte

Niente da fare. Non c'era verso di chiudere occhio. Era da due ore che si rigirava nel letto, tormentato dai ripensamenti. Mantovani decise infine di abbandonare quel giaciglio sfatto e senza pace. Se proprio doveva rimanere desto, meglio farlo seduto in poltrona. Si versò il primo superalcolico che gli capitò a tiro e si mise a pensare.

Al termine dell'interrogatorio, la posizione di Di Donato gli era apparsa così compromessa da non lasciare adito a dubbi. Ma poi, già quando era arrivato a casa, le tante cose che non tornavano, in tutta quella faccenda, avevano cominciato a danzargli attorno come spettri. Era troppo navigato per non vederle.

Primo. Perché lo scrittore aveva ammesso subito, senza esitazioni, di aver ritrovato la chiavetta USB proprio il primo agosto 2013 e proprio in via Cavour a Monterotondo? Avrebbe potuto dire di non ricordare, e invece, con quella deposizione precisa e del tutto plausibile, aveva aggravato di molto la sua posizione.

Secondo. Se Di Donato aveva ammazzato De Martino poiché in qualche modo aveva saputo che stava lavorando a un nuovo romanzo, allo scopo di impadronirsene e pubblicarlo al suo posto, come faceva a essere certo che De Martino non ne avesse già parlato con qualcuno? Col suo agente, col suo editore. Al momento dell'uscita del suo romanzo, chi avesse saputo che De Martino stava lavorando allo stesso identico soggetto avrebbe potuto non solo accusare Di Donato di plagio, ma anche sospettarlo di omicidio. Effettivamente, per fortuna, De Martino non aveva parlato con nessuno del suo nuovo progetto editoriale. Ma Di Donato come poteva saperlo con la certezza indubitabile che occorreva al successo del suo disegno criminale?

Terzo. Cosa c'entravano, col movente di Di Donato, Cavalcante e Cesarei, gli altri due scrittori uccisi? Li aveva ammazzati qualcun altro? Pressoché impossibile: tra le poche certezze, in quella faccenda, c'era che i tre omicidi recavano chiari i segni della stessa mano. Ma allora perché Di Donato aveva ucciso anche gli altri due? Forse non voleva soffiare il romanzo precisamente a De Martino, ma un romanzo qualunque di uno scrittore qualunque? Aveva ammazzato i primi due solo per scoprire che non stavano lavorando a niente? E solo al terzo tentativo gli era andata bene? Ma che razza di procedimento era quello? Rischioso, pazzesco. Appunto. Solo uno psicopatico avrebbe potuto agire in quel modo. E quello scrittore gli era sembrato un tipo ambizioso, ma non uno psicopatico. Omicida per ambizione, forse, anche se Mantovani comincia-va ormai a dubitare anche di quello. Serial killer psicopatico, no. Non aveva abbastanza palle per esserlo.

Fu a quel punto che il commissario capì cosa doveva fare l'indomani. Tornare a torchiare Di Donato.

La mattina dopo

«Signor Di Donato, lei lo sa com'è fatto un carcere?»

Di Donato, pallido ed emaciato, gli occhi lucidi, sedeva a capo chino sulla sedia degli interrogatori. Non rispose.

«In un carcere» proseguì Mantovani: «Si possono fare tan-te cose. Uno non immagina nemmeno quante cose si possano fare in un carcere. Si può mangiare, anche se non sono certo manicaretti. Si può dormire, anche se non è certo il Grand Ho-tel. Si può fare amicizia, anche se non sono certo intellettuali come lei. E ci si può annoiare, e qui sì che invece si ha il me-glio: come ci si annoia in carcere non ci si annoia da nessun'al-tra parte.»

Di Donato continuava a non reagire, muto e immobile come una statua di sale.

«Se c'è una cosa che invece in carcere proprio non si può fare, ne sia assolutamente certo, quella è scrivere romanzi.»

Lo scrittore finalmente si mosse. Alzò lo sguardo. Una lacri-ma gli si staccò dalle ciglia.

«E lo sa, vero, cosa accade a uno scrittore che non scrive per lungo tempo?»

Di Donato corrugò il viso in una smorfia dolorosa e iniziò a singhiozzare.

«Che non scrive per, diciamo, una ventina d'anni?»

I singhiozzi dello scrittore si fecero più forti.

«Glielo dico io: succede che quello scrittore non sarà mai più uno scrittore.»

«Sono innocente, commissario!» urlò di colpo Di Donato, con voce impastata dal pianto. «Non l'ho ucciso io!»

Mantovani sorrise. Era il momento di fare il suo affondo.

«Ormai lo penso anch'io. Però penso anche che lei non mi abbia detto tutta la verità, ieri. Non credo affatto al ritrovamento fortuito di quella chiavetta USB: la storia che mi ha raccontato è ridicola.»

Di Donato smise di singhiozzare, limitandosi a tirare su forte col naso.

«Mi dica la verità, e potrà cavarsela: chi le ha dato quella chiavetta?»

Di Donato rimase in silenzio per alcuni istanti, pensieroso e tormentato. Infine parlò.

«Paolo Severi, il cugino di mia madre.»

Il silenzio soddisfatto del commissario invitò lo scrittore a proseguire.

«Venne da me quel primo agosto 2013. A quell'epoca io giocavo a fare lo smanettone informatico. Sognavo di fare l'hacker, come Julian Assange. E Paolo lo sapeva. Si presentò con quella chiavetta dicendomi che dentro c'erano documenti per lui molto importanti, vitali. Ma non riusciva ad aprirli. Erano tutti protetti da password. Gli dissi che non sapevo se sarei stato in grado di aiutarlo, e gli chiesi per quale motivo non si rivolgesse a un vero esperto informatico. Mi rispose che non si fidava di nessuno, che quei documenti non potevano finire sotto gli occhi sbagliati, e mi promise cinquecento euro se gli avessi permesso di accedervi. M'insospettii. Sapevo che Paolo, in passato, aveva avuto problemi seri con la legge. Gli chiesi da dove venivano quei documenti. Mi disse che non poteva dirmelo. Ci pensai sopra, e infine accettai. Quei soldi mi facevano comodo. Per quanto il sistema di protezione usato per quei documenti fosse rudimentale, ci misi parecchio a violarlo, ma alla fine ci riuscii. E a quel punto la curiosità mi vinse. Non avvisai subito Paolo del mio successo, e mi misi a leggere il contenuto di quei file. L'altro grande sogno che coltivavo, come le ho già detto ieri, era scrivere. Quando capii che la grande occasione per farlo mi si era materializzata sotto gli occhi, decisi di ingannare Paolo. Lo chiamai e gli dissi che il tentativo di violare il sistema di protezione aveva provocato la cancellazione di tutti i documenti. Diventò una bestia, mi disse che mi avrebbe ammazzato, che quella era l'unica copia di quel materiale esistente al mondo. E così facendo mi diede la certezza che mi mancava: solo io avevo per le mani quella roba, pensai ingenuamente. Io e nessun altro. Così dimenticai la dubbia provenienza di quei documenti e mi misi a scrivere. Il resto della storia già lo conosce.»

Quel pomeriggio

Paolo Severi, di anni quarantanove, non era in effetti uno stinco di santo: aveva un lungo passato di furti e scippi, e da due anni si trovava rinchiuso a Rebibbia per aver ammazzato un gioielliere durante una rapina ai Parioli. Mantovani aveva ordinato ai suoi uomini di combinare, già per quel giorno, un incontro in carcere con lui. Poco dopo, però, un agente era entrato nel suo ufficio senza bussare, trafelato, a recargli la notizia che Severi, proprio quella mattina, era stato ritrovato impiccato dentro la sua cella. Al commissario era sfuggita tra i denti una bestemmia, prima di decidere che a Rebibbia, quel pomeriggio, ci sarebbe andato lo stesso. Quella morte era la conferma che si stava muovendo sulla pista giusta.

Quel carcere era un posto insano, si disse Mantovani mentre ne percorreva i corridoi lunghi e grigi. Lì dentro, un criminale non poteva restare altro che un criminale. Recarvisi, tuttavia, era stata una decisione non solo obbligata, ma felice. Interrogando il direttore del carcere, i secondini e i carcerati più intimi con Severi, aveva raccolto informazioni molto utili all'indagine.

Innanzitutto, aveva scoperto che Severi, il quale da quando era entrato in carcere non aveva mai letto nemmeno il suo numero di matricola, aveva richiesto con una certa ansia e molta insistenza di ricevere con urgenza in cella il romanzo di Di Donato, dopo averne appreso l'esistenza guardando un telegiornale.

Quando finalmente glielo avevano consegnato, non aveva più staccato gli occhi dal libro, leggendolo in ogni momento libero. Ci aveva messo pochi giorni per terminarlo, lui che a tutti era sembrato, come tanti lì dentro, un semianalfabeta.

A quel punto Severi era diventato irrequieto, guardingo, nervoso. Preferiva starsene da solo, lontano dagli altri detenuti. E all'unico di cui si fidava, quello con cui aveva i rapporti più stretti, aveva confidato di essere rovinato e senza scampo. Senza spiegare perché, diceva che era solo questione di tempo e presto, molto presto, lo avrebbero ammazzato.

Sentite quelle deposizioni, Mantovani aveva ormai capito chiaramente dov'era custodita la chiave dell'intero enigma: tra le righe d'un poliziesco.

Dopo averne letto le prime pagine e aver avuto la conferma che coincidevano con quelle scritte da De Martino, il commissario aveva buttato *Il crollo* a impolverarsi in un angolo della sua libreria, senza sognarsi in alcun modo di completare la lettura. Per nulla al mondo, s'era detto, avrebbe letto per intero un poliziesco. E invece qualcosa per cui valesse la pena di farlo c'era: la soluzione di quel caso. Così, quella notte, Mantovani era rimasto ben sveglio, col romanzo di Di Donato fra le mani.

Terminata la lettura, ormai all'alba, dovette ammettere a se stesso che in effetti quel poliziesco, in fondo, non era male. Scrittura acerba, certo. Qua e là dinamiche improbabili, vero. Però l'impianto complessivo era originale, niente a che vedere con le solite scaramucce tra guardie e ladri. E lo scopo in qualche modo addirittura nobile: la denuncia civile era forte e coraggiosa. Scritto in quel modo, anche un poliziesco trovava la sua dignità.

Ma, al di là delle considerazioni da critico letterario, quel che più contava era aver trovato, tra quelle pagine, il nome e il cognome che cercava. Quelli della persona che più di tutte era stata danneggiata dalla pubblicazione del romanzo. Il più ricco costruttore del centro Italia, che nelle zone del sisma aveva imperato in lungo e in largo con ristrutturazioni e nuove costruzioni d'ogni genere, incluse quelle di scuole e alberghi, puntualmente crollati come castelli di sabbia dopo il sisma. Un costruttore da sempre in odore di mafia, ma dalla fedina penale rimasta miracolosamente immacolata fino a quel momento. Un costruttore che soltanto dopo l'eco provocata dal romanzo di Di Donato la magistratura aveva finalmente iscritto nel registro degli indagati, con l'accusa di omicidio volontario: di aver ucciso chi era rimasto sepolto sotto le macerie dei suoi edifici. Perché, come aveva puntualmente lasciato intendere Di Donato nel suo romanzo e come senz'altro avrebbe fatto De Martino se non lo avessero ammazzato prima, quell'uomo sapeva bene che gli edifici da lui ristrutturati e costruiti sarebbero crollati in caso di forte sisma. E ne aveva sghignazzato coi suoi compari, perché, quando tutto fosse crollato, avrebbero chiamato di nuovo lui per ricostruire.

Quel costruttore si chiamava Simone Falciani, e il commissario Mantovani decise che gli avrebbe presto fatto visita nella sua enorme villa, edificata nella campagna romana con discutibili autorizzazioni. Una visita a sorpresa, e certamente non di piacere.

Due giorni dopo

Il dobermann fu richiamato dal giardiniere appena prima di avventarsi sul commissario.

Pochi minuti prima, Mantovani aveva fermato l'auto davanti al grande cancello che permetteva di varcare le lunghe mura di cinta e immettersi nel gigantesco giardino, al cui centro, su una piccola sommità, sorgeva l'imponente villa di Falciani. Aveva suonato al citofono e alla voce metallica che aveva risposto il commissario aveva chiesto se il costruttore fosse in casa. Già lo sapeva, in realtà, perché aveva fatto sorvegliare la villa dal giorno prima. Incassata la risposta affermativa, aveva chiesto di poterlo vedere. La voce metallica aveva ribattuto che non era possibile, il signore riceveva solo su appuntamento. A quel punto, Mantovani aveva fornito le proprie generalità e la propria qualifica, e la voce metallica aveva lasciato il posto, dopo qualche istante, al suono, metallico anch'esso, del cancello automatico che si spalancava.

Sceso dall'auto, Mantovani si era incamminato verso la scalinata che conduceva alla villa, e appena prima di mettere piede sui gradini aveva visto con la coda dell'occhio il dobermann lanciarsi verso di lui. Fortunatamente, il giardiniere si era ritrovato nei paraggi e aveva avuto l'autorità sufficiente per farsi obbedire dalla bestia.

«Li accoglie tutti così i suoi ospiti?» erano state le prime parole rivolte da Mantovani a Falciani, quando il costruttore, dopo aver costretto il commissario a un'anticamera di quasi mezzora, si era presentato nella sala dei ricevimenti vestito con un gessato grigio molto elegante e una vistosa cravatta gialla.

«Ma commissario» finse di scusarsi Falciani mal celando la strafottenza dietro il sorriso a trentadue denti: «Gli ospiti in genere si annunciano prima. Lei invece è arrivato così, all'improvviso...»

«E arrivare all'improvviso a casa sua significa rischiare di essere sbranati da un dobermann?»

«Beh, sa com'è, con tanti criminali in giro, bisogna pur difendersi...»

«Già" lasciò cadere il commissario. «Le ruberò solo pochi minuti.»

«Ah, ma non si preoccupi, ora sono tutto per lei, non ho fretta. Beve qualcosa?»

«No, la ringrazio. Volevo farle solo alcune domande.»

Il sorriso di Falciani si spense e lo sguardo gli s'indurì un poco, mentre prendeva posto sulla poltrona di pelle nera davanti al divano di velluto rosso su cui era seduto Mantovani. Il costruttore non era abituato a prendere ordini, nemmeno indiretti come quello che il commissario gli aveva appena impartito.

«Mi dica, sono qui per servirla. Se posso.»

«Lei conosce un certo Paolo Severi?»

Lo sguardo di Falciani rimase impassibile, ma ci mise qualche istante di troppo a rispondere.

«Mai sentito nominare.»

«Era un pregiudicato, morto impiccato tre giorni fa nel carcere di Rebibbia, dove scontava una condanna per omicidio. L'ipotesi del suicidio però non ci convince. Sospettiamo sia stato... suicidato.»

«Beh, commissario, non vedo cosa uno come me dovrebbe avere a che fare con un individuo del genere.»

«E Gherardo De Martino lo conosce?»

Questa volta la risposta arrivò precipitosa, suonando comunque falsa.

«Mi pare di averlo già sentito, ma al momento non riesco a ricordare chi è.»

«Chi era, signor Falciani. Chi era. Uno scrittore. Morto ammazzato tre anni e mezzo fa.»

«Me ne dispiaccio. Sì, ora mi pare di ricordare il caso, sì. Mai letto nulla di suo, comunque.»

«E Marco Di Donato lo conosce?»

Falciani sorrise.

«E chi non lo conosce, commissario! Certo che sì. Di fama, naturalmente. Di persona, mai avuto il piacere.»

«Non sarebbe proprio un piacere, considerando quello che ha scritto di lei nel suo romanzo.»

«Chiacchiere, commissario, chiacchiere. I miei legali mi difenderanno da pari loro e io sarò prosciolto da ogni accusa, vedrà. Piuttosto, mi pare che sia proprio lui, Di Donato, ora, a doversi difendere...»

I giornali ovviamente avevano già scritto fiumi d'inchiostro sull'arresto dello scrittore, e Falciani li aveva letti.

«Se non ricordo male, è stato proprio lei ad arrestarlo, commissario. E non ha idea del favore che mi ha fatto.»

Mantovani si agitò sul divano, senza ribattere nulla.

«Un favore enorme. Di Donato era il mio principale accusatore. Temevo molto di più lui e il suo romanzo della magistratura. Ma adesso le denunce di un uomo accusato di omicidio non valgono più nulla. Carta straccia. Il romanzo di Di Donato ormai ha la rogna.»

Mantovani fu colto da un improvviso senso di nausea. Era vero e non ci aveva pensato: involontariamente, aveva fatto un favore a quel verme. Provò a reagire giocando l'ultima carta. Anche se vincere quella partita era impresa disperata, almeno avrebbe messo un po' d'apprensione a Falciani, levandogli di dosso quella sicumera da impunito.

«Quel detenuto trovato impiccato a Rebibbia, Severi, aveva letto pure lui il romanzo di Di Donato. E poi aveva iniziato a dire di essere in pericolo di vita, che qualcuno lo avrebbe presto ammazzato.»

Sul viso di Falciani, in effetti, sparì di colpo il ghigno farsesco.

«E con questo?»

«Beh, ecco, vede, Severi aveva confidato a uno dei detenuti in che modo, dopo la sua morte, si sarebbe potuti risalire al colpevole, al mandante del suo omicidio.»

Il costruttore, volto tirato, rimase muto.

«Ma scusi la divagazione, signor Falciani, facevo così per dire. La faccenda di quel detenuto non le interessa. Lo diceva poco fa: uno come lei non può avere nulla a che fare con un individuo di quel genere. Giusto?»

Falciani ci mise qualche istante per deglutire e rispondere.

«Proprio così. E adesso mi perdoni, commissario» concluse alzandosi: «Ma se qui abbiamo finito preferirei congedarla e tornare alle mie occupazioni. Purtroppo, lei capisce: gente come me non riesce mai a riposarsi, il lavoro chiama sempre.»

Pronunciò le ultime parole ritrovando il sorriso. Ma il commissario Mantovani capì subito quanto fosse finto.

Quel pomeriggio

Quello che aveva detto a Falciani era vero, non aveva bluffato. Gli era tornato in mente di colpo, mentre gli parlava. Si trattava di un dettaglio appreso durante gli interrogatori a Rebibbia, che forse, colpevolmente, non aveva interpretato bene. Una richiesta che Severi aveva fatto il giorno prima che lo ritrovassero impiccato. Al commissario l'aveva riferita il detenuto di cui Severi si fidava. «Se io muoio» gli aveva chiesto Severi: «Devi dire a tutti che il motivo lo trovano nel libro di Di Donato.»

In tutta quella vicenda, il senso era sempre stato una risorsa scarsa, scarsissima. E quindi andava cercato dappertutto, in tutte le sue possibili forme. Quella frase di Severi era stata interpretata da Mantovani in senso lato. Soltanto ora il commissario capì che forse l'interpretazione corretta da dare era quella letterale. Appena lasciata la villa di Falciani, diede pertanto ordine ai suoi agenti di recuperare immediatamente la copia del romanzo di Di Donato che era appartenuta a Severi e di consegnargliela nel suo ufficio.

Durante il tragitto dalla villa di Falciani al commissariato,

Mantovani si macerò nell'ansia. Era davvero l'ultima carta, quella. Se si rivelava una scartina, il caso sarebbe rimasto insoluto. Stavolta in via definitiva. Per sempre. E in modo ancor più beffardo rispetto a tre anni e mezzo prima, perché stavolta il commissario aveva capito. Sapeva, ma non aveva le prove. Non ancora.

Quando arrivò in commissariato, il libro che aveva richiesto era già sulla sua scrivania. Mantovani lo aprì e prese a sfogliarlo rapidamente, le mani tremanti. Solo quando arrivò in fondo, alla sequenza di pagine bianche che precedono la terza di copertina, s'imbatté nel testo scritto da Severi. Una calligrafia da quinta elementare, di non facile decifrazione. Ne aveva fatte tante, a centinaia, colte e coltissime, ma quella, il testo scritto da un carcerato, da un omicida semianalfabeta, sarebbe stata indubbiamente la lettura più importante della sua vita.

"De Martino l'ho ammazzato io. E pure a quell'artri due. Cavalcante e Cesarei. Me ce mandò Simone Falciani, er costruttore, che me conosce da quanno eravamo regazzini. A Falciani na spia ie aveva detto che ce stava uno che scriveva i libbri de polizzia, uno famoso, che abbitava in provincia de Roma, uno che voleva parlà, drento ar libbro suo, di robba de appalti truccati e de tangenti, de le case e dei palazzi sui, de Falciani. Ma a quela spia ie venne un coccolone e tirò er fiato, e a Falciani nun c'aveva detto gnente artro. E quinni quelo, Falciani, nun sapeva manco come se chiamava, quelo scrittore, nemmanco ndo stava de casa. Sapeva solo che stava en provincia de Roma. E allora aveva cercato da sé, e ne aveva trovati tre, in provincia de Roma, che scrivevano i libbri de polizia e che erano famosi. E quinni era venuto e m'aveva detto d'ammazzalli a tutti e tre. De fargli la spia, e d'ammazzalli, ma solo quanno erano davanti ar compiuter, che poi dovevo sfra-

cassalli i loro compiuter, dopo che l'avevo ammazzati, ma prima ce dovevo guardà, se ce stavano i documenti. Ma Paolo Severi è bono ma nun è fesso. Quelo, Falciani, me pagava na scemenza, per quela fatica de ammazzà a tre cristiani, e io volevo più sordi, che o sapevo che quelo, Falciani, di sordi ce n'aveva a botte. E quinni, dopo che li ammazzavo, io ce guardavo, drento ar compiuter, li cercavo, quei documenti che a Falciani ie mettevano paura. Ma mica ie li davo a lui, se li trovavo. Me li tenevo. Così poi lo ricattavo, e quelo me doveva pagà, se voleva che me stavo zitto. I primi due, gnente. Ma co De Martino quei documenti so usciti subbito. Presi na chiavetta, e ce nfilai drento tutto quanto. Er giorno dopo annai pe aprì quela robba, e ce ritrovai tutto bloccato. C'aveva messo la parola d'ordine, quer fio de na mignotta. Mica potevo ricattà a Falciani coi documenti bloccati. Ce riflettei parecchio. Nun sapevo che pesci piglià. D'annà da quarcuno nun se ne parlava, nun me fidavo de nessuno. Poi me ricordai der nipote mio, Marco. De quel regazzino me fidavo, babbeo che so' stato. Sapevo ch'era n drago co li compiuter e ie proposi l'affare. Quelo accettò, ma dopo un paio de settimane me chiamò e me disse che mentre ce provava ie s'era cancellato tutto quanto. Lo volevo ammazzà e nun l'ho fatto solo perché era fio de mi cuggina. L'avessi fatto, porco giuda, nun me sarei rovinato così. Me scordai tutto quanto fino a quanno er teleggiornale, qui en galera, parlò der libbro suo. Disse che parlava d'er teremoto, che c'entrava pure Falciani. E pensai subbito male, che Marco m'aveva fregato, quelo stronzo. Me feci mannà quer libbro, e drento ar libbro ce stava davero tutto quelo che aveva messo paura a Falciani e l'aveva convinto de fammi ammazzà a tutti queli scritori. Marco s'era tenuto tutto, artro che documenti cancellati, e c'aveva scritto sopra quela storia. Falciani a quest'ora se sarà già ntagliato che l'ho fregato, e mò me vole morto, so sicuro. Prima o poi quell'animale m'ammazza. Ma io lo frego. Co queste parole scrite qui io lo frego, quant'è vero che me chiamo Paolo Severi".

"Di Donato torna in libertà". "Arrestato Simone Falciani". "L'accusa del triplice omicidio degli scrittori ora pende sul costruttore". "Falciani accusato anche della morte di un detenuto". "Di Donato: è vero, il mio romanzo l'aveva cominciato De Martino". "Nuova ristampa per *Il crollo*, si va verso le ducentomila copie vendute".

L'ormai ex commissario Mantovani terminò la lettura dei quotidiani, per una volta soddisfatto di quello che c'era scritto, e andò a sedersi alla scrivania di casa sua. Accese il computer e, aspettando che si avviasse, guardò fuori dalla finestra, verso il sole invernale. Il guizzo era finalmente arrivato. La realizzazione, il senso, il momento di gloria. Per questo, sorprendendo tutti, il giorno prima, dopo aver arrestato Falciani, si era dimesso. Non aveva più nulla da chiedere, ora, al mestiere ingrato che gli aveva rubato trent'anni di vita.

Tuttavia, contrariamente a come l'aveva pensato, quel momento non lo dispose finalmente a un'attesa serena della morte. Si fottesse, la morte. Nicola Mantovani, adesso, voleva vivere. Come mai prima di allora. Di guizzi ne voleva altri. Il senso di quel che rimaneva della sua esistenza ora lo aveva capito. Il modo di realizzarsi sarebbe stato un altro, tutt'altro. E la gloria, se fosse arrivata, lo avrebbe fatto percorrendo strade completamente diverse da quelle su cui l'aveva attesa da commissario di polizia.

Il computer era pronto. Mantovani aprì il programma di

videoscrittura e ci mise qualche secondo prima di iniziare a battere sulla tastiera. Sorrise divertito. Dopo aver passato la vita a leggere, adesso si ritrovava dall'altra parte. E cominciava dal genere che aveva sempre odiato. Del resto, se a scrivere era uno che aveva fatto il poliziotto, le cose sarebbero andate senz'altro meglio. Perché niente si può scrivere meglio di quello che si conosce. Poi mise al bando le ciance e iniziò a digitare sui tasti.

"Afferrò una manciata di patatine e le cacciò in bocca voracemente. Ingoiò senza masticare. Poi tracannò a collo mezza bottiglia di birra. Una piccola fitta al petto lo costrinse a una smorfia di dolore. Maledisse se stesso. Il medico gli aveva detto da tempo che doveva piantarla coi cibi grassi e salati. E con l'alcol. Specialmente con l'alcol. Da quando faceva l'investigatore privato, la sua dieta era peggiorata drasticamente. Doveva darsi una regolata o sarebbe finito male. Ingoiando altre patatine, si disse che non ce l'avrebbe mai fatta. Era più forte di lui. D'altra parte, quel medico era un allarmista. Si sbagliava senz'altro".

Mantovani interruppe la scrittura per rileggere. Per essere il primo della sua nuova carriera, si disse, quel paragrafo non era niente male. Era soddisfatto. Si sentiva ispirato. Sì, pensò convinto, sarebbe venuto proprio un bel racconto.

TERSITE ROSSI è un collettivo di scrittura.

Esordisce nel 2010 con il romanzo *"È già sera, tutto è finito"* (Pendragon), appartenente al genere della Narrativa d'Inchiesta. Nel 2012 esce il suo secondo romanzo per Edizioni E/O, intitolato *"Sinistri"*, all'interno della collana "SabotAge" curata da Massimo Carlotto. Nel 2016 esce il suo terzo romanzo, *"I Signori della Cenere"* (Pendragon), a chiudere la "trilogia dell'antieroe" avviata con i precedenti due.

LEONARDO DI LASCIA, il curatore di quest'antologia, è invece l'amministratore del noto portale ThrillerNord, sito per gli amanti del genere con recensioni, segnalazioni nuove uscite, interviste agli autori e approfondimenti di thriller nordici, internazionali, italiani e di narrativa in genere.

WWW.THRILLERNORD.IT

www.lacorteditore.it